中国共产党的磨砺与成熟

1927-1945

龚云 ◎ 著

中国出版集团有限公司
研究出版社

图书在版编目（CIP）数据

中国共产党的磨砺与成熟：1927-1945 / 龚云著 .

北京：研究出版社 , 2024.11. --ISBN 978-7-5199-1729-6（2025.7 重印）

Ⅰ. D231

中国国家版本馆 CIP 数据核字第 2024FT4322 号

出 品 人：陈建军

出版统筹：丁　波

责任编辑：林　娜

中国共产党的磨砺与成熟：1927-1945

ZHONGGUO GONGCHANDANG DE MOLI YU CHENGSHU

龚 云 著

研究出版社 出版发行

（100006　北京市东城区灯市口大街 100 号华腾商务楼）

北京新华印刷有限公司　新华书店经销

2024 年 11 月第 1 版　2025 年 7 月第 2 次印刷

开本：710 毫米 ×1000 毫米　1/16　印张：15

字数：238 千字

ISBN 978-7-5199-1729-6　定价：58.00 元

电话（010）64217619　64217652（发行部）

前 言

中国共产党是在不断总结经验教训中走向成熟的，马克思主义中国化时代化的第一次飞跃是在与党内的错误思想斗争中实现的。诚如恩格斯所说："要明确地懂得理论，最好的道路就是从本身的错误中、从痛苦的经验中学习。"[1] 习近平总书记指出："学习和总结历史，借鉴和运用历史经验，是我们党一贯重视并倡导的做好领导工作一个重要的思想和方法。"[2]

犯错误很正常，因为探索中国革命道路没有经验，属于全新的事业，在探索中难免犯错误，关键是如何对待错误。"要纠正错误的方针，必须指明是怎样错误的，应当要使每个党员都得着过去的教训；我们党如果不纠正指导机关的错误，那就一步也不能向革命的道路前进。工人阶级的革命党，要纠正自己的错误，只有公开地批评这些错误，而且要使全党党员都参加这种批评。无产阶级的政党不怕公开地承认自己的错误。如果共产主义者不能无所畏惧无所忌讳地批评党的错误、疏忽和缺点，那么共产主义也就完了。我们的党公开承认并纠正错误，不含混不隐瞒，这并不是示弱，而正是证明中国共产主义运动的力量。我们深信本党的生命与力量决不至于怕披露和批评我们的疏忽和缺点，甚至于披露之于我们阶级仇敌之前也无所怕。等共产党的敌人幸灾乐祸好了！让他们去乱叫共产党崩坏好

---

[1]《马克思恩格斯选集》第四卷，人民出版社 1972 年版，第 458 页。

[2] 习近平：《领导干部要读点历史》(2011 年 9 月 1 日)，《学习时报》2011 年 9 月 5 日。

了！这种攻击，是吓不了我们的，我们胜过敌人的地方，正在于我们是最先进的阶级，无产阶级之先锋队，能够在自己错误经验里学习出来，绝无畏惧披露自己的错误，并且有力量来坚决地纠正。"[1] "党的群众是我们力量之源泉，有他们的帮助，党的领导机关之错误，无论如何大，都是容易纠正的。"[2]

土地革命战争时期（从 1927 年南昌起义到 1937 年卢沟桥事变），作为中国新民主主义革命的一个重要历史阶段，在中国共产党历史上占有重要的历史地位。这是中国共产党在极端艰难困苦的情况下，为坚持革命的旗帜、保存和积蓄革命的力量、开辟革命的新道路而斗争的历史时期；是中国共产党自身在同国内外敌人进行浴血战斗和在党内开展两条路线的曲折斗争中，达到政治上成熟的时期；是马克思列宁主义普遍原理与中国具体革命实际日益正确地结合起来，马克思主义中国化的第一次重要理论成果——毛泽东思想的形成时期；是中国共产党经历严重磨难，外遭到了国民党反动派的"围剿"，内经受了"左"、右倾路线的严重干扰，在磨难中觉醒并走向成熟的时期。

由于对中国形势的不正确估量，由于缺少经验，由于对马克思主义与中国实际缺少统一的理解，这一时期，中国共产党内发生过取消主义倾向和三次冒险主义的错误。中国共产党正是在反对"左"和"右"错误倾向的两条斗争路线中逐步成熟起来的。

这个时期，中国共产党经历了从大革命的失败到土地革命战争的兴

---

[1]《中共"八七"会议告全党党员书》(1927 年 8 月 7 日),《中共党史教学参考资料》1957 年 5 月。
[2]《中共"八七"会议告全党党员书》(1927 年 8 月 7 日),《中共党史教学参考资料》1957 年 5 月。

起，以及从红军第五次反"围剿"失败到抗日战争的兴起两次大的历史性转变，在艰苦、曲折、反复的斗争过程中经受住了严峻的考验，在政治上达到了成熟。

这个时期，由于将马克思主义教条化、将共产国际决议和苏联经验神圣化导致的"左"倾错误，使中国共产党遭受到巨大的历史挫折，是中国共产党遭受内部磨难的主要原因。

这个时期"左"倾错误的产生同共产国际有很大关系，王明的"左"倾冒险主义错误更直接地"是从斯大林那里来的"[①]。"过去的王明路线实际上就是斯大林路线。"[②]

共产国际从1919年成立到1943年解散，与中国革命存在密切关系。毛泽东认为它是两头好，中间差。"中间"主要讲的就是1927年7月到1935年7月，八年的时间。"这个时期，共产国际基本上是错误的"。"共产国际的缺点和错误，特别在中期的缺点和错误，概括地说是：一般号召不与各国实践相结合，具体布置代替了原则的指导，变成了干涉各国党的内部事务，使各国党不能独立自主，发挥自己的积极性、创造性。"[③]

共产国际之所以能够对中国革命造成重大影响，从根本上讲，是因为中国共产党的不成熟，在政治上还处于幼年时期，不少中国共产党党员不善于独立思考，对共产国际很迷信。王明就是其中的典型。他们脱离中国国情，用照抄照搬共产国际的指示、斯大林的文章、俄国革命的具体公式

[①]《毛泽东著作选读》下册，人民出版社1986年版，第741页。

[②] 中华人民共和国外交部、中共中央文献研究室编：《毛泽东外交文选》，中央文献出版社1994年版，第252页。

[③]《周恩来选集》下卷，人民出版社1984年版，第305、301页。

来指导中国革命。由于这个时期共产国际的主要错误是"左",这就使得这些迷信共产国际的中国共产党领导人一而再再而三地犯"左"的错误,主要是在 20 世纪 20 年代后期和 30 年代前期,在国际共产主义运动中和我们党内盛行的把马克思主义教条化、把共产国际决议和苏联经验神圣化的错误倾向曾经使中国革命几乎陷于绝境。

早在 1930 年,毛泽东就提出反对本本主义即教条主义,指出"中国革命的胜利要中国同志了解中国情况"。1936 年 7 月,他在同美国记者斯诺的谈话中明确指出:共产国际不是一种行政组织,除起顾问作用外,它并无任何政治权力。虽然中国共产党是共产国际的一员,但决不能说苏维埃中国是受莫斯科或共产国际统治。中国共产党仅仅是中国的一个政党,在它的胜利中,它必须是全民族的代言人,它并不能代表俄国人说话,也不能替第三国际来统治,它只能为中国群众的利益说话。后来他在总结与共产国际关系的历史教训时说:"有先生有好处,也有坏处。不要先生,自己读书,自己写字,自己想问题。这也是一条真理。""我们认识中国,化了几十年时间。中国人不懂中国情况,这怎么行! 真正懂得独立自主是从遵义会议开始的。这次会议批判了教条主义。教条主义者说苏联一切都对,不同中国的实际相结合。"①

在与共产国际打交道过程中,"有两种中国人:一种是教条主义者,他们就听斯大林那一套;另一种中国人就不听那一套,并且批评教条主义者"②。毛泽东就是后一种人的代表。在这个时期,他们是受到压制和打

---

① 毛泽东 1963 年 9 月 3 日同外宾的谈话,载《文献和研究》1985 年第 1 期。
② 中华人民共和国外交部、中共中央文献研究室编:《毛泽东外交文选》,中央文献出版社 1994 年版,第 254 页。

击的。

错误教训也教育了中国人。"错误有两重性。错误一方面损害党，损害人民；另一方面是好教员，很好地教育了党，教育了人民，对革命有好处。""错误犯得太多了，一定要反过来。这是马克思主义。'物极必反'，错误成了堆，光明就会到来。"①

历史证明："革命的政党，革命的人民，总是要反复地经受正反两个方面的教育，经过比较和对照，才能够锻炼得成熟起来，才有赢得胜利的保证。"②

土地革命时期中国共产党的历史经验归结为一点就是如何对待马克思主义，如何对待别国的经验，如何独立自主地进行革命和建设，走中国自己的发展道路。

中国共产党之所以会犯"左"倾或右倾的错误，其认识根源主要在于主观与客观的脱节、理论与实际的分离。"这仍然是因为他们不去虚心领会过去的经验，对于中国的历史状况和社会状况、中国革命的特点、中国革命的规律不了解，对于马克思列宁主义的理论和中国革命的实践没有统一的理解而来的"。③

毛泽东认为，"要克服'左'的传统，在于普及与深入马克思主义的方法论（唯物辩证法）于多数干部中"。"为什么党内发生这些左倾错误，都是希望革命要早些成功。但是，如何使得革命真正成功而避免不应有的

①《毛泽东文集》第七卷，人民出版社1996年版，第136页。

②毛泽东讲话，见《人民日报》1965年2月26日。

③《毛泽东选集》第二卷，人民出版社1991年版，第611页。

损失，在这方面注意得太少"。"所以在夺取政权时容易犯这种急于求成的错误，夸大主观的力量，夸大群众的觉悟，贬低敌人的力量，夸大敌人的困难，而低估革命取得胜利需要经历的困难。"①

这个时期，中国共产党经历过巨大的曲折和起伏。红军从 30 万人减少为 3 万人；南方的根据地全部丢失了，只留下陕北一块根据地；几十万党员只剩下几万人。但这个时期的奋斗有着巨大的历史意义。"党在十年的反动时期，虽有内外敌人的侵袭和打击，却在全国范围内用革命精神教育了广大的人民群众，在人民群众中保存了党的革命旗帜"②，保存了红军的基干和一部分革命根据地，保存了党的大批优秀干部和数万党员。

这个时期，中国共产党在反对内外敌人的压迫和克服机会主义的错误斗争中经受了严峻的考验和艰苦的锻炼，积累了极其丰富的正、反两方面的经验，达到了政治上的成熟。中国共产党在斗争中不但锻炼出了一条坚强的马克思列宁主义政治路线，而且锻炼出了一条坚强的马克思列宁主义军事路线。"党开辟了人民政权的道路，因此也就学会了治国安民的艺术。党创造了坚强的武装部队，因此也就学会了战争的艺术。"这些都是党的"重大进步和重大成功"③。

"在这个时期，党认识了自己的真正的马克思列宁主义的领导者毛泽东同志"④，确立了以毛泽东为代表的正确路线在中共中央的领导。这个领

---

①《胡乔木文集》第二卷，人民出版社 1993 年版，第 163 页。

②《胡乔木文集》第二卷，人民出版社 1993 年版，第 38 页。

③《毛泽东选集》第二卷，人民出版社 1991 年版，第 611 页。

④《胡乔木文集》第二卷，人民出版社 1993 年版，第 37 页。

导成了全党在马克思列宁主义基础上的团结、全国人民革命团结的坚强核心。土地革命战争对于中国革命后来的胜利，"是完成了最重要的政治准备和干部准备"①。

正是在土地革命时期，毛泽东思想在同错误倾向做斗争并深刻总结这方面的历史经验的过程中逐步形成，"学会了使用马克思列宁主义的思想斗争的武器，从两方面反对党内的错误思想，一方面反对右倾机会主义，又一方面反对'左'倾机会主义"。党正是"从两条战线斗争中巩固和壮大起来"②的；以毛泽东为代表的中国共产党人正是清算了错误路线，才真正找到了马克思列宁主义普遍真理与中国的具体情况相结合的道路，找到了中国特色的革命道路。

由于土地革命的中心是江西，因此江西成为马克思主义中国化的历史起点。梳理中国共产党是怎样历经磨难，从幼稚走向成熟的历程，特别是总结中国共产党因为"左"倾错误遭受巨大磨难的历史经验教训，也是对走过建党百余年的中国共产党的庆祝。

---

① 《胡乔木文集》第二卷，人民出版社 1993 年版，第 37 页。
② 《毛泽东选集》第二卷，人民出版社 1991 年版，第 530 页。

目　录

第四章
共产国际直接影响下的"左"倾教条主义　　　　　/　**085**

第五章
"而今迈步从头越"：中国共产党的成熟　　　/　**169**

结语：历史磨难的启示　　　　　　　　　　/　**207**

第一章

从血泊中站起

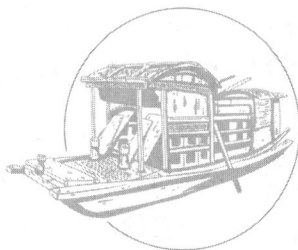

1921 年中国共产党的成立使中国革命的面貌从此发生了根本变化。年轻的中国共产党成立后，迅速投入到革命实践中。在共产国际的帮助下，随着对中国国情认识的逐步加深，及在革命实践中不断总结经验，中国共产党通过与国民党合作，掀起了近代中国第一场民众广泛参加的国民大革命。到 1927 年上半年，就将革命的雄火燃烧到长江流域。正当革命如火如荼地进行时，由于国民党右派的叛变，使革命由高潮陷入低谷，无数共产党人和革命群众倒在血泊中。中国共产党经历了成立以来的巨大磨难。1927 年 4 月至 5 月召开中共五大时，有党员近 6 万人，到年底只剩下了 1 万人。在白色恐怖下，许多人开始动摇起来，脱离革命队伍，如李立三 1930 年 2 月 1 日在《党史报告》中所讲的：1927 年革命失败之后，"武汉许多同志公开宣布脱离党，人数一天天增加，初则一个一个地登报脱离，继则一批一批"。"脱离党的事不但是在武汉，就是在各地方如广东、上海都是这样。"[1] 还有的在反动报纸上公开忏悔，攻击自己崇奉过的信念，更有甚者公开投敌，出卖自己的同志，去邀功请赏。

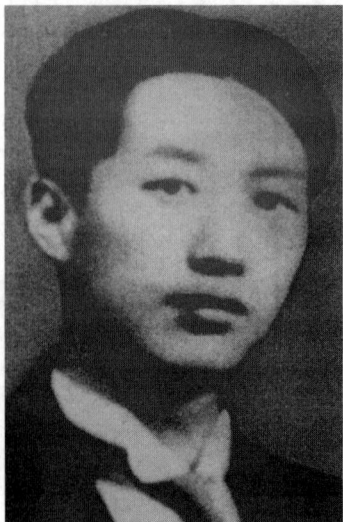

敢不敢坚持革命、怎样坚持革命成为摆在当时中国共产党人面前的两个根本问题。

面对敌人的屠刀威胁，无数共产党人没有被吓倒、被征服，演绎了许多可歌可泣的事迹。夏明翰在就义前视死如归地说："砍头不要紧，只要主义真，杀了夏明翰，自有后来人。"郭亮在

瞿秋白

---

[1] 沙健孙主编：《中国共产党史稿》第一分册，中央文献出版社 2006 年版，第 157 页。

给妻子的遗书中写道："亮东奔西走，无家无国。吾事毕矣，望善抚吾儿，以继余志。"中共韶山支部党员钟志申在遗书中写道："当我入党之时，就抱定视死如归的意志。我认定共产党一定会胜利，革命一定会成功。我牺牲生命，把一切献给革命，是为了寻找自由，为了全国人民求得解放。我知道，我的牺牲不会白牺牲，我的血不会白流，因为血债需用血来还。党会给我报仇。要记住：共产党员是杀不尽的啊！"①许多幸存者继续高举革命的大旗，"他们从地下爬起来，揩干净身上的血迹，掩埋好同伴的尸首，他们又继续战斗了"②。更有许多追求进步的先进分子，如徐特立、叶剑英、贺龙等，毅然加入革命的行列。

瞿秋白（1899—1935），江苏常州人，1922年加入中国共产党，是中国共产党早期的领导人之一。1927年国民党叛变革命后，同李维汉主持召集了8月7日的中共中央紧急会议，结束了陈独秀的错误路线在中国共产党内的统治。红军主力长征后，他被留在中央根据地。1935年2月在福建游击区被国民党政府逮捕，6月18日就义于福建长汀。

李维汉（1896—1984），化名罗迈，1923年加入中国共产党。1927年8月至1928年7月任中共中央临时政治局委员、常委。中共六大期间在国内主持党的工作。

　　在大革命失败的紧要关头，1927年8月7日中共中央在汉口召开了紧急会议，会议由瞿秋白、李维汉主持。会议通过了《中国共产党中央执行委员会告全党党员书》（即《中共"八七"会议告全党党员书》）、《最近农民斗争的决议案》、《最近职工运动决议案》等重要文件，纠正了党在过去的右倾机会主义错误，确定了实行土地革命和武装起义的总方针，号召人民继续进行革命斗争。《中共"八七"会议告全党党员书》指出："我们党的指导机关确有机会主义的错误，经常地动摇和犹豫，在紧急关头总是没有坚决行动的决心，指导机关的非共产主义的不革命的理论以及不革命的行为，不但绝对地与共产国际的决议和指示相矛盾，并且和我们党员群众

① 沙健孙主编：《中国共产党史稿》第一分册，中央文献出版社2006年版，第157页。
② 《毛泽东选集》第三卷，人民出版社1991年版，第1036页。

工作相反。""党的指导有机会主义的错误，其基础在于不了解中国革命的性质，不了解各种阶级在每一革命阶段里的作用。正确些说，是对于这些问题没有布尔塞维克的马克思主义的了解。党的指导每当解决这些问题的时候，时常在理论上、实践上违背共产国际的根本原则及列宁主义对中国革命的估量，中国共产党中央委员会在这些根本问题上陷于最庸俗的机会主义。"①

《中共"八七"会议告全党党员书》还指出："中央所以陷于机会主义如此之深而能绝不警戒地去执行这些机会主义的政策，其原因之一，便是党内情形的不好。中央以前受不着群众的监督，不向群众报告，不提出党的政策交一般党员讨论。党里面完全是宗法社会的制度，一切问题只有党的上层领袖决定，而'首领'的意见不但应当认为是必须服从的，而且总以为是无置疑的可能，无论如何都是对的。这种执行之下，党的民权主义完全变成空话。甚至于党有极大的公开作用的地方，所谓党的民权主义完全是形式上的，没有党内生活，没有党内的舆论，没有对于指导者的监督，没有党员群众对于指导者的督促；在这种党内情形之下，自然中央只有用命令方式去实行自己的指令，所以它自己也不求真正实行党内的民权主义。"②

在这次会议上，毛泽东被选为中共中央临时政治局候补委员。

"八七"会议在中国共产党历史上有着重大意义，尽管存在着一些局限，但它"是中国共产党历史上的转变关键"，标志

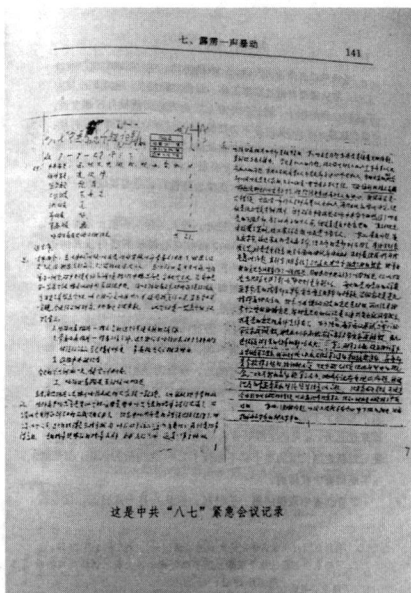

中共"八七"紧急会议记录

---

① 《中共"八七"会议告全党党员书》(1927 年 8 月 7 日)，《中共党史教学参考资料》1957 年 5 月。
② 《中共"八七"会议告全党党员书》(1927 年 8 月 7 日)，《中共党史教学参考资料》1957 年 5 月。

着"将党从机会主义的泥坑之中救出来，重新走上革命的大道"①。

中国共产党人从血的教训中认识到土地革命和武装斗争的重要性，并萌生了"上山"割据的想法。

一 农民运动"好得很"

对于农民问题在中国革命中的重要性，中国共产党的认识经历了一个过程。中国共产党成立以后，集中主要力量从事工人运动，对于农民问题的重要性缺乏足够的重视。但农民作为中国人口的大多数的基本国情，中国共产党并没有采取漠视的态度。

早在中国共产党成立前，1920年12月23日出版的《共产党》半月刊上就发表过题为《告中国的农民》的长篇文章。该文认为，"中国农民占全人口底大多数，无论在革命的预备时期，和革命的实行时期，他们都是占有重要位置的。设若他们有了阶级的觉悟，可以起来进行阶级斗争。我们的社会革命，共产主义，就有了十分的可能性了"。文章还运用阶级分析方法，对中国农村的阶级关系进行了初步分析，指出"一般农民底生活困苦，简直是形容不出来的"，"一地方底土地，都集中于少数人之手，而大多数农民底日常生活，运命，生命都悬于这少数人之手了。这就是社会贫富的悬隔越甚，阶级底区分越明，一般农民底生活越苦的原因了。"文章还指出农民中蕴藏着巨大的革命潜力，农民的斗争有着远大的前途。"他们这次的举动（指萍乡农民的反抗斗争——引者注），范围虽小，然而正如昏天黑地之中，东方现出一线曙光是一样的。"有了这线曙光，白天就会随之到来的。对农民应该给予信任，只要去宣传，他们就会来听，他们的觉悟就会提高。文章号召革命的同志"要设法向田间去，促进他们的这种自觉"。文章还鼓励农民要对自己有信心："你们不要说你

---

① 《政治议决案》（1928年7月9日），载《中共中央文件选集》第4册，中共中央党校出版社1989年版，第306页。

们没有力量，你们底力（量）比甚么要大"，号召农民要"集合起来""抢回你们被抢的东西"，"抢回你们被抢的田地"，"你们起来，自然有共产主义来帮你们的忙的"，"共产主义能使你们脱出一切的痛苦"，走向解放之路。[①]

《告中国的农民》，"在中国共产主义运动的历史上，它第一次论述了农民在中国革命中的极大重要性，分析了农村中的基本阶级关系，揭示了封建地主的土地所有制是农民遭受苦难的根源，说明了共产主义者应当到农村去，而农民应当遵循共产主义者为自己指引的方向。所有这些对于中国革命的未来发展都是有重要意义的"[②]。

早期的共产主义者不仅从理论上开始认识到农民的重要性，而且开始注意到农村工作。上海共产主义小组成员沈玄庐在1921年4月回到家乡浙江省萧山县衙前村，在农民中进行革命宣传工作，并发动农民组织、农民协会。武汉小组"在农村中的工作，主要是利用暑假学生回乡的机会，办农民识字班"[③]；同时，"做调查，帮助最苦的（农民），然后学生回校写作做工作调查情况"[④]。济南小组在胶济铁路沿线开展农民运动，益都农村甚至一度出现过类似共产主义小组性质的组织。[⑤]

中国共产党成立后，被称为"农民运动大王"的彭湃1922年回广东海丰老家组织农民运动，并于1923年1月领导成立了海丰县总农会。

但总体来看，建党初期，中国共产党并没有将主要力量集中在农民运动上。就是毛泽东首先关注的也是工人运动。1923年恽代英写信给毛泽东说，学习陶行知到乡村里去做平民教育工作，但毛泽东认为现在城市工作

---

① 沙健孙主编：《中国共产党史稿》第一分册，中央文献出版社2006年版，第299页。

② 沙健孙主编：《中国共产党史稿》第一分册，中央文献出版社2006年版，第299页。

③ 吴德峰：《党成立前后武汉地区的一些情况》，1956年，《共产主义小组》上，中共党史资料出版社1987年版，第456页。

④ 《董必武谈中国共产党第一次全国代表大会和湖北共产主义小组》，1971年8月4日，《共产主义小组》上，中共党史资料出版社1987年版，第434页。

⑤ 《中华人民共和国山东省地图集》说明词，地图出版社1964年版。

还忙不过来，怎么顾得上乡村呢？[①]

当然，毛泽东并没有完全忽视农民问题。1923年4月，他派共产党员刘东轩、谢怀德到他们的家乡衡山县岳北白果乡开辟农运工作。同年，在中共三大上，据张国焘回忆说，毛泽东在会上提出一个新问题——农民运动是"这个农家子弟对于中共极大的贡献"。张国焘回忆说：毛泽东向大会指出，"湖南工人数量很少，国民党员和共产党员更少，可是满山遍野都是农民，因而他得出结论，任何革命，农民问题都是最重要的。他还证以中国历代的造反和革命，每次都是以农民暴动为主力。中国国民党在广东有基础，无非是有些农民组成的军队，如果中共也注重农民运动，把农民发动起来，也不难形成像广东这类的局面"[②]。

但是当时中共中央关注的焦点是如何推进国共合作，因此虽然中共三大通过了由毛泽东和谭平山起草的《农民问题决议案》，但并没有去组织实施。

毛泽东真正投入精力去从事农民运动是1925年回乡养病时组织韶山农民运动。后来他回忆道："以前我没有充分认识到农民中间的阶级斗争的程度"，这次回韶山后，才体会到"湖南农民变得非常富有战斗性"，于是"发动了一个把农村组织起来的运动"[③]。

在韶山从事农民运动的实践推动了毛泽东对中国农民的认识。1925年12月1日他发表了《中国社会各阶级的分析》一文，这篇文章主要针对当时党内存在的两种倾向而写的："当时党内的第一种倾向，以陈独秀为代表，只注意同国民党合作，忘记了农民，这是右倾机会主义。第二种倾向，以张国焘为代表，只注意工人运动，同样忘记了农民，这是'左'倾机会主义。这两种机会主义都感觉自己力量不足，而不知道到何处去寻找

---

① 1938年3月21日，毛泽东在延安"抗大"三大队临别演讲中，谈到他对农民问题的认识过程时也说："十五年前，恽代英主张去做平民教育工作，我没有去。"

② 张国焘：《我的回忆》第1册，现代史料编刊社1980年版，第294页。

③ [美] 埃德加·斯诺：《西行漫记》，董乐山译，生活·读书·新知三联书店1979年版，第135页。

力量，到何处去取得广大的同盟军。"①在这篇文章中毛泽东明确指出，农民是中国无产阶级最广大、最忠实的同盟军。

1926 年 9 月 1 日，毛泽东在编辑出版《农民问题丛刊》第 1 辑时写了一篇序言，题为《国民革命与农民运动》。在这篇文章中他首先指出，"农民问题乃国民革命的中心问题，农民不起来参加并拥护国民革命，国民革命不会成功；农民运动不赶速地做起来，农民问题不会解决；农民问题不在现在的革命运动中得到相当的解决，农民不会拥护这个革命"。因为"经济落后之半殖民地革命最大的对象是乡村宗法封建阶级（地主阶级）"，"经济落后之半殖民地的农村封建阶级，乃其国内统治阶级国外帝国主义之唯一坚实的基础，不动摇这个基础，便万万不能动摇这个基础的上层建筑物"。因此，他号召，"要有大批的同志，立刻下了决心，去做那组织农民的浩大的工作。要立刻下了决心，把农民问题开始研究起来。要立刻下了决心，向党里要到命令，跑到你那熟悉的或不熟悉的乡村中间去，夏天晒着酷热的太阳，冬天冒着严寒的风雪，搀着农民的手，问他们痛苦些什么，问他们要些什么。从他们的痛苦与需要中，引导他们组织起来，引导他们向土豪劣绅争斗，……引导他们参与反帝国主义反军阀的国民革命运动"②。

大革命后期，为了答复当时党内外对于农民革命斗争的责难，从 1927 年 1 月 4 日开始，毛泽东身着蓝布长衫，脚穿草鞋，手拿雨伞，考察了湘潭、湘乡、衡山、醴陵、长沙五县。历时三十二天，行程七百公里，写出了著名的《湖南农民运动考察报告》。在这个报告里，毛泽东回击了当时对农民运动的责难，赞扬农民运动"好得很"，还指出贫农"乃是农民协会的中坚，打倒封建势力的先锋，成就那多年未曾成就的革命大业的元勋。没有贫农阶级（照绅士的话说，没有'痞子'），决不能造成现时乡村的革命状态，决不能打倒土豪劣绅，完成民主革命"③。他还明确提出："农

---

① 《毛泽东选集》第一卷，人民出版社 1991 年版，第 3 页。

② 《毛泽东文集》第一卷，人民出版社 1993 年版，第 37、39 页。

③ 《毛泽东选集》第一卷，人民出版社 1991 年版，第 21 页。

民问题是一个贫农问题，而贫农的问题有两个，即资本问题与土地问题。这两个都已经不是宣传的问题而是立即实行的问题。"同时"要推翻地主武装，建立农民武装"。

毛泽东对农民问题的重视表明中国共产党对农民问题重要性认识的提高。毛泽东的《湖南农民运动考察报告》出版时，中共中央政治局委员瞿秋白写了热情洋溢的序言。他说："中国农民要的是政权和土地。……中国革命家都要代表三万万九千万农民说话做事，到前线去奋斗，毛泽东不过开始罢了。中国的革命者个个都应该读一读毛泽东这本书，和读彭湃的《海丰农民运动》一样。"①毛泽东的这篇报告也引起了共产国际的注意。1927年5月27日和6月12日，共产国际执委会机关刊物《共产国际》先后用俄文和英文翻译了《湖南农民运动考察报告》。这是毛泽东第一篇被介绍到国外去的文章。英文版的编者按评价道："在迄今为止的介绍中国农村状况的英文版刊物中，这篇报道最为清晰。"当时任共产国际执委会主席团委员的布哈林在执委会第八次扩大会议上也说："我想有些同志大概已经读过我们的一位鼓动员记述在湖南省内旅行的报告了"，这篇报告"文字精练，耐人寻味"。②

布哈林（1888—1938），1917年至1934年为俄共（布）【联共（布）】中央委员，1924年至1929年为中央政治局委员。1919年至1929年为共产国际执行委员会委员，1926年至1929年任共产国际政治书记处书记。1929年至1931年为苏联最高国际经济委员会主席团委员。后遭非法镇压，死后恢复名誉。

1927年8月7日召开的中共中央紧急会议（即党的"八七"会议）把土地革命作为总方针之一确定下来，把解决农民的土地问题作为新阶段的中心任务。会议根据共产国际领导人提出的"当前中国革命的中心是土地革命""开展土地革命是一个中心问题、中心任务和中心口号"③的指

---

① 金冲及主编：《毛泽东传（1893—1949）》，中央文献出版社1996年版，第126—127页。

② 金冲及主编：《毛泽东传（1893—1949）》，中央文献出版社1996年版，第127页。

③《共产国际与中国革命资料选辑（1925—1927）》，人民出版社1985年版，第470页。

示精神，按照中共中央 7 月 20 日通告中提出的"中国革命进到一个新阶段——土地革命阶段"的精神，进一步指出："现时主要的是用'平民式'的革命手段解决土地问题。"[①] 会议规定，要"没收大地主及中地主的土地""没收一切所谓公产的祠族庙宇等土地"，将其分给佃农或无地的农民，"对于小田主则减租"。会议强调，"农民运动的主要力量是贫农"。会议还决定派"最积极的、坚强的、革命性稳定的、有斗争经验的同志尽量分配到各主要的省份做农民暴动的组织者"[②]，以建立革命武装和农民革命政权，解决农民土地问题。

"八七"会议总结了大革命时期忽视农民土地问题的教训，提出土地革命的任务，这就为中国革命指明了新的方向。但是也应看到对分配土地办法的规定是脱离中国国情的，因为中国大中地主不多，小地主居多。当时毛泽东在会议上就曾经建议：一、应当规定大中地主的标准，建议以五十亩为限，五十亩以上的地主土地统统没收。二、小地主问题是土地问题的中心问题，困难在于《最近农民斗争的议决案》规定不没收小地主土地，如此，则有许多没有大地主的地方，农协则要停止工作。所以要根本取消地主制，对小地主应有一定的办法。三、对于耕农中的富农、中农的地权应有不同的规定，要确定方向。[③] 对于毛泽东的意见，共产国际代表没有采纳，还不让大家讨论土地问题，提出："土地的根本问题是土地国有。"[④]

对于"八七"会议确定的土地分配办法，毛泽东于 1927 年 8 月 18 日在长沙召开的湖南省委会议上再次表达了自己的不同意见："中国大地主

① 中共中央党史资料征集委员会、中央档案馆编：《八七会议》，中共党史资料出版社 1986 年，第 18 页。

② 中共中央党史资料征集委员会、中央档案馆编：《八七会议》，中共党史资料出版社 1986 年，第 39—40 页。

③ 中共中央八七会议记录，1927 年 8 月 7 日，转引自《毛泽东传（1893—1949）》，中央文献出版社 1996 年版，第 139 页。

④ 中共中央八七会议记录，1927 年 8 月 7 日，转引自《毛泽东传（1893—1949）》，中央文献出版社 1996 年版，第 140 页。

少，小地主多，若只没收大地主的土地，则没有好多被没收者。被没收的土地既少，贫农要求土地的又多，单只没收大地主的土地，不能满足农民的要求和需要。要能全部抓着农民，必须没收地主的土地交给农民。""对被没收土地的地主，必须有一个妥善的方法安插。"①毛泽东将这些意见通过书信的方式向中共中央做出反映。

在一些重大政策问题上，毛泽东旗帜鲜明地提出切合实际却又与中共中央和共产国际不同的意见，彰显了毛泽东的过人胆识和求实精神。瞿秋白在"八七"会议后的一次政治局常委会议上称赞毛泽东："我党有独立意见的要算泽东。"②

能结合中国实际独立提出意见是中国革命成功的关键因素。大革命失败的一个重要原因就是处于幼年的中国共产党还不能把共产国际的指示独立自主地进行运用和正确对待，党内还缺乏一批能够独立思考并能坚持自己正确意见的领导干部。就是毛泽东有时也并不是始终能坚持自己的独立意见。1926年12月在中共中央特别会议上，毛泽东与陈独秀在中国社会阶级关系和农民运动等重大问题上分歧很大，由于对陈独秀比较敬重，加之他的意见考虑不成熟，因此他没有坚持自己的观点。诚如他在"八七"会议上解释说："我后来的观点是'农民指挥着我成立的。我素以为领袖同志的意见是对的，所以结果我未十分坚持我的意见。我的意见因他们说是不通于是也就没有成立'。"③

但是难能可贵的是，以毛泽东为代表的中国共产党人在实地调查中，通过不断完善自己的看法，对上级的意见通过调查发现问题后，及时在实践中修正中央的意见，并向中央反映自己的意见，以此指导自己的行动。在面对自己提出的切合实际的正确意见遭到中央的批评和指责后，毛泽东

---

① 金冲及主编：《毛泽东传（1893—1949）》，中央文献出版社1996年版，第142—143页。

② 中共中央政治局常委会记录，1927年9月28日。参见《毛泽东传（1893—1949）》，中央文献出版社1996年版，第144页。

③ 毛泽东在中共中央紧急会议上的发言，1927年8月7日，《毛泽东文集》第一卷，人民出版社1993年版，第47页。

仍然能够坚持自己的意见，对中央的意见符合实际情况的部分贯彻执行，对不切实际的批评给予答复。

1927 年 8 月 30 日，湖南省委给中央的信中直接写道：中央复信"指出此间两点错误，事实及理论均非如兄所说"。第一，"兄处谓此间是军事冒险"，"实在是不明了此间情形，是不要注意军事又要民众武装暴动的一个矛盾政策"。第二，"兄谓此间专注意长沙工作，而忽略各地，这并不是事实"[①]。

在如何对待国民党和必须放弃国民党旗帜上充分显示了毛泽东敢于坚持自己意见的坚定态度。

他在"八七"会议上的发言中总结大革命失败的经验教训时说："国民党问题在吾党是很长久的问题……当时大家的根本观念都以为国民党是人家的，不知它是一架空房子等人去住。其后像新姑娘上花轿一样勉强挪到此空房子去了，但始终无当此房子主人的决心。我认为这是一大错误。……直到现在，才改变了策略，使工农群众进国民党去当主人。"[②]

他于 1927 年 8 月 18 日在长沙召开的改组后的湖南省委第一次会议上提出"国民党这块招牌已经无用"，因为"到七月十五日汪精卫等伪革命派的叛变，国民党死了，并且臭了，不但臭了，并且臭气闻于天下。国民党这个工具完全为军阀夺去，变成军阀争权利抢地盘的工具。从唐生智、蒋介石、汪精卫，甚至到张作霖都可以拿了这块招牌来作他压迫民众、屠杀民众的工具，国民党变成军阀党了"。"因此，湖南对于此次暴动，是主张用共产党名义来号召，国民党不过站共产党后摇旗呐喊，将来听其自消。"[③]他坚决主张湖南秋收起义时，"我们应高高打出共产党的旗子"。

1927 年 8 月 20 日，他在以湖南省委名义写给中共中央的信中说："国际新训令，主张在中国立即实行工农兵苏维埃"。"因国际这个新训令，影

---

① 金冲及主编：《毛泽东传（1893—1949）》，中央文献出版社 1996 年版，第 145 页。

② 《毛泽东文集》第一卷，人民出版社 1993 年版，第 46 页。

③ 中央档案馆编：《秋收起义》（资料选辑），中共中央党校出版社 1982 年版，第 114—115 页。

响到我对国民党的意见，即在工农兵苏维埃时候，我们不应再打国民党的旗子了。我们应高高打出共产党的旗子，以与蒋、唐、冯、阎等军阀所打的国民党旗子相对。国民党旗子已成军阀的旗子，只有共产党旗子才是人民的旗子。这一点我在鄂时还不大觉得，到湖南来这几天，看见唐生智的省党部是那样，而人民对之则是这样，便可以断定国民党的旗子真不能打了，再打则必会再失败。从前我们没有积极的取得国民党领导权，而让汪、蒋、唐等领导去，现在即应把这面旗子让给他们，这已经完全是一面黑旗。我们则应立刻坚决的树起红旗，至于小资产阶级，让他完全在红旗领导之下，客观上也必定完全在红旗领导之下。"① 正是基于这种认识，后来秋收起义，毛泽东率先打出共产党领导的"中国工农革命军第一师"的鲜艳红旗。

毛泽东的这种态度是他之所以能够率先为中国革命探索出一条新的革命道路的重要原因。

二　"枪杆子里面出政权"

中国共产党选择走武装斗争夺取政权的道路，不是任何人的主观意志所决定的，而是近代中国国情的产物，是对国民党实行白色恐怖不得不做出的反应。中国共产党不是主动选择走武装反抗国民党的道路，而是在国民党对它使用武器后才不得不拿起武器的。毛泽东在同外国人交谈中多次指出："有了共产党以后，就进行了革命战争。那也不是我们要打，是帝国主义、国民党要打。一九二一年，中国成立了共产党，我就变成了共产党员了。那时候，我们也没有准备打仗。我是一个知识分子，当一个小学教员，也没学过军事，怎么知道打仗呢？就是由于国民党搞白色恐怖，把工会、农会都打掉了，把五万共产党员杀了一大批，抓了一大批，我们才拿起枪来，上山打游击。"② "他要打，我就打。这个方法就是从反动派那里

---

① 中央档案馆编：《秋收起义》(资料选辑)，中共中央党校出版社1982年版，第16—17页。

② 毛泽东同智利新闻工作者代表团的谈话记录，1964年6月23日，转引自《毛泽东传（1893—1949）》，中央文献出版社1996年版，第157页。

学来的。我们就是从蒋介石那里学来的。蒋介石打我，我就打他。他可以打我，难道我就不能打他呀？"① "像我这样一个人，从前并不会打仗，甚至连想也没想到过要打仗，可是帝国主义的走狗强迫我拿起武器。"② "是什么原因使我到军队中去的？还是帝国主义、蒋介石杀人。"③1961 年毛泽东在同英国元帅蒙哥马利的谈话中说："革命不是哪里想干不想干的问题，我最初就没有想过干革命的问题。我那时当小学教员，当时也没有共产党，是因为形势所逼，不能不干。"④

罗素（1872—1970），英国哲学家、社会活动家。1920 年至 1921 年到中国讲学，先后在北京、长沙等地演说。在这些演说中，他表示"共产主义是一种好学说"，主张用"循序渐进的方法来实行"，不赞成"阶级战争"和"平民专制"，认为中国首要的事情是兴办教育和发展实业。罗素的主张在当时中国思想界有很大影响。

早在 1920 年，毛泽东就提出，"社会政策，是补苴罅漏的政策，不成办法。社会民主主义，借议会为改造工具，但事实上议会的立法总是保护有产阶级的。无政府主义否认权力，这种主义恐怕永世都做不到。温和方法的共产主义，如罗素所主张极端的自由，放任资本家，亦是永世做不到的。激烈方法的共产主义，即所谓劳农主义，用阶级专政的方法，是可以预计效果的，故最宜采用。"⑤

因此，毛泽东认为，"俄国式的革命，是无可如何的山穷水尽诸路皆走不通了的一个变计，并不是有更好的方法弃而不采，单要采这个恐怖的方法"。从历史经验来看，"凡是专制主义者，或帝国主义者，或军国主义者，非等到

---

① 毛泽东同出席第二次亚洲经济讨论会的一些国家和地区代表的谈话记录，1964 年 7 月 9 日，转引自《毛泽东传（1893—1949）》，中央文献出版社 1996 年版，第 157 页。

② 毛泽东同叙利亚访华友好代表团谈话记录，1965 年 3 月 23 日，转引自《毛泽东传（1893—1949）》，中央文献出版社 1996 年版，第 142 页。

③ 毛泽东会见参加第十届禁止原子弹氢弹世界大会后访华外宾的谈话记录，1964 年 8 月 22 日，转引自《毛泽东传（1893—1949）》，中央文献出版社 1996 年版，第 142 页。

④ 毛泽东和英国蒙哥马利元帅的谈话记录，1961 年 9 月 23 日，转引自《毛泽东传（1893—1949）》，中央文献出版社 1996 年版，第 68—69 页。

⑤ 《毛泽东文集》第一卷，人民出版社 1993 年版，第 2 页。

人家来推倒，决没有自己肯收场的"。因此，"用和平方法去达共产目的"是不行的。"我对于绝对的自由主义，无政府的主义，以及德谟克拉西主义，依我现在的看法，都只认为于理论上说得好听，事实上是做不到的。"[①]

因此，革命不是什么人想告别就告别的。走革命道路是近代中国历史发展的必然结果，也是历史发展的内在要求，是中国共产党人用马克思主义分析中国国情得出的必然结论，是血的教训，是严酷的现实逼迫的结果。

面对国民党右派的屠杀，中国共产党开始认识到武装斗争的重要性，必须以武装的革命反对武装的反革命。后来毛泽东在总结中国革命斗争的经验时指出，对于武装斗争问题，"我们党从一九二一年成立直至一九二六年参加北伐战争的五六年内，是认识不足的。那时不懂得武装斗争在中国的极端的重要性，不去认真地准备战争和组织军队，不去注重军事的战略和战术的研究。在北伐过程中，忽视了军队的争取，片面地着重于民众运动，其结果，国民党一旦反动，一切民众运动都塌台了"[②]。在北伐战争时，"我们党虽已开始懂得武装斗争的重要性，但还没有彻底了解其重要性，还没有了解武装斗争是中国革命的主要斗争形式"[③]。

1926 年 12 月，在汉口召开的中央特别会议根据陈独秀的政治报告做出决议案说：当前"各种危险倾向中最重要的严重的倾向是一方面民众运动勃起之日渐向'左'"，因此会议规定党的主要策略是限制工农运动的发展，反对"耕地农有"。在这次会议

共产国际驻中国代表和苏联驻广州革命政府代表鲍罗廷

①中共中央文献研究室：《毛泽东年谱（1893—1949）》（上卷），中央文献出版社 1993 年版，第 73 页。

②《毛泽东选集》第二卷，人民出版社 1991 年版，第 544 页。

③《毛泽东选集》第二卷，人民出版社 1991 年版，第 609 页。

上，陈独秀和鲍罗廷不赞成马上解决农民土地问题，认为条件还不成熟。对毛泽东提出的"右派有兵，左派没有兵，即右派有一排兵也比左派有力量"①的意见没有给予重视。

在"八七"会议上，毛泽东总结大革命失败的教训，提出"枪杆子里面出政权"思想。他尖锐地指出："从前我们骂中山专做军事运动，我们则恰恰相反，不做军事运动专做民众运动。蒋、唐（指蒋介石、唐生智——引者注）都是拿枪杆子起的，我们独不管。""须知政权是由枪杆子中取得的。"毛泽东还对中共中央在军事问题上"现在虽已注意，但仍无坚决的概念"提出批评，他建议"此次会议应重视此问题，新政治局的常委要更加坚强起来注意此问题"。②

毛泽东不仅提出这个思想，而且亲自去实践这个思想，并在实地调查和实践中完善这个思想。

"八七"会议结束后，主持中央工作的瞿秋白希望毛泽东到上海中央机关工作，毛泽东却回答："我不愿跟你们去住高楼大厦，我要上山结交绿林朋友。"③

1927年8月18日在长沙召开的湖南省委会议上他再次强调："暴动的发展是要夺取政权。要夺取政权，没有兵力的拥卫或去夺取，这是自欺的话。我们党从前的错误，就是忽略了军事，现在应以百分之六十的精力注意军事运动。实行在枪杆上夺取政权，建设政权。"④

---

① 《毛泽东传（1893—1949）》，中央文献出版社1996年版，第122页。

② 在中央紧急会议上的发言，1927年8月7日，《毛泽东文集》第一卷，人民出版社1993年版，第47页。

③ 谭震林：《回顾井冈山斗争历史》，《井冈山革命根据地》（下），中共党史资料出版社1987年版，第10页。

④ 《毛泽东传（1893—1949）》，中央文献出版社1996年版，第143页。

三 "上山"思想的提出

虽然中国共产党通过血的教训认识到了武装斗争对中国革命的重要性，但"一九二七年以后的一个长时期中，许多同志把党的中心任务仍旧放在准备城市起义和白区工作方面"①。尽管如此，在总结大革命失败的教训中，中国共产党人已经开始提出武装"上山"的思想。

早在中共五大闭幕后不久，中共中央常委瞿秋白就曾预见到，汪精卫与蒋介石的暗中勾结已经逐渐公开，中国共产党极可能要被迫上梁山，要求下面的同志做"上山"的准备。②

1927年5月21日湖南发生"马日事变"后，1927年6月中旬，毛泽东同李立三、郭亮召集来武汉向国民政府请愿的共产党员和骨干积极分子两百人开会，要他们回到原来的工作岗位，长沙站不住，城市站不住，就到农村去，下乡组织农民。要发动群众，恢复工作，山区的人上山，滨湖的人上船，拿起枪杆子进行斗争，武装保卫革命。③

最早有文字记载"上山"问题的是1927年7月4日中共中央政治局常委举行的扩大会议的记录。在这次会议上，毛泽东不同意陈独秀关于国民党各军招兵时农会会员和自卫军武装可应招加入的意见，提出农民武装可以上山或投到同党有联系的军队中去，以保存革命的力量，还提出"上山可造成军事势力的基础"，"不保存武力则将来一到事变我们即无办法"④。

1927年7月20日，中共中央发出指示，要求各地武装农民，并强调上山可以保存农民武装，指示说："农民武装现时没有以'农民自卫军'、'农

---

① 《毛泽东选集》第二卷，人民出版社1991年版，第544页。

② 羊牧之：《我所知道的瞿秋白》，载《革命回忆录》（1），人民出版社1980年版。

③ 中共中央文献研究室：《毛泽东年谱（1893—1949）》（上卷），中央文献出版社1993年版，第203、204页。

④ 中共中央文献研究室：《毛泽东年谱（1893—1949）》（上卷），中央文献出版社1993年版，第205页。

军'这类名义公开存在的可能，只能在下面三种形式之下存在：1. 以合法的名义存在，如'挨户团'、'包围团'、'联庄会'之类；2. 平时分散，秘密训练，一遇战事则随时集中；3. 两种形式都不可能时，则可以'上山'"。①

1927 年 8 月 9 日，在中共中央临时政治局第一次会议上，毛泽东批评湖南省委和共产国际赴长沙巡视员提出的"由湘南组织一师与南昌军力共同取粤"的计划时指出：湘南暴动"纵然失败，也不用去广东，而应上山"②。

除了要求农民武装上山，中共中央指示各地革命武装在站不住脚时也要"上山"。1927 年 10 月毛泽东在致广东省委的信中要求："现时叶、贺残部无论退到何地，必须紧守两个宗旨：第一，不投降敌人；第二，尽力帮助农民暴动。不得已时图向湖南发展，最后失败始上山。"③

"上山"并不是简单地为保存武装力量，"上山是中共中央及其领导人从中国国情出发，总结中国历代农民上山安营扎寨的经验，把马克思列宁主义同中国革命实际相结合，探索如何保存革命武装、寻找革命道路的重要一步。这一步虽然是被迫走出的，但却是解决在中国这样一个半殖民地半封建大国中如何积蓄和发展革命力量的问题的一个开端"④。

四　共产国际挽救大革命的努力

大革命的起伏与共产国际的领导分不开。在大革命面临失败的紧急关头，共产国际于 1927 年 5 月 18 日至 30 日在莫斯科召开了第八次执行委员会全体会议，于 5 月 30 日通过了《关于中国革命问题的决议》，确定了在国民革命紧急时期共产国际关于中国革命的方针政策。会议批判了托洛茨基等人关于

①《中共中央通告农字第九号——目前农民运动总策略》（1927 年 7 月 20 日），载《第二次国内革命战争时期土地革命文献选编（1927—1937 年）》，中共中央党校出版社 1987 年版，第 4 页。

②毛泽东在中共中央临时政治局第一次会议上的发言记录，1927 年 8 月 9 日，转引自《毛泽东传（1893—1949）》，中央文献出版社 1996 年版，第 140 页。

③中央档案馆编：《广州起义》（资料选辑），中共中央党校出版社 1982 年版，第 13 页。

④沙健孙主编：《中国共产党史稿》第三分册，中央文献出版社 2006 年版，第 31—32 页。

敦促中国共产党退出中国国民党和立即成立苏维埃的主张；采纳了斯大林提出的中国革命策略：支持国民党左派，继续进行北伐，在武汉国民政府管辖的地区全面开展土地革命，在蒋介石内部进行深入细致的宣传和瓦解工作。

1927 年 5 月末，根据共产国际执委会第八次全会精神，联共（布）中央政治局会议做出关于中国问题的决定，并就此给在中国的鲍罗廷、罗易和苏联驻汉口总领事柳克斯三人发电报，即"五月紧急指示"。该指示的主要内容如下：

1. 不进行土地革命，就不可能取得胜利。不进行土地革命，国民党中央就会变成不可靠将领手中的可怜的玩物。必须同过火行为作斗争，但不能动用军队，而要通过农会。我们坚决主张从下面实际占领土地，罗易对谭平山之行的担心是有一定道理的。不应脱离工农运动，而应千方百计对其加以促进，否则就会葬送事业。

2. 对手工业者、商人和小地主作出让步是必要的，同这些阶层联合是必要的。只应没收大、中地主的土地，不要触及军官和士兵的土地。如果形势需要，暂时可以不没收中地主的土地。

3. 国民党中央的一些老领导人害怕发生事件，他们会动摇和妥协。应从下面多吸收一些新的工农领导人来加入国民党中央。他们的大胆意见会使老头们变得坚决起来，或者使他们变成无用之人。应该改变国民党目前的构成。务必要更新国民党上层人士，充实在土地革命中脱颖而出的新领导人，而地方机关应当依靠工农组织中的数百万人加以扩大。不这样做国民党恐怕会有脱离生活和丧失一切威信的危险。

4. 应当消除对不可靠将领的依赖性。要动员两万共产党员，再加上来自湖南、湖北的五万革命工农，组建几个新军。要利用军校学员做指挥人员，要组建自己可靠的军队，现在还不晚。不这样做就不能保证不失败。这是很困难的事情，但没有别的路可走。……

5. 要成立以著名国民党人和非共产党人为首的革命军事法庭，惩办和蒋介石保持联系或唆使士兵迫害人民、迫害工农的军官。不能只是说服教育，到采取行动的时候了，要惩治坏蛋。如果国民党人不学会做革命的雅各宾派，他们就要为人民、为革命去捐躯。

6.请不要扣压罗易和其他负责同志的电报，你们都必须用化名签署电报。务必报告你们是否收到电报和采取了什么措施。[①]

"五月紧急指示""从原则上提出了当时中国革命所面临的一系列重要任务，但是其基本指导思想仍然是试图通过挽救武汉国民党和武汉国民政府来挽救革命"[②]。因此，指示的许多方面是脱离中国实际的，并不能完成挽救革命的使命。对于这个指示，鲍罗廷认为是"荒唐可笑的"，唯一的解决办法是"暂缓执行"[③]。中共中央负责人陈独秀则采取了拒绝的态度，因为陈独秀在 1927 年 4 月 5 日刚与汪精卫发表了联合宣言。

汪精卫、陈独秀联合宣言
1927 年 4 月 5 日

国民党、共产党同志们！此时我们的国民革命，虽然得到了胜利，我们的敌人，不但仍然大部分存在，并且还正在那里伺察我们的弱点，想乘机进攻，推翻我们的胜利，所以我们的团结，此时更非常必要。中国共产党坚决地承认，中国国民党及国民党的三民主义，在中国革命中毫无疑义地重要，只有不愿意中国革命向前进展的人，才想打倒国民党，才想打倒三民主义。中国共产党无论如何错误，也不至于主张打倒自己的友党，主张打倒我们敌人（帝国主义与军阀）素无反对之三民主义的国民党，使敌人称快。无产阶级独裁制，本是各国共产党最大限度的政纲之一，在俄国

---

① 黄修荣主编：《共产国际、联共（布）与中国革命档案资料丛书》第 4 卷，北京图书馆出版社 1998 年版，第 298—300 页。

② 沙健孙主编：《中国共产党史稿》第二分册，中央文献出版社 2006 年版，第 476 页。

③ ［美］罗伯特·诺思、津尼亚·尤丁编著：《罗易赴华使命》，中国人民大学出版社 1981 年版，第 112 页。

虽然实现了，照殖民地半殖民地政治经济的环境，由资本主义向社会主义的过程，是否是一定死板的经过同样形式的同样阶级（段?），还是一个问题，何况中国国民革命发展之趋势，现在固然不发生这样问题，即将来也不致发生。中国所需要的，是建立一个各被压迫阶级的民主独裁来对付反革命，不是什么无产阶级独裁。两党合作，本有各种不同的方式；重要之点，是在两党大多数党员，双方以善意的态度，解决此问题，方不违背合作之根本精神。中国国民党多数同志，凡是了知中国共产党的革命理论，及其对于中国国民党真实态度的人，都不会怀疑孙总理的联共政策。现在国民革命发展到帝国主义的最后根据地上海，警醒了国内外一切反革命者，造谣中伤离间，无所不用其极！甲则曰：共产党组织工人政府，将冲入租界，贻害北伐军，将打倒国民党。乙则曰：国民党领袖将驱逐共产党，将压迫工会与工人纠察队。这类谣言，不审自何而起。国民党最高党部全体会议之议决，已昭示全世界，决无有驱逐友党摧残工会之事。上海军事当局，表示服从中央，即或有些意见与误会，亦未必终不可解释。在共产党方面，爱护地方安宁秩序，未必敢后于他人；对于国民政府不以武力收回上海租界政策，表示赞同，总工会亦发表不单独入租界之宣言；对于市政府，亦赞同各阶级合作政策；事实俱在，更无造谣之余地。国共两党同志们，我们强大的敌人，不但想以武力对付我们，并且想以流言离间我们，以达其以赤制赤之计。我们应该站在革命观点上，立即抛弃相互间的怀疑，不听信任何谣言，相互尊敬，事事协商，开诚进行，政见即不尽同，根本必须一致。两党同志果能开诚合作，如兄弟般亲密，反间之言，自不获乘机而入也。披沥陈词，万希各省自察！勿致为亲者所悲，仇者所快，则中国革命幸甚！两党幸甚！

汪精卫　陈独秀

为了取得汪精卫的信任，共产国际代表罗易将电报内容透露给汪精卫。事后汪精卫对此事追述道："6月1日，苏俄代表罗易忽然约兄弟去谈话，说：'莫斯科曾有一种决议案，给我与鲍罗廷的，鲍罗廷给你看没有呢？'我说：'没有。'他说：'我可以给你看。'他于是把那决议案给我看，一是俄文的，一是中文的。中文的是他们自己翻译出来的。兄弟看过以后，觉得严重时期到来了。兄弟说：'可以给我吗？'他当时有些迟疑，最后才说：'今天晚上送给你，因为要修改几个字。'晚上果然送来。"汪精卫正准备叛变革命，借此立即策划"分共"。他说，当他看到这份电报以后，就感到如同乘船，"已经到了争船的时候了，已到了争舵的时候了"。如果"要将国民革命带往共产主义那条路去，不能不将国民党变成共产党，否则只有消灭国民党之一法"。反之，如果"要将国民革命带往三民主义那条路去，不能不将共产党变成国民党，否则只有消灭共产党之一法"。他说，这"正如一条船，有两个把舵的，有两个不同的方向，除了赶去一个，更无他法"①。

汪精卫集团走向背叛革命的现实教育了共产国际。1927年7月8日共产国际执行委员会致电中共中央，明确指出武汉政府和国民党上层"转移到工农的敌人的阵营里去了""共产党人必须示威性地退出国民政府"。中国共产党应立即"召开紧急代表会议（最好不公开），以便根据共产国际执委会的指示纠正党的领导所犯的根本性错误。必须采取各种措施保存党。为此，在武汉地区还需要组织党的秘密机构，把受威胁最大的工作人员转移到秘密地点"②。7月14日，共产国际执行委员会做出了《关于中国革命目前形势的决定》，对中国共产党的政策和策略作出下列规定：

1. 中国共产党人需要刻不容缓地公开宣布退出武汉政府；2. 在退出武汉政府时，需要发布一个原则性的政治宣言，说明采取这个步骤的理由，是因为武汉政府仇视土地革命和工人运动，要求严办一切迫害工人和农民的分子，从各方面揭露武汉政府的政策；3. 但不退出国民党，仍留在该党内，即使国民党领导者正在进行把共产党员开除出去的运动，与国民党的

---

① 林阔：《汪精卫全传》上卷，中国文史出版社2001年版，第118页。
② 《共产国际执委会关于中国革命目前形势的决定》，《共产国际与中国革命资料选辑（1925—1927）》，人民出版社1985年版，第531—536页。

下层保持密切的联系，在他们中间提出坚决抗议国民党中央行动的决议案，要求撤换现在的国民党领导机关，并在这一基础上面，筹备召开国民党的代表大会；4.用一切办法加强在无产阶级群众中间的工作，建立群众性的工人组织，巩固职工会，准备工人去进行坚决的行动，领导无产阶级的日常斗争；5.展开土地革命，继续用"平民"式的方式，即用在无产阶级领导下的工人、农民、城市贫民联盟之革命行动，为完成资产阶级民主革命而斗争；有系统地武装工人和农民；6.鉴于压迫和惨杀，应建立战斗的不合法的党的机关；7.采用种种办法，纠正中国共产党中央的机会主义错误，在政治上健全党的领导机构。[1]

共产国际的决定还严厉地批评了以陈独秀为首的中共中央，要求中共"召开党的紧急会议，改选中央委员会，严厉批评党的领导人，执行共产国际执委会的各项指示，对那些认为中国共产党应当受国民党中资产阶级上层分子支配的人进行坚决的斗争，直到将他们开除出党"[2]。

1927年7月28日，斯大林在《真理报》发表的《时事问题简评》中说：武汉政府时期，"无产阶级的领导权开始由愿望变成事实"，"共产国际的领导是完全正确"；导致大革命失败的原因是"中国共产党不善于利用这一时期的一切可能"，"中国共产党中央委员会在这一时期犯了一系列的极大的错误"。在这里，斯大林没有做一点自我批评。

以上表明共产国际使中国革命的政策和策略发生了重大转变。但共产国际并没有对自身在指导中国革命的过程中发生的错误进行负责的自我批评，而是把责任全部推到中共领导人身上。1927年7月12日，贯彻共产国际的指示，中国共产党改组了中央领导机构，拉开了中国共产党工作转变的序幕。

在总结大革命失败的教训中，共产国际发挥了重要作用。可以说，基本上是在共产国际的领导下进行的。但是共产国际的错误也影响到了对大革命

---

[1]《共产国际执委会关于中国革命目前形势的决定》，《共产国际与中国革命资料选辑（1925—1927）》，人民出版社1985年版，第531—536页。

[2]《共产国际执委会关于中国革命目前形势的决定》，《共产国际与中国革命资料选辑（1925—1927）》，人民出版社1985年版，第538页。

经验教训的总结。大革命紧急关头召集的"八七"会议是在共产国际代表的督促下召开的。共产国际代表罗明那兹不仅参加了"八七"会议，而且在会议上做了关于《党的过去错误及新的路线》的报告。这个报告阐明了召开这次紧急会议的必要性和重要意义，论述和分析了当前的阶级斗争和国民革命的形势。这个报告比较全面地反映和代表了这个时期共产国际及其领导人关于中国革命的基本理论与观点，成为"八七"会议的指导思想。

对于总结大革命失败教训、开辟革命新阶段的中共六大，共产国际和联共（布）领导人亲自指导。1961 年 9 月 14 日，李立三在接待来访时谈道："党的六大，斯大林和布哈林都亲自参加领导这次会议。我们的《决议》都经斯大林看过，这次会议，斯大林曾找我们谈过三天半。"（注：其中一次长达 14 小时）[①]关于这个问题，李立三 1940 年在莫斯科写的《自述》中有详细记载：

罗明那兹（1897—1935），化名伯纳，1925 年至 1930 年为联共（布）中央候补委员，1930 年为中央委员。1925 年至 1926 年任青年共产国际执行委员会书记。1926 年 4 月至 12 月为共产国际执行委员会主席团成员。1927 年 7 月至 11 月为共产国际驻华代表。1928 年起从事联共（布）党的工作，后自杀身亡。

六大开幕的前两天，斯大林同志来找我们，和政治局委员进行了长时间的谈话。斯大林同志像一位经验丰富的老师，用通俗易懂的语言向我们解释了极为复杂的政治问题，从政治形势和党的任务一直谈到斗争方式和工作方法等问题，苦口婆心地让我们理解盲动主义错在哪里。他说，所有运动中都有涨潮和退潮，革命中同样既有高潮，也有低潮。自从帝国主义在南京开枪以来，中国革命已开始退潮。蒋介石的叛变和对上海工人的屠杀是中国革命的局部失败，武汉国民党左派的叛变是对革命工农的又一次沉重打击，而广州起义已是革命退却中的一次后卫战。中国的新的革命高潮定会在近期出

[①] 李思慎、刘之昆：《李立三之谜——一个忠诚革命者的曲折人生》，人民出版社 2005 年版，第 159 页。

现，因为引起中国革命的重大矛盾没有一个得到解决，但眼前我们还看不到新的高潮，我们还处于革命运动的退潮和低潮之中。他强调说，不善于冷静地分析形势、不愿意承认失败，这不是马克思主义的素质。真正的马克思主义者不但善于适当地进攻，也善于适当地退却，善于适应形势的变化，善于改变斗争的战术、口号及方式。他说，在目前形势下，武装起义的口号应改为争取群众的口号，以便积蓄力量来迎接新的革命高潮。他强调指出，不能把起义当成游戏，拿起义作游戏定会害死革命的；工会运动中应彻底根除恐怖主义的斗争方法，因为这是有害于革命的；应坚决反对强制性罢工，只有说服群众相信党所引导的道路是正确的、得到群众的完全信任之后才能领导运动。最后，斯大林同志谈到党内形势时指出，必须坚决反对盲动主义，也不能忽视右倾的危险、忽视机会主义残余的重新抬头。只有坚持在两条战线上作战，中国共产党才能成功地使自己的队伍布尔什维克化；为了成功地领导革命，应该加强马列主义教育，中国共产党应该有自己的几十名真正的理论家，善于在中国的条件下实施马列主义原则。[①]

在总结大革命失败的教训中，共产国际缺乏对自身错误的反省，中国共产党对与共产国际的关系也没有很好地进行总结。共产国际的错误既影响到了对大革命经验教训的总结，也影响到了土地革命的命运，导致中共党内一些共产党员对共产国际的不满，影响共产国际政策的贯彻。如 1927 年南昌起义前，当共产国际不赞成举行南昌起义时，恽代英就愤愤不平地说道："共产国际和中共中央害死了中国革命，葬送了成千上万的同志；它们的领导完全破产了。现在南昌起义一切准备好了，忽然又来了什么国际指示，阻止我们的行动，我是誓死反对的。我不管共产国际和中央指示，只知道按已经决定了的计划往前直干。如果有人再动摇军心，我就要打倒他。"[②]

---

① 李思慎、刘之昆：《李立三之谜——一个忠诚革命者的曲折人生》，人民出版社 2005 年版，第 159—160 页。

② 李思慎、刘之昆：《李立三之谜——一个忠诚革命者的曲折人生》，人民出版社 2005 年版，第 134 页。

陈独秀（1879—1942），中国共产党主要创始人之一。1921 年至 1927 年先后任中共中央局书记、中共中央执行委员会委员长、中共中央总书记。1924 年至 1928 年为共产国际执行委员会委员。1929 年 11 月被开除党籍。1931 年 5 月任托派总书记，1932 年 10 月被国民党政府逮捕，1937 年 8 月获释，1942 年病逝于四川江津。

大革命失败后，中国共产党人通过总结大革命经验教训，结束了陈独秀错误路线在中国共产党内的统治，把中国革命推向一个新的发展阶段——土地革命阶段，也逐步提高了对马克思主义基本原理的运用能力和中国国情的认识水平，可以说，为实现马克思主义中国化的第一次飞跃奠定了实践经验和思想基础。但总体来说，中国共产党的不成熟，特别是理论水平不高，对中国国情体会得不深刻，加之残酷的革命现实使中国共产党无暇从容地去进行总结，作为共产国际的一个支部，还需要受共产国际的约制。因此经验教训总结得不彻底，共产国际对自身错误的态度埋下了土地革命遭挫的诱因。但这是中国共产党成长中不可避免的，也是走向成熟的重要环节。

中国共产党通过血的教训认识到中国革命必须开辟新的道路，"我们革命已经到了最严重而向新的方向进展的时期，必须有新的策略去领导劳动群众起来"[1]。"在严重的环境之下，不是革命危机的时候，我们要整顿设备自己的队伍，纠正过去严重的错误，而找着新的道路。但是我们深信我们的党必定有很充足的力量，以坚决的革命性改进这个变革的关键。我们必须召集全体党员，积极地来帮助党的这件事，我们深信同志们奋斗的坚决性及其对于革命的忠心，实必能使我们战胜一切困难，而坚决地走上正确的道路，我们的党在共产国际指导之下，必定得到最后的胜利。"[2]

中国共产党人掩埋好同伴的尸首，擦干身上的血迹，从烈士的血泊中站起，在总结大革命失败教训的基础上开始探寻中国革命的新出路，实现马克思主义基本原理与中国革命具体实践的第一次结合。

[1] 中央档案馆：《中共中央文件选集》第 3 册，中共中央党校出版社 1989 年版，第 298 页。
[2]《中共"八七"会议告全党党员书》(1927 年 8 月 7 日)，《中共党史教学参考资料》1957 年 5 月。

第二章

过分估量革命形势下的"左"倾盲动主义

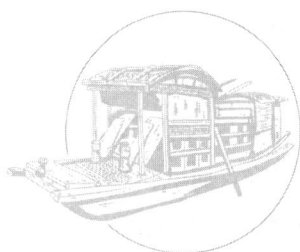

在中国这样落后的国家探索革命新路不是一件容易的事情，需要一个摸索的过程，一个在革命实践当中不断积累经验的过程。在这个过程中，必然会出现各种错误，党内出现各种分歧是在所难免的。在大革命失败后，中国共产党在探索新的革命道路过程中就出现了"左"倾盲动主义错误和右倾取消主义错误，使中国共产党再次经历了巨大磨难。

一 "暴动，暴动，继续暴动"——"左"倾盲动主义

面对敌人的屠杀，中国共产党人举起了武装革命的大旗，进行挽救革命的努力。但由于对革命形势的错误估计，特别是为国民党反动派的屠杀所激愤，从 1927 年底开始，出现了"左"倾盲动主义的错误。这个错误在党的六大上得到纠正。

这个时期，党的领导人是瞿秋白。在党的"八七"会议后召开的临时中央政治局会议上，瞿秋白与苏兆征、李维汉三人组成常务会，成为中央的实际负责人。后来李维汉回忆，当时瞿秋白之所以被推选为党的负责人，是因为"从实际情况来看，秋白在当时是比较适当的人选"，"建党初期秋白即在中央担任宣传和理论方面的负责工作，积极宣传马克思主义和党的政治主张，对中国革命和党的建设有贡献。在陈独秀推行投降主义时，他曾进行过抵制"。"由于瞿秋白同志的理论水平比较高，无论是反对戴季陶主义，还是反对陈独秀投降主义，他的旗帜都比较鲜明。所以陈独秀的总书记职务被撤销以后，大家很自然地就推选了他"[①]。这时瞿秋白才 28 岁。

以瞿秋白为首的中共中央受命于危难之际，面对险恶的环境，为团结

---

① 李维汉：《回忆与研究》（上），中共党史资料出版社 1986 年版，第 165—166 页。

党的队伍、坚持和复兴中国革命进行了卓有成效的工作，主要包括下面几个方面[①]：

第一，通过各种秘密渠道迅速向党的各级组织传达"八七"会议的决议，振奋全党同志的精神，坚持革命的战斗。

第二，恢复、整顿或重建党的各级组织，建立党的秘密组织系统和工作机关，组织全国的秘密交通网，使党得以作为一个严密的体系重新有力地领导人民进行革命斗争。

第三，贯彻"八七"会议关于土地革命和武装反抗国民党的总方针，发动和组织农民进行秋收起义，并在斗争中提出了建立工农民主政权这一中心任务。

但是，当时中国共产党仍然处于不成熟时期，在着重清算右倾错误时没有注意防"左"，对党内某些"左"的理论观点和正在滋长的"左"的偏激情绪缺乏应有的注意，以及有效的引导。结果在纠正右倾错误时，"左"的错误倾向开始发展，并发展为"左"倾盲动主义。

大革命失败后，"左"倾错误的最初表现为以下方面：

第一，对民族资产阶级的性质进行了错误的认定，在某些方面混淆民主革命与社会主义革命的界限。由于资产阶级在大革命后期脱离了革命，因此认为民族资产阶级已经"成为反革命之最积极的动力之一"[②]，"资产阶级的民权主义革命，与社会主义革命之间，并没有截然分为两段的界线"[③]，从民主革命到社会主义革命的"转变始终将要是一个无间断的过程"[④]。由此制定了超越阶段的"左"的政策，反对小商人，主张土地国有。

第二，过高估计革命形势，认为"革命之重新高涨，不但在近期内是可能的，而且是不可避免的"[⑤]。由此制定了一些盲动主义政策，如推行城

[①] 沙健孙主编：《中国共产党史稿》第三分册，中央文献出版社 2006 年版，第 230—231 页。

[②] 中央档案馆：《中共中央文件选集》第 3 册，中共中央党校出版社 1989 年版，第 334 页。

[③] 中央档案馆：《中共中央文件选集》第 3 册，中共中央党校出版社 1989 年版，第 338 页。

[④] 中央档案馆：《中共中央文件选集》第 3 册，中共中央党校出版社 1989 年版，第 331 页。

[⑤] 中央档案馆：《中共中央文件选集》第 3 册，中共中央党校出版社 1989 年版，第 332 页。

市工人武装暴动，对不去夺取城市提出严厉批评，主张实行"红色恐怖"，"大批杀土豪劣绅政府官吏及一切反革命派"，凡"不耕田而坐着吃田租的地主，都不准有田"①。

这些"左"倾错误倾向的滋长与当时共产国际代表罗明纳兹有直接关系。他在"八七"会议上提出，"中国资产阶级在一定阶段中他是革命的，现在已经反动了"，所以"应坚决的反对资产阶级"；要"选出工人同志来领导"，"指导党的工农分子是很少的"，"因此党发生许多奇怪的理论"，等等。②

"作为一个在政治上成熟的马克思主义政党，应当在错误倾向开始冒头的时候，就及时提起警觉并采取措施加以遏制和纠正。年轻的中国共产党在当时还缺乏这种自觉，还不懂得在克服一种倾向时必须防止发生另一种倾向。这样，随着党内'左'倾情绪的滋长和'左'的倾向的发展，在1927年末和1928年初，'左'倾盲动主义错误终于第一次在中共中央的领导机关中占据了统治地位。"③

（一）"中国革命低落吗？"

后来瞿秋白在《多余的话》中回忆道："在一九二八年初，广州暴动失败之后，仍旧认为革命形势一般存在，而且继续高涨，这就是盲动主义的路线了。"④

以瞿秋白为首的党中央对个别盲动现象也进行了反对，并且给予了纠正，"原本个别的盲动现象，我们和当时的中央从一九二七年十月起就表示反对的；对于有些党部不努力去领导和争取群众，反而孤注一掷，或者仅仅去暗杀豪绅之类的行动我们总是加以纠正的。可是因为当时整个路线错误，所以不管主观上怎样了解盲动主义现象的不好，费力于枝枝节节的

---

①中央档案馆：《中共中央文件选集》第3册，中共中央党校出版社1989年版，第374、384页。

②沙健孙主编：《中国共产党史稿》第三分册，中央文献出版社2006年版，第234页。

③沙健孙主编：《中国共产党史稿》第三分册，中央文献出版社2006年版，第234页。

④《瞿秋白》，中国社会科学出版社2003年版，第251页。

纠正，客观上却在领导着盲动主义的发展"①。后来瞿秋白自己追述道："但是以我个人而论，在那时候，我的观点之中不仅有过分估量革命形势的发展，以致助长盲动主义的错误。对于中国农民阶层的分析，认为富农还在革命战线之内，认为不久的将来就可以在某些大城市取得暴动的胜利等观念，也已经潜伏着或者有所表示。不过，同志们都没有发觉这些观点的严重错误，还没有指出来，我自己当然不会知道这些是错误的。直到一九二九年秋天，讨论农民问题的时候，才开始暴露我在农民问题上的错误。不幸得很，当时没有更深刻更无情地揭发。……"②

"左"倾盲动主义发生的原因在于对革命形势的错误估计。1927年11月，中国共产党中央临时政治局扩大会议通过的《中国现状与共产党的任务决议案》认为中国社会的总危机必然引起革命高潮。"中国资产阶级军阀的反动虽然胜利，然而那些产生伟大的中国革命之社会经济政治关系仍旧存在着。沪粤武汉的反革命，不但没有解决那些中国社会关系中的矛盾，而且更加使这些矛盾剧烈起来，增多起来，更加使这些矛盾的爆发急遽起来。这就是因为得着胜利的反动势力，竭力在那里巩固中国的旧制度——在政治上、经济上、社会上都是陈旧腐朽落后野蛮的制度，于是这种情形的背景里，那一般的总危机便尽量地大大开展起来。这就必然要引起无产阶级、城市贫民，尤其农民的广大群众之革命斗争的高潮。"③"单是敌人的屠杀进攻，不但还不是革命的溃散，反而证明革命潮流之高涨，才使敌人惊慌失措而拼命地严厉镇压。""现时全中国的状况是直接革命的形势。"④

当时党的主要负责人瞿秋白认为："革命潮流始终并不是低落的，而是高涨的。何以呢？革命潮流的低落与消沉，在现时的中国必须有三个

①《瞿秋白》，中国社会科学出版社2003年版，第251页。

②《瞿秋白》，中国社会科学出版社2003年版，第252页。

③《中国现状与共产党的任务决议案》(1927年11月)，《中共党史教学参考资料》1957年5月。

④《中国现状与共产党的任务决议案》(1927年11月)，《中共党史教学参考资料》1957年5月。

条件：一、反革命的统治能相当解决中国社会关系中的严重问题（如土地问题、劳资问题等）；二、反革命的统治能够逐渐稳定；三、革命的群众溃散而消沉。如今事实上中国绝对没有这些条件。再则帝国主义虽然利用国民党的反动而逐步进击中国，但是他自身并不能在世界范围之内战胜社会主义的革命，——苏联的国家日益巩固，而且他的社会主义建设日益发达。帝国主义自相冲突没有能力协助中国反革命的势力稳定他的统治。""事实已经表示得很明白：中国革命是高涨而不是低落，中国革命的高涨而且是无间断的性质，——各地农民暴动的继续爆发以及城市工人斗争的日益剧烈，显然有汇合而成总暴动的趋势。"①

1928年2月20日，瞿秋白以《中国革命低落吗？》为题发表文章，公开批驳那种认为革命低落的论调。

《中国革命低落吗？》的全文为②：

广州暴动失败之后，有些人以为这是中国革命的一个结束：虽然革命内容进到更高的阶段，但是革命形势却低落下去了，——无产阶级与资产阶级的长期斗争，结果是无产阶级失败了，这种论调显然与事实不符。

第一，广州暴动之后，国民党使豪绅资产阶级统治更加分崩离析，军阀的混战更加要扩大。南京最近所开的国民党会议，议决广州、开封、太原、武汉设立四个政治分会，企图用这种瓜分政策，暂时稳定军阀的割据局面。但是，事实上南京会议是蒋派包办的，武汉、上海、广州三大中心城市，仍旧在桂系手中。蒋派与桂系军阀的战争正在酝酿着。这些主要城市的暂时没有战争，正是两大军阀拼命压榨民众，增加捐税，帮助资本家进攻工人，总而言之，是他们要准备战争，而施行极残酷严重的白色恐怖。如此情形之下，大城市的工人阶级极广大的斗争和罢工，自然还不能

---

① 瞿秋白：《中国革命是什么样的革命？》（1927年11月21日），《布尔塞维克》第1卷第5期，转引自《中共党史教学参考资料》1957年5月。

② 瞿秋白：《中国革命低落吗？》（1928年2月20日），《布尔塞维克》第1卷第18期，转引自《中共党史教学参考资料》1957年5月。

爆发出来。可是，同时工人群众的零星斗争仍旧是不断地冲破他们的压迫，而时时继续着起来。工人群众不但没有感觉到另有一种改良生活的道路，而日渐离散革命的战线，恰恰相反，群众正在这种异常艰苦的斗争之中，日渐团结自己的力量，更多更广大的群众集合到共产党旗帜之下。

第二，广州暴动之后，不断的军阀战争，正在广东、湖南、河南、山东、福建等省份大大地发展起来，这是许多杂色军队的小军阀的战争，亦就是桂系与蒋派间接的战争。这些战争，如东江方面的战争，江西广东边境的战争，湖南省内的战争，鄂西的战争，以及河南南境的混战，——都是一般豪绅政权崩溃的现象。农民暴动的事实，差不多每天的报纸上都可以看见。农民群众感觉到这些军阀力量的动摇，而自己奋起斗争。最近，广东的北江南路与海南岛都有很大的农民暴动的发展。东江海陆丰邻近各县的农民大暴动。江西万安、遂川等四县也已经成立苏维埃政府。湖北的当阳、应山、黄冈、黄陂以及鄂南，差不多全部都在农民暴动之中。河南信阳四望山一带的农民斗争，也是非常剧烈。江苏的无锡、江阴仍旧有农民斗争的消息，江北、淮安、泗阳也已经有几万农民群众起来。南部中国已经有五个苏维埃区域：海陆丰，海南岛，广东南路及北江，江西的遂川、万安（最近的上海报已经说海南岛的海口——主要城市，已经有工农联合暴动起来）。

同时，四川、河南直隶山东东三省，普遍的有红枪会天门会大刀会的骚动。他们虽在小豪绅的领导之下，但是始终是一般民众普遍地反对军阀战争的表示。他们的领袖固然是妥协动摇与迷信，但是最近枪会群众已经进一步开始反对这种领袖。例如河南红枪会中分化出来"光蛋会"反对枪会首领。这些自发的农民暴动正在要求正确的领导与组织。许多乡村之中农民群众自己开始寻找共产党。

第三，广州暴动之后，开始兵士的参加革命。广东三水、广宁等处民团的团丁与兵士，都自动地脱离地主而归到农民方面来。陈铭枢、张发奎、钱大钧等在东江战争的时候，不敢侵犯海陆丰，恐怕他们自己的兵士要受农民的影响而倒戈。海南岛文昌县驻兵一排携带步枪四十余支归到西边各县的农民方面来。最近江西农民暴动区域，有整连的兵士投到农民方面来。

湖南极多量的本省兵士（李品仙、何键、刘兴、程潜的军队），都因为战祸及欠饷的关系，异常的不安。他们之中有许多是从前农民协会会员，他们等待着自己的组织者和领导者。一般兵士的骚动与倒戈，已经时常听见。

总之，从这些情形看起来，无产阶级与资产阶级的斗争之中，是资产阶级占了最终的胜利吗？不是的。固然，军阀豪绅资产阶级能够用强暴的武力摧毁广州的苏维埃。然而，他们对于一般群众的影响，只在日益衰落，而共产党——无产阶级政党，对于工农兵士的影响却在日益增高。

中国资产阶级自己的经济政治都是没有出路，他不能实行丝毫改良政策，他不能稳定自己的统治。他有些地方甚至反对自己的政府——国民党的政府。他内部分成许多派，自相冲突，自相矛盾：甲派抓住国民党及政府，乙派便反对他。全国的金融经济是普遍的崩溃。因此，资产阶级一方面要"雇佣"国民党新军阀做压迫工农的刽子手，别方面他的经济能力又负担不起。因此，军阀内部不能不互相吞噬，互争自己军队的生存。因此，资产阶级与国民党政府或奉鲁军阀政府又不能不冲突。如此的局面之下，就是一般小资产阶级的群众也开始反对国民党。那就更不用说对于工农的改良政策了。

中国革命无疑的是在高涨。问题只在革命领导者的无产阶级政党的组织力量。固然，白色恐怖摧毁我们的力量，但是伟大的艰苦的斗争之中，共产党的力量和群众的基础是在生长起来。革命虽然是高涨，那么政治的总路线——发动群众斗争，准备武装暴动夺取政权，建立工农兵士贫民苏维埃的总策略——无论如何是不能不明确的规定，做一切工作的切近目标的。而且只有在这种总策略之下，领导工人去反抗资本家进攻，领导农民兵士的斗争，尽量发动群众，才能在组织上巩固团结革命的力量——共产党及一般群众组织。只有在这种群众斗争的过程中，才能建立起真正无产阶级的布尔什维克的群众的党，不受任何小资产阶级机会主义的侵蚀和犹豫动摇的领导的党，然后才能保障革命的胜利。中国共产党的任务，便在于努力去领导组织群众的斗争，使各区域的斗争能汇合起来而不散漫，使工人、农民、兵士的三大革命力量能够结合起来。要达到这一目的，也就只有坚决地认定革命高涨中武装暴动夺取政权的总策略。

　　基于对形势的这种判断，1927 年 11 月召开的中国共产党临时中央政治局扩大会议提出党的"现时的总策略"："现在虽还没有到总暴动的时机，党的任务却正在于努力鼓动各地城乡革命的高潮，创造总暴动的局面。党不但要努力去组织农民自发地暴动，而且要去领导贫苦农民，领导起潜伏待发的暴动，发动游击战争；应当发动工人的阶级斗争，领导他们到武装暴动，领导他们汇合而成总暴动，获得尽可能的大范围内的胜利。"① 对于这个总策略，后来李维汉回顾当时的情况时指出：这个"'总策略'的核心便是武装暴动，是农村暴动和城市暴动的汇合，是以工人暴动为'中心'和'指导者'的城乡武装暴动。这种暴动的推行者并不认识在农村实行'工农武装割据'的重要性，而是强求城市工人暴动，搞的是城市中心论，而对农民暴动的估计，也是盲目乐观，以为很容易发展成为巨大的农民暴动，甚至农民总暴动"。因此，这是"当时党的盲动主义策略总方针"②。

　　为了落实这个"总策略"，1927 年 11 月 18 日，中共中央发出第十六号通告，强调现在"已经是工农民众自发地奋斗起来，有汇合而成较大范围内的工农总暴动夺取政权之趋势"。在此之前的 11 月 15 日，中央已经在致两湖省委的信中指出两湖有工农总暴动夺取政权之可能，要求在城市中"杀尽改组委员会委员，工贼，侦探，以及反动的工头"，"尽量发动工人的经济罢工以至总同盟政治罢工"；在乡村中，要"杀尽土豪劣绅，大地主，烧地主的房子"。中央的这封信是推行盲动主义的一个典型例子。

　　从根本上讲，"左"倾盲动主义还是希望中国革命走十月革命的"城市中心"道路。诚如瞿秋白在《武装暴动的问题》一文中所指出的："农村中四处风起暴动的环境之中，城市工人暴动便成了革命胜利的关键。革

---

① 《中国现状与共产党的任务决议案》（1927 年 11 月），《中共党史教学参考资料》1957 年 5 月。

② 李维汉：《回忆与研究》（上），中共党史资料出版社 1986 年版，第 190、188 页。

命势力的发展，到了有几县，半省，甚至一二省内工农暴动胜利前途的时候，城市自然要成为暴动的中心和指导者。""城市的暴动，将要在这种革命高潮的普及于广大群众的过程之中，生长出来，而成为工农暴动在大范围内胜利的中心和指导者。"①

为了贯彻"左"倾盲动主义路线，在党的组织路线上采取了盲目排斥知识分子、提倡党的干部工人化的政策和惩办主义的过火斗争。

1927年11月，中共中央政治局扩大会议通过的由瞿秋白起草的《最近组织问题的重要任务决议案》提出，中国共产党在组织上的主要缺点之一"就是本党领导干部并非工人，甚至于非贫农而是小资产阶级知识分子的代表"。"这种组织成分，就是武汉反动以前本党政策机会主义半孟塞维克主义的策源地"。"八七"会议以来，党的方针"往往在各地并不执行，谬解而成机会主义的实际行动，这是因为实行这些决议的分子，仍旧是那些小资产阶级的机会主义代表的旧干部"。"因此而得的结论，自然便是：中国共产党最重要的组织任务是——将工农分子替换非无产阶级的知识分子之干部。"② 这种判断显然是不恰当的，把大革命的失败和一条错误路线无法贯彻归之于知识分子出身的领导干部是不符合历史实际的，对在大革命中牺牲的无数知识分子也是不公允的。诚如后来李维汉所说，"盲动主义政策到头来是行不通的，要碰得头破血流的。在地方上直接领导暴动的干部，当然首先要受到惩罚，也就是知识分子干部首先要受到处罚。但责任应当主要在中央，不能简单归罪于许多在地方上担任领导工作的知识分子，更不能指责他们为'机会主义代表的旧干部'"③。

简单排斥知识分子，片面强调干部工人化，这给党的工作造成了消极的后果。后来周恩来回忆说："在'八七'会议后，就把与机会主义作斗争看成了简单的人事撤换，这种形式主义影响到后来关于领导机关的工人

① 瞿秋白：《武装暴动的问题》（1927年12月19日），《布尔塞维克》第1卷第10期。

② 沙健孙主编：《中国共产党史稿》第三分册，中央文献出版社2006年版，第241页。

③ 李维汉：《回忆与研究》（上），中共党史资料出版社1986年版，第193页。

化,把工人干部当作偶像,对知识分子干部不分别看待。那时李立三同志当广东省委书记,曾说:知识分子的作用完了,今后只有依靠工农干部。所以到广州起义失败后,教导团有几百学生退到海陆丰,就没有把他们当作干部来使用,而把他们编到第四师去当兵,后来绝大多数在作战中牺牲了。"[1]后来瞿秋白本人也认识到这种做法的不足。他在中共六大上指出,"工学界限","北方闹得最大,以前在党部同志,都换成了工人同志"。"机械式的改组是各地自己引进工人之后,请他当菩萨,而不去帮助这种新的指导者。""在组织上,广东、山东均有过错误的倾向,如山东不给十元以上工资的工人入党;广东排斥知识分子的理论……这些错误,不论是在指导机关或在同志之中,都是应当纠正的。""此后决不可偏向反知识分子的'马哈叶夫主义'。"[2]

"左"倾盲动主义对违背这种路线的干部采取惩办措施。1927年11月,中央政治局扩大会议通过的《政治纪律决议案》中,对南昌起义、秋收起义的领导人进行了处罚。决议案指责南昌起义前委"因袭着军事投机的遗毒,不信赖群众力量,没有发动农民创造真正工农民主政权的决心,完全是一次软弱的军事投机的尝试,违背中央政策的行动",决定对以周恩来为书记的前委全体成员给予警告处分。决议案指责湖南省委对于秋收暴动的指导"完全违背中央策略",是"单纯军事行动","没有执行屠杀土豪劣绅的策略",决定撤销彭公达、毛泽东、易礼容、夏明翰省委委员的资格,彭公达"开除其中央政治局候补委员资格,并留党察看半年",毛泽东对省委的错误"应负严重的责任,应予开除中央临时政治局候补委员"。这种对革命道路探索中出现的错误进行简单的惩办的做法是不利于革命的开展的。对有关负责人的错误,不能采用这种惩办主义,"对他们的处理方法,最重要的就应当是总结经验教训,适当进行批评和自我批评,尤其是中央领导要有自我检查,决不可以把责任都推在地方上"。"这

---

[1]《周恩来选集》上卷,人民出版社1980年版,第180—181页。
[2]《瞿秋白文集·政治理论编》第5卷,人民出版社1995年版,第567—568页、第617页。

种组织上的惩办主义，也是为政治上的盲动主义服务的，同样是盲动主义的组成部分。"①

（二）"向刽子手的屠刀走去"

由于"左"倾盲动主义脱离当时的客观实际，造成了处处碰壁，而且造成革命力量不断遭受损失，也迫使"左"倾盲动主义者从客观实际出发，不断修订制订的各种暴动计划。如原定的武汉暴动实际上就无法举行，因为当时在武汉的党员只有 600 名，可领导的工人群众只有 300 人，根本无法靠这种力量去夺取武汉。1927 年 12 月 10 日晚的长沙暴动只有 200 人参加，很快就遭到镇压。在这种情况下，中共中央派罗迈（李维汉）到两湖，"停止两湖同时搞阴历年关总暴动"。中央在给罗迈和两湖省委的信中指出："无论湖南、湖北哪一省举行全省总暴动，在主观上必须有中心城市的群众工作做得很好，中心城市附近各县的农民群众普遍地起来，对于暴动均有相当的认识。各外县的农民必须要有许多县份造成割据的局面，全省都在暴动的恐怖与骚扰中，有确实把握的比较大的兵士兵变才能举行。"②

由于盲动主义脱离实际，因此在实施过程中就受到一些地方党组织的抵制。毛泽东在领导井冈山的斗争过程中，就对盲动主义进行过自觉的抵制。中共河南省委和江西省委以"起义条件不成熟"而否定了下级组织提出的"坚决进攻"的计划。

1928 年 2 月 4 日，共产国际执行委员会在给中共中央的电报中指出：暴动的方针是正确的。但绝对禁止进行没有准备好的过早的发动。目前我们反对举行暴动。建议特别注意做群众工作，做暴动的政治准备工作，要组织力量，加强党的组织，做瓦解敌人的工作，在尽可能多的地区内建立广泛联系，有步骤地准备在城乡进行协调一致的发动。没有广泛地准备、

---

① 李维汉：《回忆与研究》（上），中共党史资料出版社 1986 年版，第 197 页。
② 沙健孙主编：《中国共产党史稿》第三分册，中央文献出版社 2006 年版，第 245 页。

组织和工农之间的联系，暴动注定要失败。[①]

　　1928 年 2 月 25 日，共产国际执行委员会第九次扩大会议通过了《关于中国问题的决议案》，这个决议案对盲动主义进行了批评。决议案主要从以下几个方面提出了批评[②]：

　　第一，决议指出中国革命的性质，"中国革命现时的阶段是资产阶级民权革命的阶段"，"认为中国革命现时的阶段已经生长成了社会主义的革命之主张，是不对的"。但决议仍然将资产阶级当作反革命的三种主要力量之一。

　　第二，论述了中国革命形势，指出"中国工农广大的革命运动之第一个浪潮……已经过去"，"现在还没有全国范围的新的群众革命运动之强有力的高潮"。但决议仍然对中国革命的形势做了比较乐观的估计，认为许多征兆"都指出革命的高涨"，"都指出工农革命正走向这种新的高涨"。

　　第三，分析了党的策略路线，指出党主要的策略路线是"应当准备革命之新的浪潮之高涨"，"现时党的工作之中心，是在争取几千百万的工农群众"。但决议仍坚持城市中心观点，认为"这些农民暴动可以变成全国暴动胜利的出发点，只有在他们与无产阶级中心之新的革命高潮相联结的条件之下"。

　　共产国际的这个决议于 1928 年 3 月、4 月传到中国以后，中国共产党临时中央接受了这个决议，并于 1928 年 4 月 30 日发出《关于共产国际执委会二月会议中国问题决议案的问题》的第四十四号通告，表示中共中央政治局"接受这一决议案之一般方针"，"必须切实（采取）执行这一决议案必要的具体步骤"。但通告对指导思想上的盲动主义错误并没有做很好的批评。

　　1928 年初，盲动主义的执行在许多地方已经停止，到 1928 年 4 月中

[①] 姚金果、陈胜华：《共产国际与朱毛红军（1927—1934）》（文献资料选编），中央文献出版社 2006 年版，第 30 页。

[②] 沙健孙主编：《中国共产党史稿》第三分册，中央文献出版社 2006 年版，第 246—247 页。

央四十四号通告发出之后，"就在全国范围的实际工作中基本上结束了"[①]。但是由于对"左"倾错误并没有从理论上、思想上进行认真的清算，因此埋下了"左"倾错误重犯的因子。

"左"倾盲动主义错误的发生主要还是经验不足。正如后来瞿秋白所说："同志们都没有发觉这些观点的严重错误，还没有指出来，我自己当然不会知道这些是错误的"。[②]

关于这次"左"倾错误的责任，李维汉在《对瞿秋白"左"倾盲动主义的回忆与研究》中进行了比较客观的评述："共产国际及其代表罗明纳兹，在帮助我们召开八七会议，结束陈独秀投降主义，确定土地革命和武装反抗国民党反动统治的总方针等方面，是有功绩的"，"但是，他们对盲动主义和惩办主义负有重要责任"，或者说"主要责任"，因为"他们不仅是盲动主义和惩办主义的创造者，而且是强迫推行者"。瞿秋白在盲动主义错误中存在责任，但历史地来看，"当时党还不成熟，秋白还年轻，他主持中央工作期间只有 28 岁，犯错误的时间也只有短短几个月，而且很快就改正了。他犯错误主要是认识问题"。"秋白是一个正派人，他没有野心，能平等待人，愿听取不同意见，能团结同志，不搞宗派主义，事实上，临时中央政治局是一个五湖四海的班子。他的弱点是在接触实际上有点教条主义。1935 年被捕以后，他在敌人面前宁死不屈，英勇就义。因此，正如《关于若干历史问题的决议》所说，他的'无产阶级英雄气概，乃是永远值得我们纪念的'。临时中央政治局顺从国际代表，他有一定责任。"[③]

瞿秋白的错误是一个革命者犯的错误，后来他也承认了自己的错误。不再担任党的领导职务后，他仍然为党工作。1935 年被捕之后，他在《多余的话》中袒露了自己的心曲，严厉地进行了自我解剖，袒露了自己作为无产阶级革命家和文艺理论批评家双重身份的矛盾痛苦。如他说自己是一

---

① 《毛泽东选集》第三卷，人民出版社 1991 年版，第 958 页。

② 《瞿秋白》，中国社会科学出版社 2003 年版，第 251 页。

③ 李维汉：《回忆与研究》（上），中共党史资料出版社 1986 年版，第 235、237 页。

个最怯懦的、"婆婆妈妈的"书生，"杀一只老鼠都不会的，不敢的"。"但是，真正的怯懦不在这里。首先是差不多完全没有自信力。每一个见解都是动摇的，站不稳的。总希望有一个依靠。记得布哈林初次和我谈话的时候，说过这么一句俏皮话：'你怎么同三楼上的小姐一样，总那么客气，说起话来，不是或是，就是也许、也难说……'其实，这倒是真心话。可惜的是人家往往把我的坦白当作'客气'或者'狡猾'。"①

　　1935 年 6 月 18 日，瞿秋白在福建长汀中山公园从容就义。在就义前，他高唱《国际歌》《红军歌》，高呼"中国共产党万岁！""中国革命胜利万岁！""共产主义万岁！"唱罢，他盘膝而坐，对刽子手点头微笑着说："此地正好，开枪吧！"②表现了一个共产党员视死如归的精神。

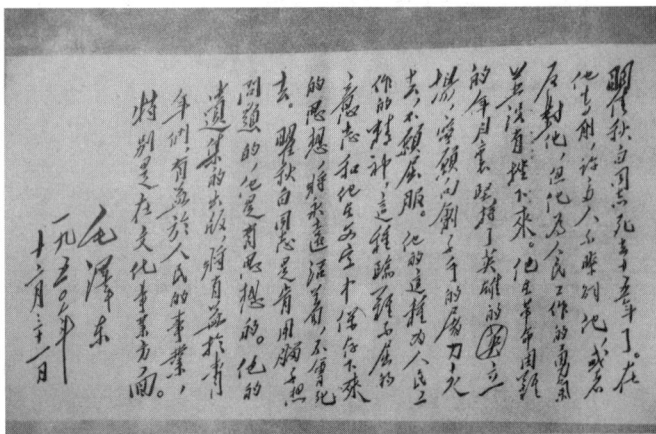

毛泽东为瞿秋白写的题词

　　1950 年，在瞿秋白牺牲十五年时，毛泽东专门为其题词：

　　瞿秋白同志死去十五年了。在他生前，许多人不了解他，或者反对他，但他为人民工作的勇气并没有挫下来。他在革命困难的年月里坚持了

---

① 《瞿秋白》，中国社会科学出版社 2003 年版，第 257 页。

② 《宋希濂谈瞿秋白》，见《文汇读书周报》1995 年 9 月 16 日、23 日。

英雄的立场，宁愿向刽子手的屠刀走去，不愿屈服。他的这种为人民工作的精神，这种临难不屈的意志和他在文字中保存下来的思想，将永远活着，不会死去。瞿秋白同志是肯用脑子想问题的，他是有思想的。他的遗集的出版，将有益于青年们，有益于人民的事业，特别是在文化事业方面。

毛泽东

一九五〇年十二月三十一日

"左"倾盲动主义发生在中国共产党把马克思主义基本原理与中国实际相结合探索中国革命道路过程中，是探索中的失误，是国民党反动派的屠杀造成的拼命、蛮干情绪激发的冒险错误，是探索革命道路过程中付出的代价。它从一个方面证明了马克思主义与中国具体实际相结合的重要性，为毛泽东探索中国革命新道路提供了经验教训。

二 "根本把革命取消"：陈独秀右倾机会主义

陈独秀

在探索革命新道路的初期，中国共产党在党内不仅遭受了"左"倾盲动主义的危害，也遭受了右倾机会主义的磨难。右倾机会主义的代表就是托洛茨基 – 陈独秀取消派。以陈独秀为代表的一部分在大革命后期犯机会主义错误的人们，由于对大革命失败后的形势发生错误判断而导致了对革命前途悲观失望，逐渐走向了机会主义。

（一）继续革命还是取消革命

陈独秀是中国共产党的主要创始人之一，在中国共产党成立过程中发挥了重大作用。但在大革命后期，为了拉住国民党右派，他一味地对国民党右派谦让，不惜把领导权交给国民党，充当国民党的附庸，忽视农民在反帝反封建斗争中的作用，不敢领导农民开展土地革命以满足农民的土地要求，不敢坚决领导农民进行反封建的土地革命斗争，反而压制农民运动；不懂得无产阶级掌握革命武装的重要性，忽视对国民革命军的争取，不敢扩大工农革命武装，甚至解散工人纠察队；对资产阶级只要联合，不要斗争，幻想以退让求团结，结果造成革命危机的加剧；在党内采取家长作风，压制党内不同的正确意见。陈独秀所推行的右倾机会主义错误是大革命失败的主要原因之一。

陈独秀机会主义出现的一个重要背景就是围绕大革命失败的原因和大革命失败后的出路展开的争论。"在革命失败之后，必然有许多失败的情绪，引起许多争论的问题。"[1]对于大革命失败的原因，在中共党内外存在巨大的分歧。陈独秀等人认为中国大革命失败的原因是国际机会主义的领导。"没有相当时期经过马克思主义及阶级斗争锻炼的中国党，自己本没有发明理论决定政策的能力；过去及现在错误的根本政策与理论，自然都来自国际。"[2]

陈独秀机会主义出现的另一个重要背景就是受托洛茨基的影响。托洛茨基认为中国大革命失败的原因就在于中国共产党同资产阶级联合的政策本身就错了。因为执行这种政策，党就必然丧失独立性，就"命定是（从）属于资产阶级的国民党的"[3]。关于大革命失败后中国革命的前途，托洛茨基认为，由于"中国社会的占

托洛茨基（1879—1940），1917年至1927年为俄共（布）【联共（布）】中央委员，1919年至1926年为中央政治局委员。1918年至1924年任苏联陆海军人民委员、革命军事委员会主席。1925年至1926年任苏联最高国民经济委员会主席团委员。1920年至1924年为共产国际执行委员会委员，1924年至1927年为共产国际执行委员会候补委员。1929年被驱逐出苏联，1940年在墨西哥遇刺身亡。

[1]《托洛茨基反对派在中国发生的原因及其前途》(1929年10月)，《周恩来选集》上卷，人民出版社1980年版，第45页。

[2]陈独秀等：《我们的政治意见书》(1929年12月15日)，《中共党史教学参考资料》1957年5月。

[3]托洛茨基：《中国革命与史太林大纲》(1927年5月7日)，《中国革命问题》第1集，上海书局1930年版，第92页。

优势和占直接统治地位"的是"资本主义生产关系"而"并非封建关系"，因此中国革命"被推迟至于不可确定的将来"，大革命失败后，中国革命应当提出"立宪会议的口号"，而进行武装斗争则是"没有胜利的真实机运的"①，"不能不是独立冒险及假招牌的共产主义行动"②。

托洛茨基的上述观点对陈独秀等人产生了很大影响，并在中国共产党内部形成了由受托洛茨基及托洛茨基主义影响的少数留俄中国学生和以陈独秀为代表的一批在大革命时期犯了右倾机会主义错误而在大革命失败后不愿认真吸取教训的人组成的托洛茨基反对派。"反对派在中国发生的主要原因，是中国大革命之失败与新的革命浪潮之复兴，存留在党内落后的小资产阶级'同路者'形成了反对派发展的基础。"③

陈独秀等人趋向托洛茨基主义，一方面与他们对革命形势的悲观估计和不愿正视自己的错误有关。陈独秀对党的"八七"会议特别是共产国际把大革命失败的责任主要归罪于他充满了怨愤。诚如当时周恩来所说："这些机会主义分子因为固执自己的路线，现在既不能深入群众，又不能不找一新的政纲，以掩饰自己的错误。这样，反对派的政纲，正好在掩饰自己过去的错误上，在口头上'左'的革命口号而实际上右的革命形势的估计与策略上，恰恰脾胃相合，于是就被他们利用了。"④

陈独秀与彭述之

---

① 托洛茨基：《共产国际第六次大会后之中国问题》（1928 年 10 月 4 日），《中国革命问题》第 2 集，上海书局 1930 年版，第 80—94 页。

② 托洛茨基：《中国革命的回顾及其前途》（1928 年 6 月 5 日），《中国革命问题》第 2 集，上海书局 1930 年版，第 34 页。

③《周恩来选集》上卷，人民出版社 1980 年版，第 44 页。

④《周恩来选集》上卷，人民出版社 1980 年版，第 47 页。

另一方面也与留俄归来的留学生中的托派分子有关。中国托洛茨基分子的主要骨干彭述之回忆说："一九二九年春，我从莫斯科回国的留学生中得到托洛茨基关于中国革命问题的两个最重要的文件：《中国革命的回顾与前瞻》和《第六次大会后的中国问题》。这两个文件是分析过去革命的根源和当前的政策，极为精确，因而我同意托氏的基本立场。随后，我将

> 彭述之（1894—1983），1925年至1928年为中共中央委员。1927年5月起任中共顺直省委书记，8月起任中共中央北方局委员。1928年4月被中共中央政治局开除出中央委员会。1929年因从事托派活动而被开除党籍。1931年5月起任托派组织中央委员、临时常委，负责宣传工作。1932年10月被国民党政府逮捕入狱，1937年8月获释。

这两个文件转交给陈独秀研究，他亦完全同意托氏的基本观念，因而我们开始在中共内部组织左派反对派。"①1930年2月，陈独秀在回复共产国际的信中说："直到半年前，我们才彻底地系统地了解在中国革命中所犯的机会主义盲动主义之真正的根源之所在。"②

（二）《我们的政治意见书》

陈独秀机会主义的纲领集中体现在陈独秀等人写的《我们的政治意见书》③中。

陈独秀机会主义的实质是通过对当时革命形势的错误分析，将中国革命推向不可知的未来，实际上是对当时所进行的武装革命的取消，根本谈不上对中国新革命道路的开辟。

陈独秀机会主义认为，"1925—1927年中国革命失败之总的原因，是由于对资产阶级革命性和国民党的阶级性认识之根本错误，有了根本错误的认识遂发生了错误的策略，主要的就是帮助并且拥护资产阶级，不使中国无产阶级有它自己的真正独立政党领导革命到底。"

他们反对同国民党合作，因为"中国国民党，无论在其行动的历史

---

①《彭述之简史》，香港《明报月刊》1968年6月号。

②陈独秀给共产国际的复信，1930年2月17日，转引自沙健孙主编：《中国共产党史稿》第三分册，中央文献出版社2006年版，第31—32页。

③陈独秀等：《我们的政治意见书》（1929年12月15日），《中共党史教学参考资料》1957年5月。

上，在其三民主义的政纲上，在其建设中国实业计划上，在其上层领导成分上，都是一个资产阶级的政党，而且自始即带有不少的反动性……中国的无产阶级不幸也在共产国际及中共错误的幻想的政策领导之下，不自觉地做了中国资产阶级国民党简单的工具，以苦力的资格替它们推翻了代表官僚买办资本的北洋派的统治，以与帝国主义妥协。资产阶级的国民党刚一抬头即以空前的白色恐怖摧残它们的昨日的拥护者——无产阶级。我们加入国民党和长期留在国民党的结果是：在无产阶级群众面前掩饰了国民党之资产阶级的反革命性，松懈了工农群众对国民党的戒备，提高了国民党的政治地位，组织和巩固了资产阶级反对工农的统治，终致国民党对工农不断的大批屠杀和它的政权意外巩固"。

他们提出，"机会主义是使中国革命失败，盲动主义是彻底完成这个失败，六大以后的路线是继续巩固这个失败，并为下次革命准备新的失败！"

他们认为党的现状与危机集中体现为机会主义、盲动主义与官僚主义。"现在机会主义的政治路线所表现的是：国际及中共中央一致主张将来中国革命的性质仍旧是资产阶级的民主革命，而不是无产阶级的社会革命；将来的政权应该是工农民主政府，而不是无产阶级专政，他们的理由是说中国资产阶级并未掌握政权，中国还是封建势力的统治，并且中国还是封建社会或半封建社会，或封建社会势力占优势。现在的国内战争还是资产阶级对封建势力的战争。"

他们也批评了"左"倾盲动主义，认为，"现在盲动主义的政治路线和工作路线所表现的是：不承认资产阶级是胜利了，不承认过去的革命是完全失败了；在'革命高潮快要到来'的前提之下，强迫罢工，每个小的经济斗争都要任意强迫扩大到大的政治斗争，不断地命令党员代替群众上街示威，召集小组或支部会议时，都照例不讨论政治问题，不讨论日常生活斗争的工作方法，只简单地传达上级机关命令上街示威，散传单，贴标语；无处无事不采用盲动政策，无处无事不实行'自己失败主义'，弄得党内、党外群众都感觉没有一点出路，党的下级干部同志都感觉着在中央路线之下无法工作，党内工人同志都一天一天感觉着党的政策和行动绝对不适合工人群众目前的需要与可能，尤其盲动的命令逼得他们一批一批地与党无形脱离，因此各生产机关的支部已凋零不堪，党员数量及无产阶级的基础已削弱殆尽，像汉口、长沙、广州这样重要的中心都市，连党的组织都没有了。党和无产阶级群众的联系，更等于零：铁路、矿山、纱厂、丝厂、五金等重要产业工人都没有群众的组织，就有点组织也都在国民党领导之下，海员方面也只仅仅有点线索，在这样状况之下，革命高潮怎么会从天上掉下来！"

从对中国现状分析出发，他们提出了自己的主张："我们以为：自从机会主义的政策断送了上次大革命，又加上盲动主义根本破坏了工农组织，减弱了工人阶级之阶级斗争的力量，形成了没有革命局势的现阶段。"所以我们在现阶段中，应一面采取防御战略，反省过去失败的教训，消化过去革命伟大的经验与教训，以锻炼我们的党，重新团结离散的队伍，在日常生活的斗争中，恢复和工农群众的联系，以积聚自己阶级的力量；一面重新估量现阶段中新的客观形势，即因革命失败后，资产阶级政权相当稳定和经济相当恢复而产生出来的资产阶级与其政党军人间之冲突，特别是小资产阶级民主主义与资产阶级军事专政之间冲突而开始的民主立宪运动之趋势，我们应利用这种趋势，而力争彻底的民主主义做我们目前过渡时代政治斗争形式，重新闯进政治舞台，由现在的政治斗争，缩短反革命的现阶段，开辟新的革命环境，走向将来的第三次革命。民主要求口号，现时不但小资产阶级群众以至工人群众还需要，即无产阶级的先锋队自身，也须有相当的政治自由才能够实现其力量发展所需要的组织上民主集中制。因此，我们在没有革命局势的现阶段，应力争彻底民主的国民会议，即力争由平等直接普选不记名投票产生的国民会议，并且必须与"国民会议"同时提出"八小时工作制""没收土地"和"民族独立"，做我们在过渡时期中四个不可分离的民主要求口号，以充实国民会议的内容，必须如此才能够动员广大的劳动群众，参加公开的现实政治斗争，不断地扩大斗争，由要求资产阶级的彻底的民主主义，走到无产阶级的民主主义，即拥护劳动大众——全国多数民众权利的苏维埃政权。我们对于国民会议的态度，是主张积极地号召及参加，力争其彻底民主化，而不主张消极地空喊苏维埃来抵制；因为"苏维埃政权"必须由"武装暴动"来产生，在目前只是教育宣传口号，而不是行动口号。在主客观条件都未成熟时，若发出"武装暴动"和"苏维埃政权"做行动口号，号召工人群众马上行动起来，为这些口号奋斗，不仅得不着群众的应声，而且更加扩大党的盲动情绪，离开群众，削弱党的力量。同时，我们更不是主张用国民会议来代替苏维埃，而是利用国民会议的斗争来发动广大的下层群众反对国民党资产阶级的军事专政，走向"武装暴动"和"苏维埃政权"。

陈独秀机会主义分析了党内当时存在的官僚主义表现："官僚主义的组织路线所表现的是：以委派制度与绝对的命令主义消灭了党内德谟克拉西；以夸大的虚伪的报告，从国际直到中国党各级机关，上下互相欺骗，以欺骗群众。团结无原则的系统，如周恩来所领导的黄埔系、项英所领导的全总系，拥护个人的势力，各自庇护私人，互相排挤，任意摧毁有政治自觉的党员；以大批开除党员的手段来解决党内的政治问题；置领导机关少数人的威信于全党全阶级的利益之上，以借口'敌人进攻''时局紧张''秘密工作''铁的纪律'等，钳制党员对于政治问题的讨论，变布尔什维克热烈争辩的精神为官僚的盲目服从，从支部到国际像君主专制之下从地保到皇帝一样，只许说一声'是'，否则便马上有不测之祸，因此所有党员都不敢说一句心中所想说的话。"

他们还对无产阶级的"铁的纪律"提出了批评："现在党的统治机关的官僚们钳制党员之最大的武器，要算是'铁的纪律'；党员也因为迷信这一武器自己束缚了自己，对于官僚们的统治，心知其非而口不敢言。我们以为：'铁的纪律'自然是无产阶级政党领导革命战胜资产阶级的基本条件之一，可是列宁告诉我们：铁的纪律之基础'第一是无产阶级先锋队之觉悟及其对于革命之忠诚，能自主，勇敢牺牲；第二是它在某种程度上和无产阶级以至半无产阶级广大的劳苦群众融成一片；第三是极广大的群众在自己的经验中相信它的策略与战略是正确的，没有这些条件，一切要创造这个纪律的企图，都必定变成废话、矫饰、欺诈'。关于服从组织和纪律的限度的问题，列宁又说过：'我们曾经屡次确定对于工人政党的队伍中纪律之重要与见解。行动统一，讨论和批评的自由，这就是我们的定义。只有这样的一个纪律，才配称先进阶级的民主政党。……所以无产阶级，若没有讨论和批评的自由，即不承认有任何行动的统一。所以有阶级觉悟的工人永不应该忘记有非常严重的原则之违犯，竟至逼令我们必须与一切组织关系决裂。'现在党的官僚们的所谓'铁的纪律'，恰恰和列宁的遗教相反，恰恰是群众在自己的经验中已经明知党的策略与战术是错误的，而他们还不顾一切地继续执行，恰恰是不容许党员对于他们错误的策略与战术有讨论和批评的自由，恰恰是官僚们用为掩护自己和维持官僚统治的工具；这样的'铁的纪律'，除废话、矫饰与欺诈而外，没有别的意义。"

他们对无产阶级政党的优势纪律性的批评在一定程度上有一定道理，但忽视了在革命时期纪律对于无产阶级政党的重要性。在无产阶级执政后，对于如何执行无产阶级政党的纪律，陈独秀取消主义的分析是有一定借鉴意义的。

他们从总结大革命经验教训出发，提出了贯彻无产阶级民主集中制问题。"我们的党，始而在机会主义领导之下，未能使全党党员参预到党的政治生活及接近马克思列宁主义的基本知识，因此党内一般政治水平线非常之低；继而又在盲动主义指导之下，党的组织弄到残破不堪；第六次大会以后，更是机会主义与盲动主义交互错杂，不能前进一步。处此情形之下，党的领导机关要想恢复党的基础，形成党的纪律，必须根本改变政治路线和组织路线，以民主集中制代替官僚集中制，实行讨论和批评的自由，产生能够使群众在自己的经验中相信是正确的策略与战术，以接近广大的劳动群众；必如此，才可形成真正的行动统一，抵御敌人的进攻。现在党的官僚统治机关，反而利用党内一般政治水平线之低落，党员群众对于党的生活之隔阂及党的组织之残破实行任意操纵，欺骗与威吓，实行以金钱维系党员及空洞的工会机关和雇人示威，实行制止党内的讨论和批评，以国际威信和党的威权强迫党员强迫群众相信'中央政治路线是绝对正确的',并且胆敢凭借敌人进攻做护符以恐吓党。这样的领导机关如果听它们仍旧存在下去,我们的党,无数同志热血造成的党,必然要名存而实亡,一切有政治自觉的分子,都应当及时奋起,从党内推翻它,才能够将我们的党从堕落而危亡的现状中拯救出来!"

在总结大革命的失败教训中,陈独秀机会主义提出了党内民主的重要性。"德谟克拉西,是各阶级为求得多数意见之一致以发展整个的阶级力量所必需之工具;他是无产阶级民主集权制之一原素;没有了他,在党内党外都只是集权而非民主,即是变成了民主集权制之反面官僚集权制。在官僚集权制之下,蒙蔽、庇护、腐败、堕落、营私舞弊、粉饰太平、萎靡不振,都是相因而至的必然现象。""同志间关于理论上政策上意见不同的争论,是党的进步的现象,决不是坏现象;反之,大家都没有什么不同的意见,这正是党之幼稚的表现,争辩之结果,理由最充足的,自然会为大众所公认;错误的意见,一经公开地被大众批驳下去,以后才不至隐藏在党内,遇着机会便要发作出来,俄国布尔塞维克党的理论,就是长期在这样的争辩中生长出来的,我们同志政治水平线一般的低,也只有不同意见的相互争辩中增高起来;决不能拿出陈套话什么'程度不够'的理由,以为必须他们的政治水平增高了才好'恩赐'他们发表意见的理由,你们主张党内民主化是要依着党员政治水平提高而扩大,党员政治水平低便应缩小,这正是因果倒置了。"①

陈独秀机会主义对党内民主的强调是有一定前瞻性眼光的。后来历史证明了党内民主对无产阶级政党的极端重要性。但在革命战争时期,过分强调民主,对革命是十分不利的。但在和平时期,特别是无产阶级政党执政后,加强党内民主就有着十分迫切的需要了。

---

① 《陈独秀关于中国革命问题致中共中央信》(1929 年 8 月 5 日),《中共党史教学参考资料》1957 年 5 月。

我们的政治意见书（节选）

1929 年 12 月 15 日

反对派的责任是在使全体党员明了机会主义的危险，摆脱机会主义的领导，而回转到马克思列宁主义的路线，在真正民主集中的党中，党内政治不同的意见本可由公开讨论的方法来解决，不但不会使党分裂，并且使党更加巩固。反过来，官僚主义的压制与蒙蔽，势必使党崩坏与分裂；反对派为拥护真正无产阶级的路线，为实现布尔什维克列宁主义的统一，不能不与机会主义的领导有组织地作坚决的斗争。机会主义已迭次在中国宣告其可耻的破产，中国无产阶级已付了过重的代价，直至近一年来方产生反对派的斗争，这就是说，中国共产党受第三国际长期机会主义的领导与蒙蔽，直到现在才接近到马克思列宁主义的路线。

我们下列签名的人，认为我们站在恢复列宁主义的国际，巩固无产阶级专政，拥护中国无产阶级革命的观点上，都应该起来根本反对斯大林派机会主义的政治路线和官僚主义的组织路线，国际的、苏联的、中共的现行政策和党制，都需要根本转变。我们相信在中国的反对派运动得到党内多数同志同情时，斯大林也会采用反对派一部分主张和口号或更换一部分领导者，以图驾驭群众的左倾；但是我们所争的乃是整个路线之根本改变，而不仅是一时策略上的曲折，更不是简单那几个人的问题。我们认为中共受斯大林派机会主义官僚主义之害最为酷烈，应当是国际各国党中站在最前线勇敢地反对现在国际机会主义官僚主义的领导，因此，我们提出下列建议，希望全党同志一致坚决地要求并督促中央以中共名义向国际并直接向各国兄弟党提出；同时我们应该在国际左派反对派的旗帜之下团结起来，为下列各项奋斗到底：

一、召回托洛茨基同志等反对派，释放在监狱中和流放在西伯利亚土耳其斯坦等处的联共及其他各国反对派同志，恢复其党籍，并恢复托洛茨基同志的领导工作。

二、公布五六年来反对派对联共及国际政策发表的各种文件，公布列宁遗嘱及其他被斯大林派隐藏着的列宁遗嘱。

三、重新审查五六年来联共中央及国际领导机关所犯政治上的组织上的错误，并重新决定联共的政策及国际政策。

四、恢复中国党因反对中央机会主义路线而被开除的同志之党籍，并立即公开地讨论根本政治问题。

五、重新审查中国革命过去的教训，并决定新的政治路线。

六、改组联共及国际与各国支部的领导机关。

陈独秀机会主义对中国社会性质、革命性质、党的策略等重大问题形成了系统的纲领，对中国革命做出了错误的判断，并走上了与党分裂的道路。

陈独秀机会主义基于对国情的错误判断和对国民党政权的错误认知，提出的一系列主张实质导致中国革命的取消，对探索中国革命道路和实现马克思主义中国化第一次飞跃产生了负面影响。

陈独秀机会主义者不仅在思想理论上与当时的中共中央产生巨大的分歧，而且在中共内部组织反对派，在被开除中共党籍后成立了中国托洛茨基反对派，最后走上分裂中国共产党的道路。虽然陈独秀取消主义者在口头上标榜反对国民党的统治，但是在行动上却将斗争的主要矛头指向中国共产党。正如周恩来当时所指出的："托洛茨基反对派这个'宝贝'不但为欧洲的资产阶级所利用，即中国的统治阶级也一样地看上了。""南京政府在初成立时，很注意如何引俄国反对派到中国来，以分裂中国共产党。""胡汉民、戴季陶、周佛海，都企图借着宣传反对派以分裂中国党"。[1]1931年秋，蒋介石在围攻根据地前后，"一切国民党的报刊杂志都争先恐后地登载托洛茨基派陈独秀派的文章"[2]。1932年秋，陈独秀被捕后，竟然有许多国民党政客为之说情。有的说，陈独秀"已经不是共产主义的

---

[1]《周恩来选集》上卷，人民出版社1980年版，第44—45页。
[2] 瞿秋白：《托洛茨基派和国民党》，载《布尔塞维克》第4卷第6期。

组织者，而是反对共产主义之势力的组织者"①了。有的说，陈独秀"主张召集国民会议等等来附和党国"，并且"估定现在中国社会没有封建势力存在，反对资产阶级性的民权革命，反对土地革命，此外在实际行动又与干部派（指中共中央领导）处处为难。这些不但没有危害着党国，而且是党国一个有力的助手"②。

后来不少陈独秀机会主义者成为国民党的反共专家。早在1929年10月，周恩来就曾预言：中国的托洛茨基反对派"如果在党内斗争中失败了，他们必然会整个卖给统治阶级。这是必不可免的前途"③。后来，曾经为托派骨干分子的李季也指出："这一派既不能把握现实，提出为一般人民所能接受的策略，便走入绝境。它的分子于是开始堕落，投入蒋匪帮底下，为其爪牙。"④

综合陈独秀机会主义的纲领和实践，可以证明，托洛茨基主义的特点就在于它"竭力以'左'的词句掩盖着自己的机会主义，以'革命的'口号炫耀自己"，它确实是一种"变相的孟什维克主义"⑤。

（三）反对陈独秀机会主义

为了防止陈独秀机会主义分裂党，排除对中国革命的干扰，中共中央在发现托洛茨基反对派在党内的活动后，展开了反对陈独秀取消主义的斗争。

1929年8月13日，中共中央发布了《关于中国党内反对派问题》的通告，指出：固然我们不应夸大反对派在中国党内之政治上组织上的作用，但是他们的活动情形与反党现象的发展，实不容许党丝毫忽视。⑥为此，中共中央决定开展反对陈独秀机会主义的斗争，要求全党在思想理论

---

① 金玉振：《由陈独秀之被捕说到中国共产党分化之趋势》，载陈东晓编：《陈独秀评论》，东亚书局1933年版，第59页。

②《论未亡人陈独秀》，载陈东晓编：《陈独秀评论》，东亚书局1933年版，第159—160页。

③《周恩来选集》上卷，人民出版社1980年版，第46页。

④《李季声明》，载《人民日报》1950年12月21日。

⑤《斯大林全集》第9卷，人民出版社1953年版，第13页。

⑥《周恩来选集》上卷，人民出版社1980年版，第44页。

上驳斥托派的谬论，对托派骨干分子一律清除出党，对一般分子主要采取教育方法，争取他们放弃托派观点，回到马克思主义立场上来。①

1929 年 10 月 15 日，中共中央政治局做出了《关于反对党内机会主义与托洛茨基主义反对派的决议》，决议比较系统地批驳了陈独秀取消主义的错误观点，首先就明确指出："只有坚决地肃清党的机会主义与托洛茨基反对派的错误思想和小组织行动，才能顺利执行党在目前紧张形势中之'拥护苏联'与领导革命斗争的任务；同时必须坚决地执行'拥护苏联'与领导群众革命斗争的任务，才能根本肃清机会主义与托洛茨基主义反对派的思想。""机会主义与托洛茨基主义反对派对于目前中国革命的根本问题都走入了取消主义的观点。"

通过全面分析，决议指出，"他们的观点与路线都是一贯的取消主义，他们分析革命失败的根由是反对共产国际整个的路线；分析中国经济政治的状况，取消了反帝国主义反封建势力的斗争，取消了土地革命，分析革命形势，否认统治阶级的动摇与革命斗争的开始复兴，这样根本把革命都取消了。因此，在策略上自然要主张取消一切非法的斗争；罢工与示威，都成为玩弄与暴动了。在组织上自然要成为无政府主义的思想，不要纪律，不要服从上级党的决议与指示，主张党内和平，一切不正确思想都有权利在党内自由宣传。这便是机会主义与托洛茨基反对派整个的路线"。

决议还指出了陈独秀机会主义的危害，"中央认为这样的思想在党内发展，不只是破坏党执行目前迫切的革命任务，而且可以使党分崩离析以至灭亡"。

决议还认为，"现在机会主义与托洛茨基主义反对派，不只是故意地煽起党的讨论，而且实行了他们的小组织的行动。反对派已经有他们的秘密刊物，在党内传播，独秀同志也在未经中央决定以前，把他写给中央的信，自由在同志中间宣传，这是列宁党所不能宽恕的破坏党的行为"。

决议还批评了那种调和观点，指出"这种调和的观点，只是模糊同志

---

①《周恩来选集》上卷，人民出版社 1980 年版，第 377 页，第 31 条注释。

的观念，松懈党对于取消派的攻击，掩护取消派的思想在党内发展，想拿一些技术的、非政治的问题，来动摇党为正确原则的争斗，为列宁主义路线的争斗。他们与取消派的不同，只是五十步与百步之比，原则上是一样地动摇党的路线的。并且不肃清调和派的倾向，决不能执行反取消派斗争，所以反对调和思想的斗争与反对取消派一样重要"。

决议重申，"布尔塞维克党的组织原则，在未开新的全国代表大会的时候，全党同志都必须绝对服从最后一次大会的决议，违反大会决议的观点，绝对不能容许在党内自由讨论，并且现在革命斗争异常紧张的时候，煽起党内原则不同的讨论，毫无疑问的是阻碍革命斗争，客观上便是帮助敌人。所以中央认为这样的思想，必须迅速地把它肃清，尤其不应该因为这样的讨论而松懈领导群众斗争的发展"。

最后决议决定："（一）各级党部如果发现了这样的小组织必须马上解散，对于参加的同志须以组织上的制裁。（二）经过讨论以后，仍然固执他的取消主义的思想，不执行党的策略，不服从决议的，应毫不犹豫地开除出党。（三）独秀同志必须立即服从中央的决议，接受中央的警告，在党的路线之下工作，停止一切反党的宣传与活动。"[①]

由于陈独秀机会主义者并没有听从党中央的决定，而是公开举起反对党的六大路线、拥护托洛茨基主义的旗帜，因此，1929 年 11 月 15 日中共中央政治局做出了开除陈独秀党籍并批准江苏省委开除彭述之等四人党籍的决定。在批准这个决议之前，共产国际曾让陈独秀到莫斯科参加审查这个决定，但陈独秀在 1930 年 2 月 27 日给共产国际的复信中继续猛烈攻击共产国际和中共中央的路线，并且声称"关于这些根本问题，我和你们实有不可调和的不同意见""绝不是调我个人到莫斯科便可以解决的，而且这是官僚的办法"，陈独秀拒绝了共产国际对他的挽留，"无可挽回地被开除了"。因为"不能设想党能容忍托陈派在党内进行反党活动，这是一个关

---

① 《中共中央政治局关于反对党内机会主义与托洛茨基主义反对派的决议》(1929 年 10 月 15 日)，《中共党史教学参考资料》1957 年 5 月。

系到党的存亡的大问题"[1]。

抗日战争期间，陈独秀出狱后，曾经向中共中央表示愿意回到党的领导下工作，中央要求他公开放弃全部托派理论和行动，但被他拒绝，也就放弃了党对他的最后挽留。濮清泉在《我所知道的陈独秀》一文中回忆了这段史实：

"陈出狱后，暂住在他友人家中。他说，董老（指董必武——引者注）衔中国共产党中央之命，曾去访问他一次，多年未晤，谈得很长。董老劝他，应以国家民族为重，抛弃固执和偏见，写一个书面检讨，回党工作。他说回党工作，固我所愿，惟书面检讨，碍难遵命。……"

（四）"中国的孟什维克"

反对陈独秀机会主义无疑是探索中国革命道路中的重要事件，也推动了马克思主义中国化的第一次飞跃。陈独秀取消主义不仅在思想理论上与当时的党中央产生了巨大分歧，而且在组织上闹分裂，对中国革命事业产生了危害。

同时，我们应该看到陈独秀机会主义的某些合理之处。大革命失败，共产国际和联共无疑要负重要责任。而在这一点上，共产国际和中共中央都缺乏正确认识，共产国际把责任一股脑儿推给中共中央，特别是陈独秀，缺乏应有的自我反省精神，导致土地革命时期继续坚持自己的错误，是土地革命时期中国共产党遭受巨大挫折的重要原因。对于如何正确处理共产国际与中国共产党的关系，在大革命失败后没有好好做出总结。陈独秀认识到了这个问题，从另一个角度证明了中国革命坚持独立自主的重要性，但他把大革命失败的原因完全归之于共产国际，缺乏自我批评精神，又走上了另一个极端。

陈独秀机会主义在总结大革命失败教训时提出要发挥党内民主，这确实是抓住了问题所在。但对于这一点，中共中央在批判陈独秀机会主义时采取了简单的拒绝态度，这是导致十年土地革命时期中国共产党遭受挫折

---

[1] 唐宝林：《试论陈独秀与托派的关系》，载《历史研究》1981 年第 6 期。

的又一个重要原因。但陈独秀机会主义提出的实施党内民主举措在当时的战争背景下无法得到实施。"党的民主化的限度是要依据客观和主观的条件来决定的，如果客观的白色恐怖异常严重的时候，而要求超越可能的民主化，只是'帮助俄皇宪兵'（列宁这样说过）的办法；如果主观的无产阶级基础薄弱，而要想扩大党的民主化，只是放任小资产阶级的动摇妥协倾向在党内发展。"[①]而且陈独秀在提出党内民主化的重要性时对自己担任中央负责人的独断专行缺乏应有的自我批评。

陈独秀等人被开除党籍是正确的，但陈独秀被开除党籍后，特别是在其晚年，作为一个马克思主义者，陈独秀提出了国际共产主义运动的许多重大问题，特别是对苏联模式的反思是有其前瞻性的，后来这些思想没有得到应有的重视。这是在实现马克思主义中国化第二次飞跃时应该重视的思想。1932年，陈独秀被国民党政府以"危害民国罪"逮捕后表现了一个革命者应有的气节。1933年4月，他在受国民党政府江苏省高等法院公审时，面对审判长"何以要打倒国民政府"的质问，他慷慨陈词，提出三条理由：

"（一）现在国民党政治是刺刀政治，人民既无发言权，即党员恐亦无发言权，不合民主政治原则。

"（二）中国人已穷至极点，军阀官僚只知集中金钱，存放于帝国主义银行，人民则困苦到无饭吃，此为高丽亡国时的现象。

"（三）全国人民主张抗日，政府则步步退让。十九路军在上海抵抗，政府不接济。至所谓长期抵抗，只是长期抵抗四个字，始终还是不抵抗。

"根据以上三点，人民即有反抗此违背民主主义与无民权实质政府之义务。"[②]

究其一生来看，陈独秀是中国共产党历史上的一个重要人物。他的正确与错误都是后人应该重视学习的财富，有助于推动国际共产主义运动的

---

① 《中共中央政治局关于反对党内机会主义与托洛茨基主义反对派的决议》（1929年10月15日），《中共党史教学参考资料》1957年5月。

② 《陈独秀案开审记》，《国闻周报》第10卷第17期。

发展。

1945 年，毛泽东在《"七大"工作方针》一文中，对陈独秀曲折多变的一生进行了公允的评价：

"关于陈独秀这个人，我们今天可以讲一讲，他是有过功劳的。他是五四运动时期的总司令，整个运动实际上是他领导的。他与周围的一群人，如李大钊同志等，是起了大作用的。……我们是他们那一代人的学生。五四运动，替中国共产党准备了干部。那个时候有《新青年》杂志，是陈独秀主编的。被这个杂志和五四运动警醒起来的人，后头有一部分进了共产党。这些人受陈独秀和他周围一群人的影响很大，可以说是由他们集合起来，这才成立了党。我说陈独秀在某几点上，好象俄国的普列汉诺夫，做了启蒙运动的工作，创造了党，但他在思想上不如普列汉诺夫。普列汉诺夫在俄国做过很好的马克思主义的宣传。陈独秀则不然，甚至有些很不正确的言论，但是他创造了党，有功劳。普列汉诺夫以后变成了孟什维克，陈独秀是中国的孟什维克。……关于陈独秀，将来修党史的时候，还是要讲到他"。[①]

1942 年 3 月 30 日，毛泽东在《如何研究中国共产党党史》的讲话中也提及陈独秀："在五四运动里面，起领导作用的是一些进步的知识分子。大学教授虽然不上街，但是他们在其中奔走呼号，做了许多事情。陈独秀是五四运动的总司令。"[②]

陈独秀机会主义的根源就在于对当时的国情做了错误的估计，这种错误估计又根源于对马克思主义的不恰当运用，从抽象的观点出发，而不从中国实际出发。陈独秀机会主义的错误再次说明了马克思主义基本原理与中国国情相结合的必要性。以毛泽东为代表的中国共产党人，正是在与陈独秀机会主义等做斗争过程中，逐步加深了对国情的认识，提高了马克思主义理论水平，最终实现了马克思主义第一次中国化。

---

① 《人民日报》1981 年 7 月 16 日。
② 《文汇报》1989 年 6 月 20 日。

第三章

革命运动复兴中的
"左"倾冒险主义

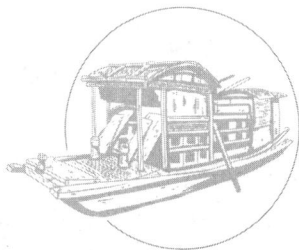

大革命失败以后，以毛泽东为代表的中国共产党人克服"左"、右倾错误，运用马克思主义基本原理去考察中国国情，在革命实践中开始探索出一条具有中国特色的革命道路：实行工农武装割据，农村包围城市，武装夺取全国政权的道路。在这条道路的指引下，中国革命开始走向复兴之路。

到 1930 年上半年，在江西、福建、安徽、河南、湖北、湖南、广西、广东、陕西等十几个省份的边界地区或远离中心城市的偏僻地区建立了大小十几块革命根据地，在 300 多个县里有了局部乃至全部的工农民主政权；活动在这些地区的工农红军大约有 7 万人，加上游击队、赤卫队和其他农民武装，总计达 10.4 万人，拥有枪支 7 万支。[①]

城市工人运动开始走出消沉状态。1928 年，罢工工人约 40 万，1929年增至 75 万。

共产党员的队伍也有了很大发展。1930 年 1 月，党员增至 65528 人；同年 9 月达 12 万人。[②]

相对于国民党而言，虽然上述成绩显得微不足道，但与大革命失败后的革命形势相比，革命显然正在走向复兴。正当革命走向顺利发展的过程中，中国共产党党内"左"的急性病和冒险主义倾向开始抬头。以李立三为实际负责人的中共中央照搬苏联十月革命城市暴动模式，夸大革命力量的发展和国民党统治危机，认为革命高潮就要到来，要求红军进攻中心城市，尤其在一些中心城市准备武装总暴动，企图一举夺取全国政权——

---

① 《中央军委军事工作计划大纲》(1930 年 4 月 15 日)，见特生《中央政治局工作报告》(1930 年 9 月)。

② 1930 年 1 月、9 月数字分别见《米夫关于中国革命的言论》，人民出版社 1986 年版，第 522 页；中央档案馆：《中共中央文件选集》第 6 册，中共中央党校出版社 1989 年版，第 381 页。

"会师武汉，饮马长江"，犯了严重的冒险主义错误，即"立三路线错误"。

一 "孤注一掷地拼命"

李立三冒险主义的发生有着复杂的原因。

据李立三本人来讲，是由于他被胜利冲昏了头脑，不能严格把握住自己，错误地估计了当时革命发展的形势。李立三作为中共六大以后的政治局常委之一，由于"常委会主席向忠发，工人出身，理论水平不高，缺乏独立见解，项英负责职工运动和长江局的工作，政治局的决策人实际上是恩来和立三"。1930 年周恩来前往莫斯科后，李立三在中央的作用就更突出了。李立三早年是中国工人运动的著名领袖，曾经成功领导安源路矿工人大罢工，在这方面有经验。但是他也有自身的缺点，那就是他"忽视理论的学习，不重视总结革命的实践经验，又不从中国革命的客观实际出发，只是满足于一般的、局部的经验，把它当作普遍真理到处套用"。"经验主义是他的一个致命伤。"[1] 加之那时他还比较年轻，只有 30 岁，缺乏领导全局革命应有的经验。所以在革命形势好转时，他无视国内、国际革命力量相对弱小的基本状况，片面夸大国民党统治的危机、崩溃和形势对革命有利的一面，形成"左"倾冒险错误。

从党内来讲，存在李立三路线形成的基础。周恩来曾经指出："如果在党内没有形成这一路线的基础，则它不会在党的领导机关起领导作用。因此，我们必须在下面三个条件之下来认识立三路线之形成：1.历史的条件，六次大会后有些根本问题没有得到适当的解释；2.党内无产阶级成份薄弱，

李立三

---

[1] 李维汉：《回忆与研究》（上），中共党史资料出版社 1986 年版，第 272—273 页、第 303—304 页、第 319—320 页。

小资产阶级成份占了很大的数量，这使党的路线有忽'左'忽右的表现；3. 立三的思想，在过去的讨论中没有受到强烈的反对。这三个条件，帮助了它在领导机关中起了领导作用。"[1]党的六大决议具有两重性，但也有不正确的方面。党的六大决议对中国革命的形势仍然做了比较高的估计，对中国革命的长期性和复杂性估计不够，虽然承认广州暴动为"退兵时之一战"，使"革命降低于低潮"，但认为"一省或几省革命高潮与苏维埃的政权的前途是可能的"，要求"宣传全国范围内武装暴动以准备新的高潮"。六大决议对农村根据地重要性的认识不足，仍然坚持城市中心暴动，对于中间阶级的两面性和反动势力的内部矛盾也缺乏正确的估计和应有的对策。同时，六大决议没有很好地清理大革命失败后的盲动主义的错误。这些不足就使得一旦革命形势有所好转，一些人就会头脑发热，认为群众"只要大干，不要小干"，在"左"倾急躁情绪的支配下，去冒险一搏了。

从一定程度上讲，立三路线是大革命失败后"左"倾盲动主义的发展。诚如瞿秋白在《多余的话》中所指出的："立三路线是我的许多错误观念——有人说瞿秋白主义——逻辑的发展。立三的错误政策可以说是一种失败主义。他表面上认为中国全国的革命胜利的局面已经到来，这会推动全世界革命的成功，其实是觉得自己没有把握保持和发展苏维埃革命在几个县区的胜利，觉得革命前途不是立即向大城市发展而取得全国胜利以至全世界的胜利，就是迅速地败亡，所以要孤注一掷地拼命。这是用'左'倾空谈来掩盖右倾机会主义的实质。因此在组织上，在实际工作上，在土地革命的理论上，在工会运动的方针上，在青年运动和青年组织等各种问题上……无往而不错。"[2]

从国际来讲，立三路线与共产国际错误的指导思想的影响是分不开的。作为共产国际隶属的一个支部，中国共产党的一切活动都要听从共产国际和斯大林指挥。共产国际指导中国革命的"左"的理论和策略直接导

---

[1]《周恩来选集》上卷，人民出版社1980年版，第55页。

[2]《瞿秋白》，中国社会科学出版社2003年版，第254页。

致了李立三"左"倾冒险主义的形成。

共产国际的"第三时期理论"是立三路线产生的基本理论依据。第三时期理论是共产国际六大根据斯大林在联共（布）第十五次代表大会上的报告精神，在 1928 年 8 月 28 日发布的《关于国际形势和共产国际任务的提纲》中提出来的。这一理论把第一次世界大战后的形势分为三个时期：第一时期是 1918 年至 1923 年，是"资本主义制度陷于严重危机的时期，无产阶级采取直接革命行动的时期"；第二时期是 1923 年至 1928 年，是"资本主义制度渐趋稳定和局部稳定，资本主义经济'复兴'的时期"，是无产阶级"继续进行自己斗争的时期"；第三时期是 1928 年以后，"在第三时期中，生产力发展与市场缩小二者之间的矛盾特别尖锐，因此，它必然要导致一个新的时代的产生"。在这个时代中，"一切帝国主义矛盾都越发尖锐起来"，"这一时期将通过资本主义的稳定日益动摇，并使资本主义总危机必然走向极端恶化的地步"。因此，"所谓第三时期，又被称为革命与战争时期。斯大林所担心的是以英国为首的资本主义国家，正准备对苏战争，因而共产国际也就号召各国共产党拥护苏联，反对对苏进攻，并将进攻苏联的战争，转化为推翻资本主义统治的革命。斯大林认为，只有进攻才能对抗进攻"①。

"第三时期理论"是共产国际在一个时期内指挥世界革命的理论依据和制定一切政策的出发点，也成为李立三分析形势的基本理论依据。这一理论对于动员各国无产阶级和被压迫民族起来革命起到一定作用，但也存在根本错误，那就是夸大了资本主义体系的总危机及其矛盾，从而要求世界无产阶级和广大人民群众向帝国主义及其反动统治阶级发起全面进攻，成为"左"的错误的总根源。李立三多次引用、阐述这一理论，去制定冒险主义政策。1930 年 7 月 19 日，他在《红旗》杂志上发表了《第三时期与中国革命》一文，提出"中国革命必然掀起全世界的大革命，绝不会是

①李思慎、刘之昆：《李立三之谜——一个忠诚革命者的曲折人生》，人民出版社 2005 年版，第 193 页。

中国革命单独胜利"。

共产国际坚持开展"反右倾"斗争，直接催生了立三路线的形成与发展。共产国际一再强调中共党内的"主要危险是右倾机会主义的倾向"，多次指令中国共产党开展"反右倾"斗争。特别是从 1929 年 2 月起，共产国际连续给中共中央发来四封指示信，着重点都是反对右倾的，这直接助长了中国共产党内"左"倾错误的发生。第一封信的主要内容是强调反右倾，为此，中共中央在第三十七号通告中要求全党"克服党内正在发展的右倾的特别危险"；第二封信的内容是要求中共将中立富农的政策改变为反对富农的政策，于是中共中央做出了《接受国际对于农民问题之指示的决议》；第三封信的内容是要求在"工人运动新高潮底到来"的情况下，"中国共产党应当提出使赤色工会公开起来的问题"；第四封信是认为中国已进入深刻的全面民族危机时期，要求中共"现在就可以而且应该开始让群众做好准备，以便用革命的手段推翻民族资产阶级和地主联盟的政权"，同时准备总同盟政治大罢工，反对改组派和第三种力量，强调"目前党内的主要危险是右倾机会主义的心理和倾向"。为此，中共中央于 1930 年 1 月专门做出了《接受国际 1929 年 10 月 26 日指示信的决议》。对于这四封信对李立三产生的影响，后来周恩来说："这四封信，对立三路线都有影响。"[①]张国焘在《我的回忆》中也写道："立三路线就是在反右倾运动中滋生起来的。"

共产国际的城市中心论是立三路线中心城市武装暴动的重要理论来源。共产国际把十月革命所提供的先城市、后农村武装夺取政权的具体经验模式化、绝对化，作为夺取政权的唯一模式，要各国共产党效仿，一再要求中国共产党以城市为中心组织武装暴动。对中国农村游击战争估计过低，只是作为城市武装起义的辅助手段，甚至认为"工人运动比农民运动要低落些，这是中国革命现阶段非常特别非常危险的地方"，指责中国共产党领导的红军和革命根据地"不要离开工人阶级太远"，不要迷恋"游

---

① 《周恩来选集》下卷，人民出版社 1984 年版，第 308 页。

击主义"。共产国际政治书记处第一书记认为农村游击战争"只能分散存在，不能集中，如果集中，则会伤害老百姓利益，会把他们最后一只老母鸡吃掉，是不会满意的"，"到这个时候，农民一定要起来反对红军"。共产国际的这种看法对李立三影响很大，他认为，如果不在城市里搞武装暴动，那就等于放弃了无产阶级领导权。

二　"要勇敢，勇敢，再勇敢地前进"

（一）"新的革命高潮"

李立三的"左"倾冒险主义从形成到在中共中央领导机关占据统治地位经历了一个短暂的过程。

1930年2月，中共中央发出七十号通告，认为"目前全国危机是在日益深入，而革命新浪潮是在日益开展"，全国群众斗争正"走向平衡发展的道路"，通过形势的发展"可以看出一省或几省首先胜利的前途，特别是武汉及其邻近的省区，表现着更多的可能"。因此，汇合各种斗争走向"变军阀战争为国内的阶级战争""以推翻国民党统治，以建立苏维埃政权是目前总的政治路线"。党组织要"组织工人政治罢工""组织地方暴动""组织兵变"和"扩大红军"。"扩大红军的总策略是要建立在集中农民武装，扩大红军向着中心城市发展，以与工人斗争汇合之整个基础上的。""一切分散红军，逃避敌人进剿，向偏僻地区发展的观念"是"极端错误的取消观念"[1]。

1930年3月至5月，李立三先后写了《准备建立革命政权》《准备建立革命政权与无产阶级的领导》《怎样准备夺取一省与几省政权的胜利条件》《中国革命与世界革命》《论革命高潮》《建立政权与革命转变》等文章，发表在《红旗》杂志上。4月，在上海召开的中共湖北省第四次代表大会（简称鄂代会）和全国苏维埃代表大会准备会议（简称苏准会）开始提出

---

[1] 中央档案馆：《中共中央文件选集》第6册，中共中央党校出版社1989年版，第25—33页。

一系列"左"的政策，并在实际工作中加以贯彻。

1930年6月11日，中共中央政治局会议通过了李立三起草的以其文章为底本的《关于目前政治任务的决议》——《新的革命高潮与一省或几省的首先胜利》。这个决议的通过和贯彻执行标志着"左"倾冒险主义在中共中央领导机关中占据了统治地位。"自中央七十号通告后，经过鄂代会、苏代会立三路线遂日益形成，到了六月十一日决议案在政治局通过，立三路线遂成为中央的路线而统治着全党"。[①]

立三路线同毛泽东等坚持先在农村实行武装割据的思想是根本对立的。李立三曾在1930年6月9日的中共中央政治局会议上说："在全国军事会议中发现了妨碍红军发展的两种障碍：一是苏维埃区域的保守观念，一是红军狭隘的游击战略。最明显的是四军毛泽东同志，他有整个的路线，他的路线完全与中央不同。"[②]1930年6月15日，中共中央致信红四军前委，提出："现在红军的任务，不是隐蔽于农村中作游击战争，它应当积极进攻，争取全国革命的胜利。""并且严厉地批评毛泽东等：你们'现在完全反映着农民意识，在政治上表现出机会主义的错误。'"[③]

立三路线的系统纲领集中在1930年5月李立三在《布尔塞维克》上发表的《新的革命高潮前面的诸问题》，这篇文章系统地提出并论证了李立三"左"倾冒险主义路线的基本思想。

在这篇文章中李立三认为，中国已经发展到接近革命高潮——直接革命的形势阶段，中国是帝国主义一切根本矛盾最集中的地方，而且是最尖锐、最严重的地方，这就是说，在帝国主义束缚世界的锁链中，中国是最薄弱的一环，是革命最易爆发的地方。所以世界革命有首先在中国爆发的可能，而且这一爆发以后，必然要引起整个世界革命的兴起。中国革命成

---

① 中央档案馆：《中共中央文件选集》第6册，中共中央党校出版社1989年版，第546页。

② 《李立三在中共中央政治局会议上的发言记录》，1930年6月9日。转引自中共中央文献研究室：《毛泽东年谱（1893—1949）》（上卷），中央文献出版社1993年版。

③ 《中共中央致红四军前委信》，1930年6月15日。转引自中共中央文献研究室：《毛泽东年谱（1893—1949）》（上卷），中央文献出版社1993年版。

为世界革命的主要柱石之一，中国革命的胜利必然紧接着世界革命的胜利。根据中国经济政治的条件，在全国革命高潮下，革命有在一省与几省首先胜利的可能。党的任务是在准备全国革命高潮之下最严重注意一省与几省首先胜利的条件。在任何一个问题上都有爆发革命高潮的可能，而且在革命高潮到来的形势之下，群众组织可以飞速地从极小的组织发展到几十万人甚至几百万人的伟大的组织，同样，党的组织也可以在几日甚至几星期内变成广泛的群众的党。中国共产党的任务是要力争一省或几省政权的前途，建立全国的革命政权，以此来完成我们全国革命的胜利。

基于中国已经进入革命高潮的分析，李立三提出在准备全国革命胜利的任务之下加紧准备夺取一省与几省政权，建立全国革命政权，已成为目前党的总战略。

新的革命高潮前面的诸问题[①]（节选）

第一，首先要了解一省与几省政权的胜利，是与全国革命高潮不可分离。……所以一省与几省政权，必须是紧接着全国革命的胜利，决不能有甚么"割据"，"偏安"的局面。所以在准备夺取一省与几省政权的时候，如果只注意在某几省区的狭隘的范围而忽视了全国工作同时加紧的配合，便是绝对的错误观念。

第二，夺取一省与几省政权，无产阶级的伟大斗争是决定胜负的力量。没有中心城市，产业区域，特别铁路海员兵工厂工人群众的罢工高潮，决不能有一省与几省政权的胜利。想"以乡村来包围城市"，"单凭红军来夺取中心城市"都只是一种幻想，一种绝对错误的观念。所以准备夺取一省与几省政权的胜利的条件，特别要加紧主要城市尤其是重要产业工人中的工作。所以组织政治罢工，扩大到总同盟罢工，加紧工人武装的组织与训练，以创造

---

① 李立三：《新的革命高潮前面的诸问题》(1930 年 5 月 15 日)，《中共中央文件选集》(1930)，中共中央党校出版社 1983 年版，第 49—66 页。

武装暴动的胜利的基础，是准备一省与几省政权夺取的最主要的策略。……

第三，在中国客观经济政治条件之下，单只无产阶级斗争的高潮，而没有农民的暴动，兵士的哗变，红军的有力的进攻，各种革命势力的配合，同样是绝对不会有革命的胜利。而且在这四种革命势力中，缺乏任何一种，都是不可能的。……要现在农村中采取保守的策略，停止红军的发展的等待观念也是极端错误的。……

现在革命的发展，无疑的是日益接近着新的革命高潮——直接革命的形势。这一形势的最显著的特征，就是阶级斗争的尖锐化，把广泛的落后的群众——无论在城市与乡村都是一样，都卷入到政治斗争的漩涡。因此加紧准备武装暴动，准备并促进这一新的高潮的到来，推翻帝国主义国民党的统治，建立革命政权，成为党的目前的中心任务。

……乡村是统治阶级的四肢，城市才是他们的头脑与心腹，单只斩断了他的四肢，而没有斩断他的头脑，炸裂他的心腹，还不能制他的最后的死命。这一斩断统治阶级的头脑，炸裂他的心腹的残酷的争斗，主要是靠工人阶级的最后的激烈争斗——武装暴动。所以忽视准备工人阶级的武装暴动，不只是策略上的严重的错误，而且会成为不可饶恕的罪过。……

现时全国革命斗争无疑的是日益接近直接革命的形势。因此准备一省与几省首先胜利建立革命政权的问题，已经提到党的任务的前面。紧随着这一问题要同时，而且必然同时提出的就是革命转变——从民主革命转变到社会主义革命的问题。

……所以革命胜利的开始，革命政权建立的开始就是革命转变的开始，中间决不会有丝毫的间隔。

如果以为革命一定要在全国胜利以后，才能开始革命的转变，这是严重的错误。因为这时革命政府如果不坚决执行阶级的政策没收资产阶级的工厂企业和银行以消除资产阶级的反革命的武器，不只是停止革命的深入，而且会障碍着力争全国革命的胜利，这就是革命的自杀政策。所以革命转变的阶段论，无疑的是极端危险的右倾观念。……

中国革命对帝国主义的空前猛烈的争斗，必然要掀起世界革命的高潮；（就目前世界革命浪潮正在高涨的条件来说）同时没有世界无产阶级革命的高潮，决不能保障中国革命胜利的持续。所以特别加强中国革命在国际无产阶级中的宣传，特别是加强斗争的联系，实在是目前严重的任务，是准备革命胜利与革命转变的主要条件之一。

在错误路线的指导下，李立三等制订了以武汉为中心的全国中心城市起义和集中红军攻打中心城市的冒险计划。

1930 年 7 月 13 日，中央政治局会议讨论了南京兵士暴动问题和全国工作布置。李立三在会议上认为"南京兵暴，是掀动全国革命高潮之起点""南京兵暴，是以占领南京为目的""因此必须以打倒国民政府推翻其最高的指导机关，建立苏维埃政权为中心"。这是一个"有决定全国胜负意义的问题"。"南京兵暴之胜利，必然紧接着上海八十万工人之大罢工，掀起全国之大风暴。""所以组织南京兵暴必须与组织上海总同盟罢工同时并进。""组织总同盟罢工与武装准备是不可分离的""因此必须积极地准备（上海工人的）武装暴动"。"南京暴动的胜利，必须有武汉暴动的紧接着的爆发以争取武汉的首先胜利，同时中央苏维埃政府的建立亦必须在武汉。""武汉的武暴，必是很密切的紧接着的革命高潮的到来""因此各省都应实际地加紧准备武暴""中央应明确指示杭州应积极准备暴动工作"，安徽、山东也要加紧做好这方面的准备。[1]

同时，中共中央要求全国红军集中整编，实行统一指挥，实现从游击战到正规战的战略转变，纠正右倾危险，积极地向中心城市交通区域发展。还规定，红三军团切断武（汉）长（沙）路，进逼武汉；红一军团进取南昌、九江，以切断长江，掩护武汉的胜利；红二军团、红一军及湖北各部红军相互配合，进逼武汉；红七军进攻柳州、桂林和广州，闽粤桂三省红军均"应朝着广州方向发展"。这一切部署的主要目标是"会师武汉，饮马长江"，配合武汉的暴动，实现以武汉为中心的附近省区的首先胜利，

---

[1] 中央档案馆：《中共中央文件选集》第 6 册，中共中央党校出版社 1989 年版，第 158—167 页。

从而夺取全国政权。

1930 年 8 月 1 日、3 日接连召开中央政治局会议，部署发动全国暴动的事宜。8 月 1 日的中央政治局会议决定将各级党、团、工会的领导机关合并，成立准备武装起义的各级行动委员会，还决定成立中央总行动委员会作为全国与各地武装暴动和总同盟罢工的最高指挥机关。李立三在这次会议上还提出，"蒙古要立即加入中国苏维埃共和国联邦""西伯利亚的中国人要武装起来加入革命"。

在 8 月 3 日的中央政治局会议上，李立三再三强调准备武汉暴动、南京暴动和上海总同盟罢工"是非常正确的"，如能获胜，则"蒋介石的倒台和崩溃"就是"毫无疑问的"了，这"不仅是中国革命的关键，而且是世界革命的严重问题"。为此，要求全国工作必须与此配合：第一，"在北方必须在北京、天津、唐山、郑州、开封积极组织武装暴动，特别要普遍地组织兵暴"。进攻武汉的红军要"集中力量向北方猛冲，使冯玉祥势力倒台，再由陇海（路）向东进攻""北方的红军，主要是截断京汉、津浦铁路，向北方、天津发展"，并与京津暴动相配合，消灭阎锡山的力量。第二，在南方，"要解决陈济棠的反动力量"。这要求"坚决组织广州暴动"，要"猛烈发展东西北三江特别是东江的农民暴动"，并"打到广州去"，要做好香港暴动的工作。第三，"东三省必须坚决地在哈尔滨、大连、抚顺组织暴动"，还"应注意陕西、甘肃、新疆的工作，以与苏联打通关系"。李立三还认为，"满洲的暴动，这是国际战争的序幕""我们的战略，也必须掀动国际无产阶级对帝国主义决战""因为满洲是日本帝国主义的统治"，所以满洲暴动之后，日本"将因此很剧激向苏联进攻"。为此，"苏联必须积极准备战争"，"国际应以'保护中国革命'的口号来积极动员各国支部"[①]。李立三的意见得到与会人员的一致赞同。

---

① 《中央临时政治局继续讨论目前政治形势及全国工作布置》，1930 年 8 月 3 日，转引自沙健孙主编：《中国共产党史稿》第三分册，中央文献出版社 2006 年版，第 260 页。

（二）"立三是发了痴了"

1930 年 8 月 5 日，中共中央政治局就"全国革命形势及党的行动路线"问题再次向共产国际做出报告，要求共产国际批准中央的决定。8 月 6 日，中共中央总行动委员会成立。

李立三的行动计划完全是建立在主观臆想的基础之上的，瞿秋白在莫斯科得知有关情况时惊呼："立三是发了痴了。"[①]

当时，共产国际东方部的马基亚尔（匈牙利人）对中共驻共产国际的代表黄平说："李立三的盲动主义可以说是登峰造极了。"[②]

斯大林在了解了李立三的冒险路线后，于 1930 年 8 月 13 日在《给莫洛托夫的电》中说："中国人的倾向是荒诞的和危险的。在当前形势下，在中国举行总暴动，简直是胡闹。建立苏维埃政府就是实行暴动的方针。但不是在全中国，而是在可能成功的地方。中国人急于攻占长沙，已经干了蠢事。现在他们想在全中国干蠢事。决不能容许这样做。"[③]

由于立三路线指导下的计划脱离了实际，因此在实际执行中就四处碰壁，给革命造成了严重危害。

李立三最在意并认为最有把握的南京兵暴，强行执行冒险计划，实际上党在南京掌握的力量只是一个学兵营和一个宪兵连。结果造成南京全市党员近百名被杀害，南京兵暴自然破产。武汉暴动计划同样如此。整个武汉党员不过 200 余人，赤色工会的会员也不过 200 人。从 1930 年 6 月至 12 月，由于冒险暴动，导致党员被捕 60 人，最后被杀害 37 人，判处徒刑 12 人，病故 1 人，自首 8 人，待判 1 人。

各地由于贯彻执行冒险主义方针，导致 11 个共产党的省委被破坏。省委以下党组织破坏更为严重，党员数量急遽减少。"几个月来，江苏省委积极贯彻执行立三路线，使革命力量受到很大损失"，"仅据全国互济会

---

① 《共产国际执委主席团关于立三路线的讨论》，载《布尔塞维克》第 4 卷第 3 期。

② 黄平：《往事回忆》，人民出版社 1981 年版，第 74 页。

③ 姚金果、陈胜华：《共产国际与朱毛红军（1927—1934）》（文献资料选编），中央文献出版社 2006 年版，第 162 页。

调查，在 4 月至 9 月的半年中，江苏被国民党杀害的党员和群众就有 3130 人，1480 人被捕"①。

红军和根据地同样受到了损害。1930 年秋，中央"错误地要红二军团离开湘鄂西根据地，配合进攻长沙，结果使红军在半途遭受挫折，湘鄂西根据地也由于失掉红军的支持，损失很大"②。部队由 1.6 万人减员到 3000 余人。红七军由于按照中央决定进攻柳州、桂林并最后夺取广州，从 1930 年 9 月至 1931 年 1 月，转战数千里，兵力由 6000 人减少到 2000 多人，还失去了右江根据地。红十军攻打九江失利，致使人数由 2 万多减少到 3000。川东游击军进到房县被敌人包围，差一点儿全军覆没。苏北红十四军奉命进攻南通等地，主力被打败，最后丧失了根据地。闽西红二十一军和东江红十一军、浙南红十三军都先后遭到失败。

（三）"立三路线的始作俑者"

在立三路线的形成过程中，中共中央总书记向忠发也扮演了重要角色。

向忠发并非一个没有自己看法的人。杨奎松在《向忠发是怎样一个总书记》一文中认为：显然，这些事情比较典型地反映了向忠发并不是一个四肢发达、头脑简单、只会人云亦云的人，远不是那种可以轻易做别人傀儡、当挂名总书记的人。不仅如此，他也确有一定的政治观察力，有相当程度的文字表达能力，同时做事干脆决断，愿意思考，很想做出点成绩来。因此，政治局多数领导成员虽然是知识分子出身，对他还是比较尊重的。即使是同样工人出身，同样不大藏得住火的项英，事实上也得让他三分。

向忠发（1880—1931），化名特生。1927 年起为中共中央委员、中共临时政治局委员。1928 年至 1931 年任中共中央总书记。1927 年至 1928 年为中共驻共产国际代表。1928 年起为共产国际执行委员会主席团成员。1931 年 3 月任中共中央军事部书记。1931 年 6 月被国民党政府逮捕后叛变，同月被杀死。

---

① 李维汉：《回忆与研究》（上），中共党史资料出版社 1986 年版，第 310 页。

② 战士出版社：《星火燎原》（选编之一），中国人民解放军战士出版社 1977 年版，第 76 页。

即使是对通常被后人视为向忠发的主心骨的李立三，他也一样不会客气。

在担任总书记不久后，向忠发做的第一件大事就让其他政治局委员侧目。他主持政治局会议，决定解除犯有"左"倾错误、刚刚担任常委不到两个月的蔡和森的政治局常委和委员职务，并提议由李立三补任蔡和森之职。有学者认为，"尽管在构造革命宏伟蓝图方面，向忠发的想象力与李立三相比确实相形见绌，但在过高估计革命力量而不是过高估计敌人力量方面，向忠发从不后人。当李立三还在那里含糊其词地说什么'革命高潮一天一天接近来到我们面前'时，向忠发则直截了当地声称如果明天有几万人上街，就可说是革命高潮到了；当李立三还在那里主张要在文件上肯定存在着革命不平衡的情况，以免下级发生'左'倾时，向忠发更是表示'我绝对不同意'，称'这样说足以使一般同志观念动摇，将革命分作两个东西，忽略城市无产阶级领导，只简单看见了几个枪杆子、赤卫队'。中国革命早已不是李自成、张献忠和洪秀全的时代，'如果看重农村，那和洪秀全时代有何区别？'必须指出：'农村与城市不是两个东西'。由于无产阶级斗争之兴起并正在发挥领导作用，因此，城市斗争更加尖锐。向忠发和李立三究竟谁走得更远，不是一目了然吗？""由此看来，说向忠发为'立三路线的始作俑者'，并不为过"①。

向忠发在立三路线的形成和执行过程中，积极性比之李立三有过之而无不及，集中体现在对待共产国际的态度上。

1930年6月11日通过关于《新的革命高潮与一省或几省的首先胜利》决议时，受到共产国际远东局驻中国代表的反对，向忠发声称远东局总是拿些鸡毛蒜皮的小问题来进行刁难，对于这种纯粹"强奸式的批评，我们绝不能接受""一定要来一个政治上抗议"，同时写信给共产国际和周恩来说明情况。

1930年7月底红军攻下长沙的消息传来，让中共中央大受鼓舞。向

---

① 李思慎、刘之昆：《李立三之谜——一个忠诚革命者的曲折人生》，人民出版社2005年版，第216页。

忠发在 1930 年 7 月 30 日刊发的《红旗》第 125 期上发表了《庆祝红军占领长沙》的社论："占领长沙的意义是非常伟大的，他表示着整个中国革命势力的发展已经到了更高的阶段，已经首先在湖南一省内推翻了国民党的统治，已经将夺取武汉与成立全国苏维埃政府的任务，提到了中国革命群众面前，成为今天的第一个议事日程。同时，占领长沙的事变，证明了中国共产党过去一切策略路线的正确，他不但根本宣布陈独秀派机会主义之完全破产，并且给予一切右倾路线与估量革命形势不足的一个严重的打击。"向忠发向全党发出号召："尤其在上海、武汉、天津及全国各大城市中，必须很快地有反对帝国主义国民党的总政治罢工，用全国一致的革命战线以更扩大湖南苏维埃的胜利""促进全国革命高潮之迅速的到来"[①]。

当共产国际的电报断言中国革命主观力量太弱，全国暴动计划纯属盲动时，向忠发明确表示，共产国际的几次来电都表现出"还不能了解中国实际情形"，国际事实上提出了一条与前不同的不正确的路线，这"证明国际的错误""证明我们不仅充分执行了国际的路线，并且给国际以很多的帮助""如果中央机械地忠实地执行国际的电报，不仅是机会主义，而且使党成为敌人奴隶的党"，成为"革命的罪人"[②]。

1930 年 8 月 6 日，在中共中央与远东局的联席会议上，当远东局秘书杰克威胁说，共产国际可以开除任何像李立三这种敢于反抗共产国际并试图削弱共产国际威信的人时，向忠发大发脾气，冲着杰克喊道："这里没有你说话的资格！"双方立即吵了起来。向忠发立即站起来大声告诉远东局负责人罗伯特："我是以国际执行委员和中共中央总书记的资格来这里讨论工作的，不是来讨论这些无原则的争论的，更不是来听那些不负责同志的发言的。"并威胁说："今天或者远东局宣布解散中共中央政治局并解

---

① 李思慎、刘之昆：《李立三之谜——一个忠诚革命者的曲折人生》，人民出版社 2005 年版，第 217—218 页。

② 李思慎、刘之昆：《李立三之谜——一个忠诚革命者的曲折人生》，人民出版社 2005 年版，第 218 页。

散中共中央，否则我们还要继续执行我们的计划，直到我们被停止工作为止。"[1]

虽然向忠发在立三路线错误形成和推行过程中负有不可推卸的责任，但由于他把责任推给了李立三，更重要的是由于工人出身，因此在米夫操纵的中共六届四中全会上（1931 年 1 月 7 日），他仍然保住了总书记的位置。米夫直截了当地说：向忠发"是工人同志"，"决不让他们滚蛋，就连屁股也不用打。什么叫真正的反立三路线？就是要吸引工人干部，提高他的政治水平，教育他，训练他，到指导机关为党工作，这才是真正的反立三路线"。在这次会议上新选的政治局委员"十六人中十人是工人出身"[2]。

三 立三路线的中止

（一）"完全与中央不同的路线"

由于立三路线脱离了中国革命实际，因此在贯彻执行过程中受到一些敢于坚持实事求是的党员的批评和抵制，其中以何孟雄和毛泽东等为代表。

在白区，"当时党中央宣传部负责人之一的恽代英，由于反对立三的冒险主义做法，被立三扣上'调和主义'帽子，排斥出中央机关，调到上海沪西当区委书记，随即被捕，后来英勇牺牲在南京雨花台。在江苏省委、苏准会办事处、互济总会党团中，以何孟雄、林育南、李求实。为代表的一部分干部都是较早起来反对李立三'左'倾冒险主义的，他们都遭到李立三的压制和打击，被扣上'调和派'、'取消派'、'右倾势力'等帽子，以至受到组织处理"[3]。

早在 1929 年 11 月中共江苏省第二次代表大会期间，何孟雄等人就曾

---

①李思慎、刘之昆:《李立三之谜——一个忠诚革命者的曲折人生》，人民出版社 2005 年版，第219 页。

②李思慎、刘之昆:《李立三之谜——一个忠诚革命者的曲折人生》，人民出版社 2005 年版，第222 页。

③李维汉:《回忆与研究》(上)，中共党史资料出版社 1986 年版，第 311 页。

批评中央和省委夸大了革命形势，认为革命刚刚恢复，但极不平衡，还不是"成熟的复兴"，党的策略应该是"准备进攻的路线"，而不是"直接进攻的路线"。这些意见却被斥责为"右倾"，是搞"调和主义"。大会通过的政治决议案还不点名地对其进行了批评。但何孟雄为了革命的利益，"江苏省第二次代表大会以来的八个月中，在各种会议上他都有不同意见"。在1930年8月20日召开的中共上海区委、党委党团书记联席会议上，他再次指出，"中央对革命日益接近高潮的估计是过分的""中国革命还没有可能掀起世界革命"，中央由此做出的决定是"过火的"，进攻长沙是"部落式的暴动，完全没有前途"，举行总同盟罢工是"不可能的"，这个口号使党"在群众中丧失了威信"，"再发展下去，就可能离开总路线，葬送中国革命"[1]。在9月1日的会议上，当着李立三的面，何孟雄指出现在"发生工作上的许多弱点，是立三指导路线得来的"，并不是什么新工作方式运用不好的问题。[2]但李立三不但不虚心接受意见，反而当场禁止他发言，而且说他是"取消派的暗探"，随后就撤销了他中共沪中区委书记的职务，把他降为江苏省委干事，并在一系列会议上和报刊上对其进行批判，把他对"左"倾错误的批评说成"右倾机会主义路线向党的进攻"。尽管受到这些不公正的待遇，但何孟雄仍然没有停止与"左"倾错误的斗争，其在9月8日向总行委和中央政治局递交了《何孟雄政治意见书》，陈述了自己的看法，明确表示反对"立三同志的领导路线"。

在红军中和革命根据地，也有一些同志对立三路线的错误表示了怀疑和抵制，毛泽东、朱德是其中的代表。李立三多次批评毛泽东，指责他有一条"完全与中央不同"的路线，"他对红军的发展，完全是游击战争的观念"。

1930年6月21日，在中央特派员涂振农传达中央指示精神时，毛泽东、朱德都表示怀疑。后来朱德回忆说："毛泽东和我对于整个方案都表示怀疑，但我们久居山区多年，能够得到的有关国内和国际局势的情报很

---

[1]《红旗日报》，1930年9月24日。

[2]《何孟雄文集》，人民出版社1984年版，第174页。

不全面。在这种情况下，我们不得不接受我们中央委员会的分析。""除了毛泽东和我之外，很少有人反对李立三路线。我们别无选择，只好接受。"①但毛泽东、朱德在落实中央指示时，并没有机械地执行中央进攻南昌、九江的命令，而是根据实际情况，采取避实就虚的方针，并没有去直接攻打南昌，力争使红军避免遭受重大损失。毛泽东在 1930 年 8 月 19 日向中央致信解释说："若直进南昌，则敌人主力没有消灭且在我军后，南昌又四面临水，于势不利，故乘虚渡河向南昌对岸，前进攻击牛行车站为目标，举行八一示威。""敌人在南昌城不还一枪、不出一兵。我们此时找不到敌人打，既不能攻南昌，八一示威任务已经达到，遂向奉新、安义散开工作，发动群众，筹款，做宣传等。"②在这个过程中，红军不仅没有受到损失，反而由出发时的 1 万人增加到 1.8 万人。

针对"山沟沟里没有马克思主义"的错误看法，红军高级干部周以栗根据创建苏区的实际经验，提出毛泽东等从实际情况出发，对具体情况做具体分析，创立革命根据地，指挥红军打胜仗，就是实践的马克思主义！

（二）《关于中国问题决议案》

在 1930 年中共中央政治局通过《新的革命高潮与一省或几省的首先胜利》之前，共产国际对中共的"左"倾政策是欣赏的，因为这种政策符合共产国际的指示精神。但《新的革命高潮与一省或几省的首先胜利》通过后，由于超过了共产国际允许的范围，因此共产国际执委会政治秘书处在 1930 年 7 月 16 日召开了扩大会议，并于 7 月 23 日通过了《关于中国问题决议案》，对李立三等犯的一些策略性错误进行了批评，但并没有指明他们犯了"左"倾机会主义路线错误，同时派周恩来、瞿秋白回国纠正中共中央 6 月 11 日决议的错误。

周恩来于 8 月 19 日或 20 日回到上海后，在 8 月 22 日召开的政治

①［美］艾格妮丝·史沫特莱：《伟大的道路——朱德的生平和时代》，生活·读书·新知三联书店 1979 年版，第 316—317 页。

②《毛泽东传（1893—1949）》，中央文献出版社 1996 年版，第 230 页。

局会议上传达了共产国际的指示精神，批评了李立三的错误，说服了李立三、向忠发等人，在 8 月 24 日召开的政治局会议上，李立三说："听了伍豪（即周恩来）同志的报告以后，将过去所怀疑的主要问题完全了解。"承认自己"确是不妥的"。向忠发也表示："在今天讨论后，应有一电报去国际，有几点要声明：过去是有误会。同时说明，伍豪回国后，政治局已讨论二次。一切问题已解决，坚决接受国际指示及补正过去的不足。"[1]8 月 25 日，周恩来起草了中共中央给共产国际的电报，表示中共中央政治局完全同意共产国际指示，决定坚决执行共产国际的一切指示。8 月 26 日，瞿秋白回国后，与周恩来一起继续帮助李立三提高认识。从 1930 年 9 月 1 日开始，中共中央采取一系列措施，纠正立三路线错误，中止李立三"左"倾冒险主义计划。9 月上旬，中共中央连续给长江局发了三封指示信，停止了武汉暴动的部署，把工作转移到正常工作轨道上来。9 月 4 日，决定恢复被李立三撤销的党、团、工会的领导机构和组织系统，决定停止武汉、南京的暴动和上海总同盟罢工。9 月 8 日，再次致电共产国际，表示："中政局完全同意来电的指示，承认最近期间的策略是有害的。正在坚决地执行转变长沙两次进攻，更加证明国际的指示以及反对武汉、南京暴动是绝对正确的……中央即开扩大会，接受国际七月决议与这一指示，将立即恢复党、工会、团的经常领导机关……中央坚决在自我批评的基础上，执行策略的转变……"[2]这样，立三"左"倾冒险主义计划在实际工作中开始逐步地被中止了。

为了纠正李立三的错误，1930 年 9 月 24 日至 28 日，中共六届三中全会在上海召开。

向忠发在三中全会的政治报告中称：从二中全会到 1930 年 1 月，是"革命开始新的高潮时期"，党中央的策略路线是"正确的"，是"坚定

---

[1] 李思慎、刘之昆：《李立三之谜——一个忠诚革命者的曲折人生》，人民出版社 2005 年版，第 188 页。

[2] 李思慎、刘之昆：《李立三之谜——一个忠诚革命者的曲折人生》，人民出版社 2005 年版，第 189 页。

的"。从 1930 年 2 月到三中全会，是"中国革命新高涨更加成熟的时期"，党中央的路线仍证明是"正确的"，是"与国际路线完全一致的"。

周恩来在传达国际路线的要点后指出："中央的错误，是否路线上和国际不同呢？完全不是的，路线上没有什么不同的，中国党的目前任务是在夺取广大群众，集中革命力量，组织革命的战争，积极准备武装暴动，去推翻帝国主义、国民党的统治，建立苏维埃政权，这些是和国际指示无丝毫的不同，而是完全一致的。只是因为对目前的革命发展形势在程度与速度上有了过分估计，遂至造成中央个别的策略上的错误。""中共中央同共产国际在路线上没有什么不同。""中央在检查了自己工作后的批评是很深刻的，中央在这一时期中，政治局是集体指导的，负责问题是整个的。当然，我们也批评到立三同志负责是要多一些。"他还批评了李立三在"工作布置上部分地犯了'左'倾冒险主义倾向的错误"。

中共六届三中全会通过了《关于政治状况和党的总任务决议案》，即《接受共产国际执行委员会政治秘书处 1930 年 7 月的中国问题决议案的决议》。决议认为中央政治局的路线即"发动群众斗争，集中革命力量，组织革命战争，积极准备武装暴动，去为全国苏维埃政权而斗争"的路线是正确的，与共产国际的路线是一致的，但在"策略上，就有个别的冒险主义倾向的错误"。决议按照共产国际指示精神，认为当前是"世界革命总高涨"和"中国革命运动高涨的新时期"，革命形势"现在是在湘鄂赣区域最为成熟"。决议强调"城市工人运动的中心问题就是在准备总同盟罢工的方针之下，去加紧组织政治罢工"，要求红军做好准备，首先在湘鄂赣区域"占领一个或几个工业政治中心"，仍然"要集中火力打击主要的右倾危险"，对何孟雄等人继续进行错误的批评和打击。

这次会议补选了中央委员并改选了政治局。"值得重视的是：毛泽东被重新选入政治局和朱德等被选入中央委员会，虽因他们远处苏区而不能立刻在中央起明显的作用，但这对以后事态的发展有着无法忽视的重要作用。"[1]

---

① 金冲及主编：《周恩来传》，人民出版社、中央文献出版社 1989 年版，第 223 页。

中共六届三中全会及其后的中央对于立三路线的停止执行起到了积极作用。"虽然六届三中全会的文件还表现了对立三路线调和妥协的精神，虽然六届三中全会在组织上还继续着宗派主义错误，但是六届三中全会既然纠正了立三路线对于中国革命形势的极左估计，停止了组织全国总起义和集中全国红军进攻中心城市的计划，恢复了党、团、工会的独立组织和经常工作，因而它就结束了作为立三路线特征的主要错误。"[1]

（三）李立三的忏悔

李立三在中共六届三中全会上做了自我批评，他说："听了特生（即向忠发）同志（所做的）中央工作的报告，少山（即周恩来）同志（传达的）国际决议案的报告，的确使我们感受到必须在国际指示下来充分检查我们的工作上与各方面的策略。在两个报告中都已指出中央过去在某些工作上的错误与缺点，这些，我完全同意。在六个月以来，中央许多政治上与策略上的决定，我个人的经验（责任）比较多，因为在政治局我写的文件与提议都比较多。因此，这些错误，我是应当负更多的责任。因此，在国际指示之下，来检查工作，应先把我自己所已经了解到的错误在何处——不仅在表面的，而且应当检查这些错误思想的来源，只有如此，才能根本肃清这些错误，切实改良和学习。特别是我们没有经过列宁主义好的训练，更是容易犯错误。如果没有学习教训的精神，那就更是莫大的危险……"[2] 接着，李立三从中国革命与世界革命、中国革命形势的估量、党的总路线、苏维埃区域问题、非苏维埃区域、党的组织、革命的转变、总行委组织以后、党内斗争九个方面进行了检查。李立三这种不文过饰非、勇于承担责任的态度得到大家的好评。

1930 年 10 月下旬李立三到达莫斯科后，对自己的错误向共产国际进行了诚恳的检讨，表现了一个共产党员应有的风格。1931 年 1 月 1 日，他

---

[1] 沙健孙主编：《中国共产党史稿》第三分册，中央文献出版社 2006 年版，第 269 页。
[2] 李思慎、刘之昆：《李立三之谜——一个忠诚革命者的曲折人生》，人民出版社 2005 年版，第 189—190 页。

在《向共产国际执行委员会政治书记处的声明》中说:"看了从中国寄来的新材料后,我深深感到,犯了一个极大的政治错误。""在党犯了如此严重错误的时候,在党经受严重危机的时候,每个共产党员为了挽救党和挽救革命,都应该坚决拥护共产国际的路线并采取一切手段为之而斗争,特别是我,作为这种危机的主要制造者,在意识到自己的错误之后,应该比大家更加勇敢地起来反对自己的错误,反对继续犯这种错误和为反对共产国际路线而进行派别斗争的人。只有这样,我才能减轻自己的罪过,尽到一个布尔什维克的义务。我想,如果我能够本着这种精神向党员群众说明自己的错误和揭露两面派态度,那么这就会有助于更加迅速地贯彻共产国际的路线和实现党的工作转变。我想,只有这样,我才能真正改正自己的错误。因此,我请求共产国际允许我现在就返回中国进行这项工作,因为在莫斯科我不能在这方面有效地和迅速地进行这项工作。

"我作为一个布尔什维克,应该真诚而严肃地声明如下:首先,我在党的整个历史上从来没有参加过任何派别,也从来没有搞过宗派活动;其次,我以自己的政治生命向共产国际担保说,我将真诚地执行共产国际的路线。此外,我深信,只有在实际工作中和在斗争中,我才能证明我的忠诚和消除同志们对我的怀疑,自然,这种怀疑也是应该有的。

"我认为,我犯严重错误的主要原因之一是缺少马克思主义、列宁主义的理论和实践。从党的利益来看,我留在这里学习,这对我是有重大意义的。因为现在党和革命正处在危机时刻,因为我是这场危机的罪魁祸首,我想,我的工作会带来很大益处的。所以,我想,如果我现在就前往中国并在那里工作,这对党将会有更大益处,所以我决定写这份声明。请共产国际允许我现在就回去工作。我希望,共产国际能对此问题发表自己的意见并给予我答复。此外,我还希望,共产国际能给我一个亲自阐述我对此问题的看法的机会。"①

---

① 姚金果、陈胜华:《共产国际与朱毛红军(1927—1934)》(文献资料选编),中央文献出版社2006年版,第240—242页。

萨活诺夫（1891—1936），1921年至1922年任共产国际执行委员会书记、主席团成员、主席团委员，东方部部长。1926年至1927年任苏联驻华全权代表处一等秘书。1929年至1934年任共产国际执行委员会东方书记处副主任。其间遭非法镇压，死后恢复名誉。

库西宁（1881—1964），芬兰共产党组织者之一。1921年至1939年任共产国际执行委员会主席团成员、执行委员会书记。1926年至1935年任共产国际执行委员会政治书记处委员，1928年至1935年任共产国际执行委员会东方书记处主任。从1941年起为联共（布）中央委员。

曼努依斯基（1883—1959），1923年至1924年为俄共（布）【联（共）布】中央委员。1924年至1928年为共产国际执行委员会主席团成员。1932年至1943年任共产国际执行委员会书记。

李立三的态度是诚恳的，他这种勇于自我批评的态度得到了共产国际任职的大多数人的好评和赞许。萨活诺夫在发言中评论说："立三先在东方部承认并忏悔了自己的错误，第二次进了几步，今天到了最高点。"库西宁表态说："立三在这里很勇敢地实行自我批评，这是很好的……我应当说，立三的自我批评是给我一个很好的感想，这的确没有两面派的手段。"

共产国际执行委员曼努依斯基对李立三的检讨做出这样的结论："尽管李立三同志自我批评精神很好，但他还是一个很坏的布尔什维克。为着惩罚立三同志起见，要他在这里进一进布尔什维克的学校，要他了解自己错误的实质，不是随随便便地速成，而是在日常工作中学习。我想（中共）中央虽然只叫他来做报告，可是现在他不用回中国去。立三同志应当在这里留这么几个月，同着共产国际纠正自己的错误。"[1]

这样，李立三被留在莫斯科，继续学习。但在苏联期间，其受到王明没完没了的批判和报复，后来受到陷害，被投入苏联监狱达22个月之久。

他在1940年写的回忆录中再次忏悔："在三中全会上，周恩来同志作了报告以后，我发言作了自我批评，表示最近几个月来，政治局犯了一些

---

[1]李思慎、刘之昆：《李立三之谜——一个忠诚革命者的曲折人生》，人民出版社2005年版，第235—236页。

策略性的错误，首先应该由我负责。我犯这些错误不是偶然的，原因是我对中国革命的一些关键问题形成了错误的看法，过高地估计了革命运动的来势和发展速度，所以产生在南京、上海、汉口等地组织起义的错误方针。我没有认识到中国革命运动发展的不平衡性，所以不理解、也不重视建立革命根据地和中央苏维埃政府的意义和巩固红军的重要性……""当时，我很幼稚，巴不得革命早日成功，在中央工作的时候，下达了许多错误的指示，给革命带来了严重的损失。""想起这些（牺牲的）同志，想起给党造成的不可补救的损失，我简直不能用语言来表达自己对所犯错误的痛恨。我只能表示一点：我要用毕生的精力努力向党、向人民赎罪补过，直到生命的最后一息。"①

1956 年 9 月 23 日，在党的八大上，李立三发言再次承认自己的错误：

大家知道，我是第二次"左"倾机会主义路线——立三路线错误的负责人，并且是第一次"左"倾机会主义路线的积极参加者……

为什么六大明确批评纠正了第一次"左"倾冒险主义错误之后，我不久又犯"左"倾冒险主义错误甚至把它发展到更严重的程度呢？最根本的原因就是在我身上根深蒂固地存在的那种小资产阶级劣根性和由此而来的脱离实际、脱离群众的主观主义思想方法没有改变。

毛主席所倡导的马克思列宁主义的普遍真理和中国革命具体实践相结合的原则和党内生活的"惩前毖后，治病救人"的方针，才是克服主观主义的有效良方。

…… ……

我在犯错误之后，还没有丧失一个共产党员应有的信心——对共产主义事业的信心，因而还能够保持为党工作的积极性，这也许可以说是我犯了几次严重错误之后，还没有垂头丧气，悲观失望，还能不讳疾忌医，切实检讨自己的错误并且力求改正错误的原因之一吧。我愿意在党的领导

---

① 李思慎、刘之昆：《李立三之谜——一个忠诚革命者的曲折人生》，人民出版社 2005 年版，第 189—191 页。

下，在同志们的监督和帮助下，继续努力工作和学习，向同志们学习，向群众学习，求得终于能够在实践中，而不只是在口头上改正自己的错误。①

在事隔多年之后，李立三仍然能够不怕丑，不怕痛，敢于对自己的思想进行无情的解剖，表现了一个真正的共产党员的自我批评精神，以发自肺腑的由衷之言感动了中共八大会议的参加者。据说郭沫若在听到这个发言时，流下了眼泪。在以后的工作实践中，李立三履行了自己的诺言，为全党树立了一个言行一致的典范。

20 世纪 60 年代中期，李立三在参观井冈山后，写下了一组诗《井冈山好》，由衷地赞颂了井冈山之路：

> 井冈好，太阳出得早，
> 照破迷雾，万物皆觉晓。
>
> 井冈好，红旗举得早，
> 星火燎原，东方初破晓。
>
> 井冈好，红军建得早，
> 工农齐武装，成败已分晓。
>
> 井冈好，东风吹得早，
> 压倒西风日，全球皆报晓。

在"文化大革命"期间，李立三为立三路线付出了惨重代价，1967 年 6 月 22 日被迫害致死。

---

① 李思慎、刘之昆：《李立三之谜——一个忠诚革命者的曲折人生》，人民出版社 2005 年版，第 355—356 页。

第四章

共产国际直接影响下的
"左"倾教条主义

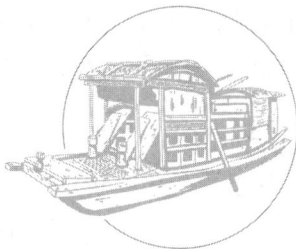

本来中共六届三中全会结束了立三路线在中央机关的统治，全党就应该在此基础上继续贯彻反"左"倾错误的方针，"但在这时，党内一部分没有实际革命斗争经验的犯'左'倾教条主义错误的同志，在陈绍禹（王明）同志的领导之下，却又在'反对立三路线'、'反对调和路线'的旗帜之下，以一种比立三路线更强烈的宗派主义的立场，起来反抗六届三中全会后的中央了"。他们的活动使原有存在的"左"倾思想和"左"倾政策不仅没有得到进一步的清算和纠正，反而不断滋长，最后"形成为新的'左'倾路线"①。

　　这种情况的出现，总的根子在于共产国际。1990年5月24日，胡乔木在一次谈话中指出：立三路线时，党内并没有很大的争论。争论主要是在六届三中全会以后……李立三的所作所为，与共产国际的指导思想有关。因为，共产国际认为当时世界革命正处于高潮。李立三受到了这种思想的影响，并超过了共产国际，要立即夺取政权。李立三认为苏联不了解中国的情况，并要求苏联红军出兵，开到中国来帮助中共。后来会议材料转到共产国际，共产国际的领导人看了后很惊讶，很不满，说这是立三路线，是错误的。②

---

① 《毛泽东选集》第三卷，人民出版社1991年版，第961—962页。

② 李思慎、刘之昆：《李立三之谜——一个忠诚革命者的曲折人生》，人民出版社2005年版，第193页。

一　"'百分之百正确'的'布尔什维克'"

（一）共产国际"十月来信"

中共六届三中全会是根据共产国际 7 月决议精神而召开的，1930 年 9 月，共产国际远东局的代表在给中共六届三中全会的信中肯定中共中央政治局和李立三本人"完全确当地了解自己的错误"，还强调说"党的路线与国际路线对立，这完全是谎话""从来就没有两条路线。只是在这条正确的路线上有过不正当的倾向，的确这种倾向是具有很严重的性质的"①。

但共产国际 1930 年 10 月得到远东局的报告和中共中央政治局 8 月初各次会议的记录后，发现李立三不把共产国际放在眼里，公然批评共产国际"不了解目前革命发展的形势"，还说"忠实于共产国际，遵守纪律是一回事，忠实于中国革命又是一回事，等占领武汉以后，再另一种方式和国际说话"，甚至提出需要改变国际的路线，需要为此同国际开展斗争。特别是他要斯大林放弃五年计划准备战争，把苏联拖向同日本的战争。这些是对共产国际，特别是对斯大林权威的极大挑战。为此，共产国际专门致函中共，认为李立三的错误不是一般认识问题和策略问题，而是形成了一条与共产国际相对立的路线，这就是著名的共产国际《十月来信》——《共产国际执委给中共中央关于立三路线问题的信》。

来信认为，在中国革命最重要的时机，共产国际与李立三曾经有两个在原则上根本不同的政治路线彼此对立。如果抹杀这两条路线的原则上的区别，那就不仅贻害无穷，而且会潜伏着在将来又重复这些错误的极大危险。

---

① 《共产国际远东局的代表给第三次全会的信》（1930 年 9 月），转引自沙健孙主编：《中国共产党史稿》第三分册，中央文献出版社 2006 年版，第 270 页。

共产国际执委给中共中央关于立三路线问题的信（节选）

立三同志并不是从分析客观情况出发的，并不是从分析斗争力量底对比出发的，而这种分析，对于每一个马克思列宁主义者，却是必须的。因此，他所犯的错误，并不只是个别的错误，而是造成了整个错误观点的系统，定下了反马克思列宁主义的立场。这个立场既然是离开具体的实际情形，离开群众，不去组织和动员群众，于是就不能不发展成为盲动主义的冒险主义的策略。但是这个立场，不过是用假冒的"左派"空谈遮盖着自己的消极性，而在实质上却是机会主义的立场，好象托洛茨基主义一样。从这种非马克思主义非列宁主义的立场，就产生这样一种理论，说中国已经有在全国范围内成熟的革命形势，并且说这样的革命形势已经在全世界范围内成熟了。在武汉、南京、上海、天津、北平、哈尔滨、广州、香港、大连等处举行武装起义，发动红军去进攻长沙、南昌、武汉，——这就是立三同志底观点。他一贯地发挥了自己的提纲，说在一省或几省内得到胜利就是表示在全中国范围内有直接武装起义的形势。他还用一个显然是托洛茨基主义的提纲来补充这种著名的观点，说革命胜利底开始，革命政权建立底开始，一定就是资产阶级民主革命立刻直接转变成无产阶级革命的开始。

立三同志提出的政治路线，就是这样的。这条路线底错误、危险和害处在什么地方呢？

第一，立三同志没有估计到现在中国革命高涨底最重要特点之一：国内革命运动发展底不平衡。……

第二，立三同志提出来和国际执委会底分析对立的观点，完全没有注意到这样一个事实，这事实就是农民运动高涨底速度和规模，远远超过工人运动。……

第三，如果拿马克思列宁主义的态度来分析中国底情形，就应当估计到帝国主义在中国的巨大作用。……

中国共产党已经抱定武装起义的方针。建立苏维埃政府，这就是表示中国共产党立意在巨大的和最大的工业中心地点举行武装起义。但是在现在这个时候，即是在阶级敌人底力量占优势的时候，如果不估计具体环境，不分析现在大的工业中心点和最大的工业中心点的力量对比，而实行武装起义，这就不是列宁主义，而是盲动主义。……

第四，每个共产党员，都必须清醒地估计到中国苏维埃运动底力量和弱点。……已经颁布的苏维埃政府纲领，显然带着托洛茨基主义的精神。……

第五，我们不来详细讲立三同志对于革命底武装力量所作出的神奇古怪的过分估量（他说有五百万工人，有三千万农民，在每个城市里都有工人赤卫队，在少年先锋队里有五百万队员等等）。可是必须指出的，就是立三同志绝对不明白我们现在还没有那具有工人的指挥干部和强固的共产党骨干的真正工农红军。……

第六，从这种非马克思主义的总立场之中，就产生出许多其他的错误。……立三同志认为：在革命时期，党、团和工会底单独组织是不需要的，要开始革命，就要取消党、团和工会。立三同志不去努力实行革命底实在任务，却反而异想天开，用虚伪的左派空谈，来遮盖自己的消极心理——就是说不愿执行现时实在的重要任务。

这就是立三同志底路线，这就是反国际的政治路线。……

必须向所有的积极党员，十分明白地和用布尔塞维主义的自我批评态度，去解释这两条政治路线底实质，说明立三路线底反马克思主义的、反列宁主义的实质，而把党员团结在正确的布尔塞维克路线底周围。

这一点之所以尤其必须的，是因为在立三同志底发言中包含有危险的论调。立三同志公然运用共产主义底"左"右叛徒所爱用的，而且已经被打碎的理论，就是说共产国际不知道实际情形，说中国底情形是例外的，说共产国际不了解中国革命发展底趋势。他公然敢于把对共产国际的忠实态度拿来和对中国革命的忠实态度对立，他在九月三日政治局会议上说，忠实于共产国际、遵守共产国际的纪律是一件事，而忠实于中国革命又是一件事；又说在占领武汉之后，就可以用另外的方式去和共产国际说话了等等。反马克思主义的、反列宁主义的立场，不能不引起这种敌视布尔塞维主义和敌视共产国际的行为。①

共产国际的《十月来信》一改以往的说法，认为李立三的问题不是策略问题，而是路线问题，这样就对中共六届三中全会隐含了批评。随后，共产国际东方部和共产国际执委会明确指责中共六届三中全会犯了调和主义错误。"共产国际对中共六届三中全会的批评，并没有指出它的真正不足，还完全否定了三中全会在纠正立三错误上的积极作用。这个批评并不公正，因为三中全会完全是根据共产国际七月决议的精神召开的，没有一点违背这个决议精神的地方。"但"此时共产国际为什么改变了对立三错误性质的批判调子，提出三中全会犯了调和错误呢？""这是因为：第一，六月十一日决议通过后，立三多次对抗共产国际关于停发六月十一日决议和制止武装暴动的计划的指示；第二，立三在八月一日、三日的政治局会议上讲了一些不尊重共产国际的话，如说'等占领武汉之后，就可以用另外的方式去和共产国际说话了'，还说共产国际不了解中国的实际情况等等，这对有权指挥各国共产党的共产国际来说，是不容许的，因此认为立三是反共产国际；第三，对三中全会的主持者瞿秋白不满。瞿秋白于党的'六大'后，任中共驻共产国际代表团团长，驻在莫斯科。他在处理莫斯科中山大学中国留学生中的派别斗争问题时，因不同意受到共产国际东方部负责人米夫支持的王明等少数人的宗派活动，引起米夫等的不满。一九三〇年春瞿被撤销了中共驻共产国际代表团团长的职务。由瞿秋白主持的三中全会，又违背共产国际的原意，把他选进了中央政治局，这也是共产国际批评三中全会特别是它的主持者瞿秋白的一个因素。"②

共产国际东方部部长库西宁在共产国际主席团讨论立三路线问题的会

---

① 《中共中央文件选集》（1930），中共中央党校出版社1983年版，第408—419页。

② 李维汉：《回忆与研究》（上），中共党史资料出版社1986年版，第314—315页。

上说：秋白因为参加中山大学的纠纷问题，"我们决定了秋白退出代表团，当然我想（国际）政治委员会的委员都没有以为秋白退出代表团就要加入（中共中央）政治局，仿佛是为着在中山大学小团体工作反而得到了中国的奖赏。……我不是说以后不能再用他。然而组织党的领导不能够是这样组织的。"[①]

共产国际的权威是不能挑战的。虽然中共诞生后的领导人对共产国际的指示都言听计从，但从陈独秀到李立三都表现出了一定程度的不服从。为了把共产国际的指示特别是十月革命的模式推行到中国，把无条件服从共产国际的王明推到中国共产党的领导岗位，就必然要对原有的中共领导班子进行大换血。1930年12月在共产国际执委会主席团关于立三路线的讨论会上，一些发言者反复强调，只有"忠于国际，方才能够保障中国党的领导能够有正确的路线"；只有共产国际的叛徒、机会主义者才"说莫斯科不懂他们国家的特点、不明白他们革命发展的具体趋势"；他们还武断地宣称，"莫斯科的估量永久比你们的正确些"。还有人更直截了当地说："在苏联有许多学校有好几百中国同志在那里学习，他们之中有很好的同志知道列宁主义布尔塞维克的理论和实际。他们回去了，但是不能够做到领导工作。为什么，以前我们不明白，而现在明白了，因为有一种小团体利益妨碍他们加入领导机关。费了很多力量和钱才能够把他们派回中国去，然而秋白或者立三不要他们做党的工作，我以为这无论如何是不能允许的。现在怎么办呢？我以为应当发动一个公开的运动反对立三主义和那一部分政治局。"[②]王明等"左"倾教条主义宗派就是在这种背景下走上中国共产党的领导岗位的。

（二）王明其人其事

王明，原名陈绍禹，"王明这一笔名，系在1931年底开始采用的"。安徽金寨人。1925年加入中国共产党，同年秋被派往莫斯科中山大学学

---

① 《共产国际执委主席团关于立三路线的讨论》（1930年12月），载《布尔塞维克》第4卷第3期。

② 《共产国际执委主席团关于立三路线的讨论》（1930年12月），载《布尔塞维克》第4卷第3期。

王明

习，得到该校负责人米夫的赏识。1927 年 1 月王明以米夫翻译的身份回到国内，并以工作人员的身份参加了中共五大。大革命失败前夕，王明又随米夫返回莫斯科。

大革命失败后，共产国际不认真总结指导中国革命的经验教训，反而把责任推到以陈独秀为首的中共领导人身上，认为大革命失败是由于中共理论水平低，领导能力不强，又不坚决服从共产国际的领导。从这种判断出发，共产国际认为迫切需要培养一批懂得马克思列宁主义理论、忠于共产国际路线、完全听从共产国际指挥的"真正布尔什维克"。以王明为代表的中共内部的教条宗派就是这样被培养出来并推上中共领导岗位的。

王明因为在帮助米夫夺取莫斯科中山大学校长时"献计有功"，"成了米夫言听计从的座上客，在米夫的家里也挂起了王明的相片来"[①]。杨尚昆在回忆录中也写道："王明随米夫回校后，在群众面前夸夸其谈。周达文、俞秀松等瞧不起他，认为王明没有什么实际工作经验，就是乱吹。王明向米夫献策，掌握'第三势力'，联合支部局派，打击教务派。结果，支部局派取得胜利，米夫升为中山大学校长，不久，又任共产国际东方部副部长。从此，王明成为米夫的心腹，他拉住张闻天、沈泽民等一起，受到共产国际的赏识。博古和我是同班同学，当时还没有机会和他们接近，算不上核心人物。"[②]

王明教条宗派的特点是："王明等人的宗派小集团取得联共和第三国际领导的信任，在学校里起了很坏的作用。他们这些人，对马列主义的书本啃得多一些，一讲起话来就引经据典，张口就是马克思、列宁在哪月哪

---

① 庄东晓：《记忆中的瞿秋白同志》，《广东文史资料》第 29 辑。

② 杨尚昆：《杨尚昆回忆录》，中央文献出版社 2001 年版，第 28 页。

本书第几页上怎么说的，不用翻书，滔滔不绝，出口成章。仗着能说会道搬教条，骗取第三国际领导的信任；然后又利用第三国际的威望来压制、打击不同意见的人。特别是王明，作风很不正派，善于在领导面前吹吹拍拍，因而取得第三国际东方部副部长米夫的完全信任。因为他得到第三国际领导的信任，他又以此为资本，去骗得张闻天、沈泽民、王稼祥等人对他的信任，以为他就是'国际路线'的代表，跟着他没有错。到后来就形成这样的局势：第三国际的领导人就是看人不看事，盲目地表示信任和支持，认为他们就是'百分之百正确'的'布尔什维克'。"[1]

王明教条宗派的不足于 1928 年 6 月在莫斯科召开的中共六大上暴露出来了。党的六大主席团对他们的评价为："鉴于中山大学和东方大学被指定参加大会的学生发言不切实际，主席团经过讨论决定：仍允许他们发言，但须告诉他们不要只重复理论，分配他们去各省代表团工作。"[2]

王明等人的表现当时就引起了中山大学同学的反感："王明经常以'领导人'自居来参加'中大'的大会、师生员工大会等，发表长篇大论，手捧经典著作，言必称马列主义，引经据典，以未来的'中国列宁'的姿态出现在'中大'同学的眼前，使人厌恶。"[3]

王明等人不仅在同学中间挑起了宗派斗争，而且将斗争的矛头集中在中共驻共产国际代表团负责人瞿秋白身上，给瞿秋白扣上"调和主义路线""布哈林分子"和"右倾机会主义"等帽子。"我们经常听王明、博古等人在背后说他（指瞿秋白）也是'调和路线'。"[4]"王明一伙最恨的是瞿秋白同志，因为他在共产国际和中共内部威信较高，不用说是他们夺权的主要对象，必欲打倒之而后快。'中大'内部经常有人散布流言蜚语攻击代表

---

[1] 毛齐华：《我所知道的莫斯科中山大学——中国共产主义劳动大学内部斗争的情况》（未刊稿），1982 年 6 月。

[2] 戴茂林、曹仲彬：《王明传》，中共党史出版社 2008 年版，第 50 页。

[3] 陈修良：《莫斯科中山大学里的斗争》，《革命回忆录》增刊（1），人民出版社 1983 年版。

[4] 毛齐华：《我所知道的莫斯科中山大学——中国共产主义劳动大学内部斗争的情况》（未刊稿），1982 年 6 月。

团同志，对瞿秋白与邓中夏同志，甚至在墙报上公开画漫画丑化他们的形象，进行人身攻击。"[1]

"王明等人在劳动大学搞宗派活动，他们所攻击的主要对象是瞿秋白。瞿秋白在党的'六大'以后是我党驻共产国际的代表团团长，他常到劳动大学来了解情况、同大家交谈。他支持同学们的合理意见，对王明等人的错误言行进行了批评斗争。王明等人因此对瞿秋白恨之切骨。大约在一九二九年，苏共开展清党运动，清除托洛茨基分子、布哈林分子和季诺维也夫分子。王明等人趁此机会，对瞿秋白造谣中伤，恶毒攻击。他们诬蔑瞿秋白是什么'布哈林分子'、'右倾机会主义'，是'反对中共中央'的，并造谣说瞿秋白参加了劳动大学里一个叫做江浙同乡会的党内小组织派别（事实上，关于江浙同乡会问题，早在一九二八年已澄清），如此等等。"[2]

对于王明的后台米夫，当时中山大学的学生也对其官僚主义做派表示不满："我们提出要反对校方的官僚主义，实际上就是反对校长米夫的领导。那时，墙报上出现过一张漫画，把米夫画成脱离群众的官僚主义者，手中夹着一个大皮包，神气活现的样子。"[3]

瞿秋白 1928 年 9 月曾向共产国际东方部部长库西宁建议撤换米夫中山大学校长的职务，对王明等人的野心也表示忧虑："在无产阶级的先锋队里，作为一个共产主义战士，一切要从大局出发，小我服从大我，党的利益高于一切，千万不要闹派系。闹起派别成见来，必然意气用事，混淆是非，后果不堪设想，小则敌我不分，认友为敌，认敌为友，破坏团结；大则流血，人头落地，要流很多血，死很多人呵！"[4]但瞿秋白的建议没有被采纳，后来他的忧虑不幸成了现实。

1929 年 3 月王明带着米夫改造中国共产党的厚望，以共产国际东方部

---

[1] 陈修良：《莫斯科中山大学里的斗争》，《革命回忆录》增刊（1），人民出版社 1983 年版。

[2] 陈一诚：《关于莫斯科中国共产主义劳动大学》，《党史资料丛刊》1980 年第 1 辑。

[3] 吴福海：《莫斯科中国共产主义劳动大学斗争生活回忆》，《党史资料丛刊》1980 年第 1 辑。

[4] 庄东晓：《记忆中的瞿秋白同志》，《广东文史资料》第 29 辑。

的名义回到国内。在王明回国以前，米夫就以共产国际东方部的名义打电报给中共中央，要求对王明的工作给予周到安排。据王明在莫斯科中山大学的同学黄理文回忆，在米夫的安排下，王明在回国途中受到了超规格安排："上火车坐的是头等车厢，两人一个小包间，窗帘拉着，谁也看不见。这在苏联只有中央委员才能享受到这种待遇，而中国同志只有瞿秋白等少数政治局委员可以享受这种待遇。""到海参崴换乘船时，王明坐的是二等舱，而留学生回国大家都坐三等舱。"①

但中共中央并没有对王明做出特殊安排，按照规定，把他派到基层，到上海沪西区委做宣传工作，担任宣传干事。从 1929 年 10 月至 1930 年 7 月，无论在中宣部工作，还是到总工会工作，王明充分发挥了他的理论特长，撰写了大量政论文章，在党内产生了一定影响。仅在《红旗》编辑部工作不到半年，他就发表了 37 篇文章。但"王明的那些长篇大论中阐述的观点，无论是正确的还是错误的，都可以在共产国际的决议或者是中国共产党中央的决定中找到出处"。"王明从苏联回国之际，正值立三'左'倾冒险主义开始之时。王明在苏联四年中，既读过马列的书，又学到一些'左'倾理论。立三'左'倾冒险主义的产生自然地为王明'左'倾思想的发展提供了土壤。这期间王明发表了 56 篇文章，除了一部分宣传反对帝国主义和国民党反动统治，支持社会主义的苏联，国际工人阶级和国内工农革命运动之外，多数是鼓吹'左'倾思想，为立三'左'倾冒险主义推波助澜。"②

1930 年 1 月 12 日王明在出席一次会议时被捕，为了早日获释，王明竟然让巡捕到中央秘密机关送信，暴露了党的秘密机关，严重违背了党的纪律。与王明一起在莫斯科中山大学的盛忠亮（盛岳）写道："陈绍禹急于出狱，他不顾起码的安全措施，写信给中大毕业生、当时中共中央宣传

①《访问黄理文谈话记录》，访问者曹仲彬，1981 年 1 月 10 日，转引自戴茂林、曹仲彬：《王明传》，中共党史出版社 2008 年版，第 70 页。

②戴茂林、曹仲彬：《王明传》，中共党史出版社 2008 年版，第 69 页。

部秘书潘文玉（应是潘问友）求救，从而危害了党。他买通了一个印度巡捕去送信给潘文玉，潘接信后大吃一惊。由于陈的愚蠢，大部分上海的中共地下机关不得不搬家，因为陈已派了一个巡捕直接到了一个机关。"① 在党组织的营救下，王明 2 月 28 日出狱。但王明却对他的同学说："这个监狱有些资产阶级味道。他们看我是小个子，看不起我，认为我不像一个革命的共产党员样子，就把我放了。"②

对于这次违纪，王明一方面承认自己有"错误或疏忽"；另一方面又极力为自己开脱罪责，并向米夫写信告状，说他回国后，中共不拿他当人看，让他到危险的斗争前沿，还说他被捕遭到毒打，但是自己很顽强，中央抛下他不管，以致米夫对中共中央大发雷霆。盛忠亮记载此事说：王明在获释后写信给米夫，"诡称在狱中遭到毒打，抱怨中共中央把他丢到了脑后。米夫大发雷霆。他在四中全会前给中共中央信中，赞扬陈绍禹的英雄主义和称他是英勇革命者的典范，攻击李立三的领导不给陈安排重要职务"③。1930 年 3 月 16 日，中央在写给王明的信中指出了他的重大错误：第一，供出中央秘密机关的地址，"影响机关安全"，"给一般同志以极坏的影响"；第二，让"巡捕送信到中央秘密机关"，违背了纪律；第三，"躲避自己的错误"，"没有在错误中取得教训，改正自己的决心"；第四，还说什么"中央解决你的问题不要给取消派借口，表现着你完全不接受中央批评的精神"④。据此，中央给他以党内警告处分，希望他虚心接受教训。

王明因被捕事件的错误而离开中共中央机关，到全总宣传部后，一直认为自己是大材小用，对中央感到不满。他曾经与全总党团书记罗章龙进行了一次长谈。后来罗章龙回忆说："王明到全总宣传部后，一直不好好工作，认为他是被大材小用了。在一个偶然的场合，王明对我说：'想与

---

① 盛岳：《莫斯科中山大学和中国革命》，东方出版社 2004 年版，第 242 页。

② 《访问王逸常谈话记录》，访问者曹仲彬，1980 年 11 月 17 日，转引自戴茂林、曹仲彬：《王明传》，中共党史出版社 2008 年版，第 101 页。

③ 盛岳：《莫斯科中山大学和中国革命》，东方出版社 2004 年版，第 242 页。

④ 戴茂林、曹仲彬：《王明传》，中共党史出版社 2008 年版，第 101—102 页。

你谈谈.'我们如约作了一次长时间的谈话。王明说:'我们的斗争在东方大学（应为中山大学——引者注）取得了彻底的胜利。东方部派我们回国不是做普通工作,而是要做领导工作的.'他对我反复强调:'我们是国际直接派来的,你要认识这一点.'他还对我说:'中国的党自建立以来一贯幼稚,不懂马列。苏区的人更不懂,他们什么也不晓得,一贯右倾,搞富农路线。……我们要把党从上到下加以改造.'我问王明:'你究竟要我做什么?'他回答说:'要你支持我。如果你支持我,什么都好办;否则,我们是会有办法来对付你的.'我在莫斯科参加党的六大筹备工作时,王明当翻译,那时他的野心已从言谈话语中流露出来了,曾引起我极大的反感。这时我听了王明上述的一番话更加反感和生气,心想:你王明究竟狂妄到何等程度! 我当即严厉地批评了他。王明强辩说,'我说这些话是代表国际而不是个人',并要我回去'向大家传达'。我义正词严地拒绝,并对王明声明:'我不赞成你的说法.'但王明还是执意要我在全总会上提一下。我要王明打消这些念头,并再一次提醒他注意:'你的这些想法很危险.'我回到全总机关,同志们都来问我王明找我说些什么,我把王明说的话与大家转述了,同志们听了之后都十分气愤,纷纷要求把王明打发回去。在这种情况下,王明很苦闷,认为在中国想达到他的目的希望渺茫,要得到各方面的支持也极困难,因之他一度非常消极,不干工作,而且大家不理他那一套使他无事可做。"[1]后来王明又重新回到中宣部任秘书。

李立三的"左"倾冒险主义给革命造成了重大损失,王明在其中扮演了呐喊者的角色,当他得知共产国际对李立三错误的态度发生变化后,又把自己打扮成反对立三路线的英雄。

在1930年7月9日召开的中央机关政治讨论会上,王明、博古、王稼祥、何子述以自己"左"的理论教条,向李立三发难,结果被处分。中央决定安排王明去中央苏区,他本人也同意。

但当王明从事先没有经过组织程序而从莫斯科回来的沈泽民等人那里

---

[1] 罗章龙:《上海东方饭店会议前后》,《新文学史料》1981年第1期。

获得国际"十月来信"精神后，不但拒绝了去苏区工作的安排，也改变了对中共六届三中全会拥护的态度。同王明在一起工作的李初梨回忆道："三中全会以后，中央决定王明、博古等去中央苏区。王明就离开省委宣传部，搬到斗鸡桥。国际来信后，他们就不去苏区了。"

黄理文也证实："我碰着王明、博古、陈昌浩，还有一人，在兆丰公园开秘密会议，研究不去苏区问题。这事是当时博古向我讲的。"[①]

王明在得知共产国际"十月来信"精神后，便开始以"正确路线代表"自居，1930 年 11 月 13 日，他与博古联名写信指责党中央，说"三中全会的最大缺点就是对于与国际路线完全相反的立三同志的路线没有充分地揭露其机会主义实质；没有使全党同志了解过去领导的差错而实行迅速的改变。三中全会后，中央政治局没有采取必要的方法迅速传达国际路线到下级干部中去"。"这些错误不是偶然的，而是过去李立三同志为领导的路线，在某种意义上的继续，立三同志的路线是反马克思主义的反列宁主义的路线，是右倾机会主义和'左'倾机会主义的混合物。立三同志的路线和国际路线是不能并容的。立三同志路线的发展，必然要走到脱离共产国际，反对共产国际的地位上去。"他们还命令"中央要以布尔什维克的勇敢和自我批评来承认错误，以避免争论""并且迅速地纠正目前的各种策略上分析上的错误，将这些错误教育全党同志"。

11 月 17 日，他们再次联名给党中央写信，声称立三路线是"托洛茨基主义、陈独秀主义和布朗基主义等混合物"，是"反马克思主义反列宁主义的路线"，是"反共产国际的路线"，而标榜他们自己则是一贯"反立三路线"的，他们的政治意见书是"绝对正确的""符合于共产国际的列宁主义的路线"，宣称他们要"为拥护共产国际路线和反对立三路线而斗争到底"。他们还在信中向中央提出三条具体要求："1.正式公开宣布立三路线的实质，教育全党；2.正式公开在各种会议上及党报上宣布我们与立三

---

① 《访问黄理文谈话记录》，访问者曹仲彬，1981 年 1 月 10 日，转引自戴茂林、曹仲彬：《王明传》，中共党史出版社 2008 年版，第 129 页。

同志争论的真相，撤销对我们的处罚；3.禁止任何同志在任何会议上继续对我们的污蔑和造谣！"①

中共中央是在11月16日收到共产国际《十月来信》的。在收到来信后，中共中央于11月18日、22日召开政治局会议，讨论国际来信。会议通过了《中央政治局关于最近国际来信的决议》(即"十一月补充决议")。

中央政治局关于最近国际来信的决议②
（一九三〇年十一月二十五日）

政治局讨论过国际来信之后，决定：

（一）完全同意国际执委的这一封信。

（二）认为三中全会一般地已经接受了国际的路线，立三同志在三中全会之上也已经承认自己的错误，但是三中全会没有把和国际路线互相矛盾的立三同志的半托洛茨基路线彻底地揭发出来，亦还没有对于立三同志路线的影响占着优势的时期里面政治局的工作，给以正确估量。——立三同志的路线，是用"左"倾的空谈，掩盖实际工作上的机会主义，掩盖对于真正革命的组织群众领导群众斗争的任务的机会主义消极态度，而在实行上领导党走上盲动主义的道路。

（三）认为这种对于立三同志路线显然不充分的揭发，包含着对于"左"倾错误的调和态度，在过去，这种调和态度帮助了立三同志路线的形成和发展，因此三中全会没有揭发立三同志的路线，这就使执行国际路线的主要任务，没有能彻底解决。

（四）这种情形，就使三中全会对于立三同志的各个反对列宁主义的论调，没有受到必须的充分的批评。例如对于立三同志对于策略转变问题的半托洛茨基主义的理论，只批评他是机械的。

---

① 戴茂林、曹仲彬：《王明传》，中共党史出版社2008年版，第129页。

② 《中共中央文件选集》(1930)，中共中央党校出版社1983年版，第428—430页。

（五）认为必须根据三中全会的决议案，根据政治局的本次决议，根据国际执委的来信，对于全党党员解释立三同志半托洛茨基路线的实质，解释这种路线是和共产国际互相对立的——公布上述的材料和特别发一告同志书。

（六）认为现在要集中全力反对党内机会主义的消极态度和实际工作上的机会主义，这种情形立三同志半托洛茨基主义理论的基础，现在"左"倾空谈的掩盖去掉之后，这种情形就特别地暴露出来，同时党应当加强反对托派的斗争，因为有些托派分子现在企图回到党内加紧破坏的工作。

（七）这次会议是补充三中全会的决议。认为必须实行坚决的斗争，反对露骨的机会主义的曲解企图，——就是想把三中全会的决议案以及这次纠正立三同志的路线，解释成为改换党的路线——变成了退却的路线。同样，反对把三中全会和国际路线对立的企图。

（八）立三同志以及赞成他的同志已经承认错误，党的领导机关完全和共产国际执委同意，这些事实使政治局认为在党内实行"公开辩论"立三同志路线问题是不适宜的——现在对于党正是很困难的时候，这种"讨论"只能使党的力量离开不可迟缓的很重要的实际任务，因此决定：关于立三同志路线只限于解释工作（解释工作中，仍旧是须要各同志的详细的讨论）。

（九）认为团的三中全会在少共国际和党的领导之下已经一般地接受了国际的正确路线，同时，团的三中全会的决议之中，有些地方的措辞是和少共国际来信不同的（对于"左"倾机会主义路线没有彻底揭发，对于取消团的主张，没有认清是反对列宁主义的路线问题）。政治局认为团的中央必须把过去的错误路线，遵照着这次决议和少共国际来信彻底地纠正。

（十）这次决议是补充三中全会的决议，所以用通信方法询问所有的中央委员，是否同意，并且把这一次决议报告国际执委。

在这次政治局扩大会议上，瞿秋白批评了王明等人的错误做法，指出："沈泽民的方式与精神是离开政治局的领导……他们知有国际来信，但不公开说已知国际来信，请求政治局如何办，反而突然在工作会议中提出来，这可使一般同志很惊奇与发生其他倾向"，"使同志们惊慌不明"，这"不是帮助中央，而是进攻中央"。

12 月 1 日，周恩来也批评了王明等人的小组织行为："尤其要反对有小组织倾向的同志们的超组织的活动，在过去与伯山（即李立三）同志争论的四个同志在不平衡革命高潮等问题上是对的，但陈韶玉、秦邦宪等同志则借此扩大发展他拥护国际路线的影响，这是不应当的。在韶玉同志'开始在主要几省甚至一省建立中国苏维埃政府问题'的文章上面'夺取武汉这一可能的前途，成为不远将来的事实''夺取武汉的胜利，有使中国资产阶级民主革命完成，并且是中国现阶段革命转变到社会主义社会的正式开始'。他这样的观点，与伯山同志是同样错误的。这证明韶玉同志对于这些问题也没有弄清楚。"①

但王明不仅不接受批评，他还仗着共产国际的支持，在中国共产党内率先打出"反对三中全会的调和路线"的旗号，抛出了他起草的《两条路线》（即《为中共更加布尔塞维克化而斗争》）意见书，把自己塑造为反立三路线的英雄，为自己掌握中国共产党的领导权做铺垫。

在这个意见书里，王明认为，自中央政治局 1930 年 6 月 11 日政治决议案发表后，中共中央政治局内一部分同志便正式形成了一条以李立三为领导的反列宁主义的政治路线。这条路线是与共产国际的路线不能并存的。李立三路线在它形成和发展的过程中，已经给了中国共产党和中国革命以部分的损失和打击。现在共产国际的列宁主义的路线与李立三的反列宁主义的路线正在作残酷的斗争，每个中国共产党党员应该下最大的努力来从理论上、实际上认识立三路线的真面目，来坚决无情地反对李立三路线及对这一路线采取调和的态度，来彻底卓绝地执行共产国际的路线，以取得和保证中国革命的胜利。

---

① 戴茂林、曹仲彬：《王明传》，中共党史出版社 2008 年版，第 131 页。

王明还提出，李立三在估计革命意义这一问题上，便充分表现出夸大狂的精神。但讲到革命力量问题时，李立三却完全露出悲观失望的态度。李立三机会主义者则躲藏在"左"倾的词句之下——中国革命与世界革命同时一齐胜利的空想高潮之下，来否认中国革命有首先爆发、首先胜利和保障这一胜利的持续的可能。

王明还认为，李立三对中国经济性质问题的认识，完全代表着对殖民地半殖民地经济认识的另一种有害而且危险的观点，即根本否认殖民地半殖民地有相当的畸形的资本主义发展的事实。托陈取消派从"左"方来取消革命，李立三从右方来取消革命。王明从以下几个方面进行了阐述：

在革命动力问题上，李立三不能正确了解中国现在革命阶段的革命主要动力是工人阶级、雇农和贫农，中农是巩固的同盟者，加上城乡的广大的半无产阶级成分和小资产阶级的下层。

在革命性质问题上，李立三根本不曾懂得中国资产阶级民主革命的特点，不懂得现在阶段的中国革命还是资产阶级民主革命的性质，主要的是因为现阶段革命的中心内容——反帝国主义与土地革命——客观上还未能超过资本主义关系发展的范围。

在革命政权问题上，托洛茨基陈独秀取消派，公开地以国民会议的口号来反对苏维埃政权，李立三同志等以不认识苏维埃政权意义、作用与前途来忽视和放弃苏维埃政权。

在革命形势的估计上，李立三以及以他为领导的中央政治局，都把革命运动的高潮与革命形势混为一谈，把高潮与直接革命形势当成同一范畴来相互并用。李立三等在高潮即是直接革命形势这一"左"的词句之下，来否认和取消世界的和中国的革命运动新高潮。李立三等隐藏在"全国范围内革命一齐胜利"的"左"的词句之下来否认和断送一省或几省革命首先胜利的可能。

王明还以武断的口吻提出，六届三中全会犯了调和态度，瞿秋白要对三中全会负主要责任，他把三中全会的政治决议案变成掩护立三路线的产物。对于一切主要策略问题，瞿秋白等都犯下了对立三路线调和、投降以至继续的错误，使三中全会不能执行国际决议的任务。三中全会后瞿秋白继续立三路线的错误。这一切都切实证明，现时的领导同志已经没有可能再继续自己的领导，他们不能执行布尔塞维克的政治策略来解决当前的革命紧急任务。

为中共更加布尔塞维克化而斗争（节选）

根据对国际形势与中国革命各根本问题的两种不同的了解，便产生两种不同的时局估计，根据两种不同的时局估计，便产生两种不同的对党的任务的了解，根据共产国际执委对中国目前时局估计，则党的主要任务是：在日益增长的革命新高潮的条件之下，彻底保障实行无产阶级的领导权，在彻底实行无产阶级领导权的条件之下，去动员、组织、发展与会合苏维埃区域与反动统治区域的革命运动，以促进革命形势的成熟，虽然不能够包括到全中国的地域，至少也要包括几个主要的省份，……根据以立三为领导的中央政治局一部分同志对当时中国时局的估计，则党的主要任务是：组织和实现（事实上是等待）某个"产业区域与政治中心的一个伟大的工人斗争""马上形成全国的直接革命形势"，以便马上举行全国武装暴动。苏维埃区域与反动统治区域里的党的任务没有丝毫的差别。（六月十一日政治决议案没有一点提到党在苏维埃区域的任务，便是最好的例证！）

根据这样对党的任务的两种不同的了解，便产生两条政治路线，两个策略，两种组织任务，两种斗争方式与方法，两种工作方法与方式。

…………

据上所说，我们可看出以李立三为领导的中国党中央政治局一部分的领导同志在这一时期的错误，绝不是简单的"个别的策略的错误"，而是整个的总的政治路线的错误。从工作方式和方法起，到策略问题和原则问题止，没有一个问题不错，而且这些错误互相间是有一贯的密切的联系，错误的工作方式和工作方法是产生于错误的组织任务和策略任务，错误的策略任务和组织工作，是产生于错误的政治路线，错误的政治路线是产生于错误的时局政治分析和估计，现在时局的错误估计，是产生于对于中国革命根本问题（革命性质、革命动力、革命领导权、革命前途、政权，等等）的错误了解；革命根本问题的错误了解是产生于对世界政治经济系统（帝国主义）对中国经济性质的不正确了解和认识。

据上所述，可见立三同志所代表的反列宁主义的路线的产生来源，不简单地由于：（一）立三同志等根本没有马克思主义列宁主义的相当理论基础，连马克思主义的最基本内容之一——唯物辩证法也完全不懂（这点是立三同志等公开承认的）；（二）立三同志等没有在实际工作中根据布尔塞维克的观点来积聚经验，只是用机会主义与盲动主义的错误观点来了解和积聚工作经验；（三）脱离群众已久，不能了解政治生活的实际；（四）中国党内陈独秀主义残余及一九二七年来的盲动主义在另一环境中历史发展等原因；而是由于它反映和代表着一定阶层的阶级意识，即是反映和代表着长期被帝国主义和封建残酷压迫剥削的半殖民地的老大中国内的破产、失业、脱离生产已久、贫穷到极点而充满着无穷悲观、失望、消极、无出路情绪的小资产阶级（破产失业的小资产阶级知识分子、手工业者、脱离生产的农民及流氓无产阶级等等）的意识。他们平时消沉、失望、绝望到极点（从此就产生机会主义的右倾消极），遇有另一机缘，便一跃而走另一极端——拼命冒险（从此就产生"左"倾的盲动策略）；这一部分冷意狂热的小资产阶级革命者，遇到了当前紧张的革命关头，便不免被历史怒潮冲击到正规以外去！

……　……

根据上述种种，我们可以坚决断言：以立三为首的中国共产党中央政治局一部分同志，因为对于中国革命各个根本问题有模糊错误的认识，因为中国党过去的一部分领导者犯过严重的机会主义（陈独秀）与盲动主义的错误的影响残余，因为在六次大会后党的领导同志犯了许多个别策略的错误，因为党的无产阶级基础的薄弱和列宁主义的理论教育与工作经验的缺乏，在中国革命运动发展到新高潮日益生长的历史阶段上，便产生出以立三为领导的一部分领导者的非列宁主义的非布尔塞维克的政治路线。这一政治路线形成于六月十一日中央政治局的决议案上，正式宣告破产于长沙事变及在全国儿戏暴动的布置上。现有中央政治局领导同志维它等没有保障执行国际路线的可能。现有领导同志维它等不能解决目前革命紧急任务，不能领导全党工作。因此，因立三路线而产生的党的领导的深刻危机，有引起党的危机可能。为着尽党员对党应有的职责，为着负革命者对革命应负的使命，中共所有的积极党员，应该大家一致起来，团结在布尔塞维克路线的周围，把党从领导危机中挽救出来，以预制党和革命的危机，以保障国际路线的执行和中国革命的胜利。因此，必须：

一、在国际直接领导之下，开始召集第七次全国代表大会的准备工作，以便根本改造党的领导。

二、在七次大会未开始以前的准备期内，由国际负责帮助成立临时的中央领导机关，以领导全国正在紧张的革命工作。至少必须加强国际对中央政治上组织上的各种问题的领导和帮助，对于政治局成分应有相当的改变。

三、立刻在国际路线领导和不妨碍秘密工作条件的原则之下，实行发展党内自我批评，在党报上及各种会议上（从中央到支部、小组）公开讨论最近国际各种决议及指示，向立三路线开火，坚决实行两条战线的斗争，反对"左"的和右的机会主义的倾向，及对于不正确调和态度的调和倾向——尤其要特别反对主要的危险——右倾机会主义倾向。

四、立刻在党报上公布同志们的反立三路线的一切政治意见书。

五、立刻在加紧反立三路线及一般两条战线上的斗争中，来肃清那些不可救药和固执己见"左"右倾机会主义分子离开领导，以能积极拥护和执行国际路线的斗争干部——特别是工人干部，来改造和充实各级的领导机关，以便利于紧急的革命工作。

六、将国际最近来信（关于立三路线的信）印发给全党同志。

七、中央政治局在国际领导之下，立刻公开宣布三中全会决议案及最近中央各种通告——尤其是九十一号、九十二号通告——无效，实行在国际直接领导之下，重新决定政治决议，并且号召各级党部完全遵照国际决议及执行实际工作。

八、在组织上实行布尔塞维克的民主集中制的原则，坚决反对家长制度、命令主义、委派制度、惩办制度，等等。

最后，我们以国际来信的结语，表示我这一政治意见书的预期和信念。

"中国共产党的一切党员，一定对于这种反对共产国际的方针，给以坚决的反抗，一切中国的布尔塞维克一定完全团结起来，像一个人一样，一致起来实行共产国际的路线。"

"绝不疲倦的布尔塞维克的工作，勇敢地坚决地为着国际执委的路线而进行布尔塞维克的斗争，一定要领导中国共产党到中国革命的新的伟大胜利。"[1]

《为中共更加布尔塞维克化而斗争》站在一个更加"左"的立场批评立三路线，王明所凭借的依据就是对共产国际和斯大林指示的照搬照抄，对中国国情缺乏正确的认知，是他"左"倾思想的系统阐发，是他获取中共领导权的依据，也是他这位典型的教条主义者的代表作。诚如他自己后来所说："我在小册子中所提出的对当时中国革命运动的许多意见，是从何而来呢？是从分析当时中国的具体情况和根据当时中国人民的具体要求而来的吗？绝不是的。它是抄袭各种决议而来的。如对中国革命性质、动力、阶级等问题的意见，主要地是抄袭 1928 年党六次大会的决议；对富农问题、职工问题及改组派等问题的意见，直接是抄袭 1929 年共产国际关于这些问题的文件；对当时中国形势估计和党的主要任务的意见，则是主要地抄袭 1930 年 6 月共产国际执委对中国问题的决议及 11 月关于立三路线问题致中央信（指十月来信）。""总而言之，用的是'从决议中来，到决议中去'的方法；是'不从实际出发，而是从书本出发'的方法；是根

---

[1] 陈绍禹：《为中共更加布尔塞维克化而斗争》，《中共党史教学参考资料》1957 年 5 月。

本的教条主义思想和作风的方法。"①

　　《为中共更加布尔塞维克化而斗争》标志着王明"左"倾路线的形成。"在当时发表的陈绍禹同志的《两条路线》即《为中共更加布尔什维克化而斗争》的小册子中，实际上是提出了一个在新的形态下，继续、恢复或发展立三路线和其他'左'倾思想'左'倾政策的新的政治纲领。这样，'左'倾思想在党内就获得了新的滋长，而形成为新的'左'倾路线"。"虽然新的'左'倾路线并没有主张在中心城市组织起义，在一个时期内也没有主张集中红军进攻中心城市，但是整个地说来，它却比立三路线的'左'倾更坚决，更'有理论'，气焰更盛，形态也更完备了"。②

（三）米夫出马，改造中共

　　共产国际认为中共六届三中全会在反对立三路线时犯了调和主义错误，特别是他们寄予厚望的王明不但没有得到重用，而且立三给他们的处分也没有撤销，还准备把他派往苏区，这使共产国际和米夫大为恼火。对米夫来说，"无论如何，这是不能够接受的"③。为此，共产国际决定派米夫以共产国际代表的身份到中国，贯彻国际路线，改造中共，扶植王明上台。

　　国际《十月来信》使中共中央陷入了被动，王明、罗章龙、何孟雄等人都要求在共产国际的领导下，召开紧急会议，彻底批判立三路线，改

何孟雄

造中央领导机关。在这种情况下，中共中央决定召开紧急会议，使党从《十月来信》后的严重分歧和混乱状态中摆脱出来。在这次会议上，按照米夫的意见，任命王明为代理江苏省委书记。会后米夫又加以干预，中共

---

① 《王明给六中全会的信》（1945 年 4 月 20 日），转引自戴茂林、曹仲彬：《王明传》，中共党史出版社 2008 年版，第 142 页。

② 《毛泽东选集》第三卷，人民出版社 1991 年版，第 962—963 页。

③ 瞿秋白：《多余的话》，见《瞿秋白》，中国社会科学出版社 2003 年版。

何孟雄（1898—1931），湖南酃县人，中国共产党早期北方职工运动的组织者之一，曾创建京绥铁路工会。1927年国民党背叛革命后，曾任中共江苏省委委员、省农民运动委员会秘书等职。1931年在上海被国民党政府被捕。牺牲于龙华。

中央被迫任命王明为江苏省委书记，博古参加共青团的中央局工作。这样作为王明进入中央的一个重要步骤。

王明担任江苏省委书记后，集中精力反对党中央，拉拢亲信，打击排斥异己。1930年12月底，他召开扩大的区委书记联席会议，这次会议做了两件事：一是打击何孟雄和反对王明的干部，二是通过了一个异乎寻常的反中央的决议。当时江苏省委秘书长刘晓回忆这次会议时写道："王明集团布置召开区委书记联席会议的意图，是要公开打击以何孟雄为首的一批反对他们的干部。会前，王明集团预先组织好了发言内容，会上王明作报告……陈昌浩的发言，主要是以他在上海搜集到的所谓材料来吹捧王明的报告的正确，攻击中央和江苏省委的某些干部（实际上是指何孟雄等）是在'反立三路线的掩盖下发挥自己的一贯右倾机会主义的思想'，煽动到会者要'与之进行坚决斗争'。陈昌浩还指名攻击了何孟雄等。在他们之后的发言，都把矛头指向何孟雄等，实际上是对何孟雄进行围攻。王明还利用他主持会议的权力，几次阻止何孟雄等发言，直到何孟雄、蔡博真等严正地提出抗议，他才不得不作出让步。"

但王明的目的并没有达到。刘晓说："何孟雄在会上的发言，以立三路线使上海工作受到损害的实际教训为据，有力驳斥了王明一伙的错误主张，指出王明的纲领是新的立三路线，进行分裂党。这样会上展开激烈争论。两种意见交锋，有的原来站在王明一边的转过来反对王明，有的沉默。王明见对他不利，就宣布休会，他们密商对策。会议继续进行时，王明宗派集团成员更加猛烈围攻何孟雄，污蔑何孟雄等是'右派'，限制发言，后来便匆匆结束会议。最后王明作结论：会议通过对中央第九十六号《通告》的意见和对中央的建议。何孟雄等当即表示不同意，更不同意王明等对何孟雄等的批评。王明借口'少数服从多数'，蛮横地宣称：谁不遵守这个原则，将按组织纪律处理，以压制反对他们的同志。这次会议后，反对王明的干部反而增加了，何孟雄等的活动也更加积极了。"①

这次会议还通过了一个反中央的决议。省委的决议要点如下：

（一）只有迅速采取适当的而紧急的办法，将中央政治局加以组织上的改造，对立三路线、调和主义负重要责任之同志执行纪律，才能巩固国际路线的中央领导，否则是没有保障的。

（二）在中央政治局未改选以前，要求国际加强对中央的领导，参加中央政治局政治上组织上的一切决定。

（三）江南省委在12月18日以前，在政治上、组织上犯了执行立三路线与调和路线的严重政治错误，……因此要求中央即刻改组省委。并在中央新的政治决议以后，……改选各级指导机关（从省委起直至支部）。

（四）要防止用各种方式掩护立三路线，继承立三路线的派别观念的小组织活动，以及把原则斗争恶化为无原则斗争的倾向，污蔑拥护国际路线的同志为派别，以掩护立三路线的诡计等，尤须给以无情的打击。②

王明此举为米夫进一步干预中国党事务提供了依据。

1930年12月中旬，米夫来到中国。作为共产国际代表，米夫本应帮助中共摆脱困境，消除分歧，纠正错误，但他却为了扶植王明上台而制造了中共的分歧。"米夫一来，更造成了党内的危机。"③米夫不去找中共中央领导人谈话，而是先找王明谈话，而且要求中共召开六届四中全会，大力扶植王明上台。米夫主张召开中共六届四中全会而反对召开紧急会议，是因为，"如果召开紧急会议，按照罗章龙等人的要求，原有中央领导人多数不能参加，会议主要成员将是由各部门、各基层组织推选的'反对立三路线''反对三中全会调和路线'的积极分子，罗章龙一派人占据优势，很可能取得中央领导权"。"如果召开六届四中全会，原有的中央领导人都参加，列席人员由中共中央和国际代表指定，可以使'承认错误'的原有中

---

①金立人等：《王明"左"倾冒险主义在上海》，上海远东出版社1994年版，第52—53页。

②《江苏革命历史文件汇集》(1931年1—8月)，中央档案馆、江苏省档案馆1986年版，第2—6页。

③《周恩来选集》下卷，人民出版社1984年版，第309页。

央领导人的多数继续留任并保证陈绍禹进入中央领导地位，组成一个完全听命于共产国际的领导班子。"①

为了改变王明等人在党内威信不高、群众基础差的形象，米夫竭力吹捧王明，把他视为"国际路线忠实代表""反立三路线"和"反调和路线"的"英雄"。后来他回顾当时的情况说："陈绍禹是'中国共产主义运动最有威望和最有天才的领袖之一'，在他的'周围团结了党的最好的干部，他们协同党内其他优秀的领导者'秦邦宪等，'在两条路线斗争上，坚持了正确的列宁斯大林关于中国革命问题的路线'。"②王明也拼命自吹自擂。12月14日，王明在《实话》第3期上发表《立三路线与战后资本主义第三时期》，首先把反立三路线和反调和派公开到全党，为改变三中全会领导做舆论铺垫。

作为共产国际的一个支部，面对米夫共产国际的代表身份，中共中央只有接受米夫的安排，将计划中的紧急会议改为召开六届四中全会；发出了《关于取消陈韶玉、秦邦宪、王稼祥、何子述四同志的处分问题的决议》；被迫承认犯了"调和主义错误"，发出了《中央第九十六号通告——为坚决执行国际路线反对立三路线与调和主义号召全党》，表示"为要保障国际路线与反立三路线之绝不调和的彻底的执行，党内应实行改造……改造各级领导机关……必须引进积极反立三路线反调和主义的干部尤其工人干部到指导机关"③；还任命王明为中共江南省委（即江苏省委）书记、博古为团中央宣传部部长，为他们最后取得党的领导权进行组织安排。中央的这种态度诚如当时任政治局委员的李维汉在回忆录中写道："本来我是主张同王明等人斗争的，后来共产国际代表来了，说他们是正确的，我的态度就转变了……既然共产国际来人了，那还有什么说的。"④

---

① 于吉楠：《关于罗章龙分裂活动的几个问题》，载《土地革命战争史新论》，中共中央党校出版社1995年版，第108页。

② 沙健孙主编：《中国共产党史稿》第三分册，中央文献出版社2006年版，第277页。

③《中央九十六号通告》，《中共党史教学参考资料》（二），人民出版社1979年版。

④ 李维汉：《回忆与研究》（上），中共党史资料出版社1986年版，第323页。

中共六届四中全会是在米夫一手策划和安排下召开的，"米夫是全会的实际操纵者"[①]。这次会议在许多方面是违背党的组织原则的。[②]

米夫亲自起草了《中共四中全会决议案》。周恩来说过，"四中全会，我们起草了决议，不被采用，米夫自己起草了决议"[③]。他还对参加会议的代表进行了特殊安排。为了保证王明能够上台，米夫让15名非中央委员参加会议，他们分别是：王明、博古、沈泽民、夏曦、王稼祥、陈原道、何孟雄、韩连会、肖道德、袁乃祥、沈先定、许畏三、邱泮林、顾作霖、柯庆施。而且破坏党的纪律，让这15名代表与中央委员一样有发言权和表决权。

米夫又不让一些持有不同意见的中央委员参加会议。如东北早期工人运动领导人之一唐宏经，是六大选出的候补中央委员，因为与罗章龙关系密切，所以直到开会前夕才通知他从哈尔滨赶赴上海开会。后来唐宏经对人回忆道："我看开会的时间很急，就立刻从哈尔滨坐车回沈阳。到沈阳后，我没回家，就在车站内，省委同志给了我路费，告诉我接头的地点，于是，我就坐着火车赶赴上海。可惜，我一直不知去开什么会。我在指定的日期赶到上海，住到了指定的旅馆（四马路日升客栈）。可是，我一连住了五天，没有人来接头。第六天早上来了一个人，才算接上头。来人问我：'你是来参加会议的吧？'我答：'是参加会的。'他又问：'参加什么会？'我说：'不知道。'他说：'你是参加四中全会的，会已经开过了。'"[④]

还有，米夫根本不通知开会的中央委员。当时任全国铁路总工会负责人的六届候补中央委员徐兰芝就是一例。他本来在上海，但由于他赞同罗章龙的观点，因此就没有得到会议通知。开会那天，他偶然得知了开会消息，于是气愤地闯进会场。后来有目击者回忆道："会议开始不久，全国

① 李维汉：《回忆与研究》(上)，中共党史资料出版社1986年版，第324页。

② 戴茂林、曹仲彬：《王明传》，中共党史出版社2008年版，第150—156页。

③ 《周恩来选集》下卷，人民出版社1984年版，第309页。

④ 《访问唐宏经谈话记录》，访问者曹仲彬、李海文，1980年1月12日，转引自戴茂林、曹仲彬：《王明传》，中共党史出版社2008年版，第151页。

铁路总工会负责人徐兰芝闯进会场，质问向忠发：'你们开的什么会？'有人替向忠发回答：'六届四中全会。'徐兰芝拍着桌子大声责问：'我是候补中央委员，为什么不通知我来参加六届四中全会？'问得向忠发张口结舌说不出话。这时，王明站起来帮助向忠发解围。他拍着徐兰芝的肩膀，把他拉到另一间房子去了。"①

米夫还对会议消息采取严格保密措施：有的代表在会前几十分钟才得知要召开六届四中全会；有的代表走进会场还不知道开什么会议；有的代表收到开紧急会议通知，但到会场后才得知是开六届四中全会。参加会议的中央委员张金保回忆说："通知去开紧急会议，到会后却宣布是四中全会。他们设圈子，让我们往里跳，结果把我们骗了。他们学了马列主义，吃的洋面包，却学会资产阶级的一套，他们品质太恶劣了。"②

1931 年 1 月 7 日，中共六届四中全会在共产国际"远东局指导之下"③，在上海秘密召开。

参会中央委员 14 人，候补中央委员 8 人，列席代表 15 人，共 37 人。由于会议在许多方面违背了组织原则，因此在会议举行过程中遭到了一些与会者的批评。如张金保在发言中就提出了不同意见，后来她回忆说："当时，我也在会议上发了言。反对召开四中全会，对突然改变会议性质，无理限制会议时间，不吸收有实际斗争经验的同志参加会议等问题提出不同意见，并建议尽快召开党的第七次全国代表大会。我发言时，米夫在那里指指点点，向别人打听我的情况。从米夫的表情看，他对于我这样一个胆敢反对他们的女工极为不满。"④

王明在会议上以"反立三路线英雄"和"国际路线忠实代表"自居，

---

① 《访问张金保谈话记录》，访问者曹仲彬、李海文，1980 年 1 月 24 日，转引自戴茂林、曹仲彬：《王明传》，中共党史出版社 2008 年版，第 152 页。

② 《访问张金保谈话记录》，访问者曹仲彬、李海文，1980 年 1 月 24 日，转引自戴茂林、曹仲彬：《王明传》，中共党史出版社 2008 年版，第 152 页。

③ 金冲及主编：《周恩来传》，人民出版社、中央文献出版社 1989 年版，第 231 页。

④ 《张金保回忆录》，湖南人民出版社 1985 年版，第 165—166 页。

他的发言主要讲了以下四个问题：

第一，批判立三路线是"左"倾空谈掩盖下的右倾机会主义的消极，在每个问题上都表现得极为明显。他不去批判立三路线的"左"倾冒险主义，而是集中力量批判立三路线一贯的右倾机会主义的理论与实际，并举出如否认一省或数省的首先胜利，否认反资产阶级、富农、上层小资产阶级分子等右倾政策。

第二，完全抹杀三中全会在纠正立三路线方面的积极作用，夸大它的调和错误，指责三中全会在接受国际决议的名义下，对立三路线公然采取调和态度，实际上就是继续立三路线。他点名批判瞿秋白与立三错误有不可分割的联系。

第三，提出只撤换几个中央领导人是不够的，必须在全党开展政治斗争，从思想上、政治上、组织上全面彻底地改造党。特别应以反三中全会反调和路线的"斗争干部""工人干部"来代替"旧干部"。

第四，强调全党尤其要加紧反对右倾机会主义。[①]

最后米夫强行做结论。他谈了以下五个问题：

第一，批评立三路线。他强调立三路线的实质是"右倾"，"是用'左'倾的词句遮盖了实际工作的机会主义"。他还特别批评了李立三反对共产国际，对"共产国际采用叛徒所用的言辞"，还擅自决定搞世界暴动。提出：国际之所以批评李立三，"并不是因为他是一个热血的革命家，而是因为他是一个盲动主义的英雄———一个披着冒险主义外套的颓丧的小资产阶级""是最无耻的机会主义与最卑鄙的悲观主义"。

第二，指责三中全会犯了调和主义错误。米夫说他们是"一手拿着立三路线，一手拿着国际路线"，"一方面向共产国际行鞠躬礼，另一方面向立三主义行鞠躬礼。这样行鞠躬礼的时候，将国际路线推到立三路线后面去了"。"这是政治局同志应当负责的，尤其秋白同志。"他对其他犯错误的中央领导人表示了原谅态度，说："谁没有错误，如果有错误的应当出

---

① 戴茂林、曹仲彬：《王明传》，中共党史出版社 2008 年版，第 155 页。

去，党里面没有人了。"向忠发等"是工人同志，他们虽有错误，我们现在绝不让他们滚蛋，要在工作中教育他们，看他们是否在工作中纠正自己的错误。如恩来同志自然应该打他的屁股，但也不要他滚蛋，而是在工作中纠正他，看他是否在工作中改正他的错误"。

第三，称赞王明等人。米夫说王明等人是反对立三路线和反对三中全会调和路线的，而且"他们是坚决地站在国际路线上面来反对立三路线的"。证明他们把莫斯科所学习的东西应用出来，"坚决去执行国际路线"。

第四，批判何孟雄、罗章龙等人。他批评何孟雄说："他在与我的谈话中说现在没有右倾，因为有国际来信的保证。不管他是有意无意的，但这是错误的，是放松了右倾"，"这不是站在国际路线来反对立三路线的"。他还批评罗章龙等人坚持召开紧急会议。

第五，提出要改造党的领导机关。他指出要容许一些中央领导人留在岗位上改正错误，再引进坚决执行国际路线的干部和工人到党的领导机构中。[①]

中共六届四中全会的争论在最后选举时达到激烈阶段。米夫提出的补选中央委员和改组的政治局名单以远东局和中央政治局的名义提出。在这些名单中，王明、沈泽民、夏曦等9人为新的中央委员候选人，王明等5人为新的中央政治局委员候选人。名单公布后，遭到罗章龙等人的反对。最后会议表决，米夫提出的名单获得通过。

这样，在米夫的一手扶植下，王明不仅成为中央委员和中央政治局委员，而且不久后成为中央政治局常委。向忠发虽名为总书记，但由于他的能力不足，又犯过错误，加之后来被捕叛变，因此王明实际上成为中共的最高领导人。后来李维汉回忆道："这样，在米夫支持下便实现了王明等人取得中央领导权的计划，使原来连中央委员都不是的王明，进入党中央最高领导机关政治局。向忠发名义上虽然继续担任政治局常务委员会主

---

① 戴茂林、曹仲彬：《王明传》，中共党史出版社 2008 年版，第 156—157 页。

席，但实际上由王明等人独揽中央领导大权。"①

由于会议的激烈争论，导致米夫起草的《中共四中全会决议案》没有来得及通过，最后只好选出王明等人组成修改委员会，会后进行修改。

中共六届四中全会就这样在争论中只开了十几小时就结束了。六届四中全会最突出的一点在于强调中国共产党必须对共产国际绝对忠诚、绝对服从。王明说："中共四中全会提出了'对共产国际路线百分之百的忠实'这个口号，这'是使党更加布尔塞维克化和苏维埃革命更加胜利的唯一道路和保证'。"②

中共六届四中全会决议强调，"共产国际要求（中国）党完全揭露立三同志的'理论'，在实行中去完全消灭他的一切反共产国际的方针"，决不容许"用共产国际的'左'右叛徒的理由来说共产国际不知道中国情形，不能领导中国革命"，坚决反对"党的领导对于共产国际代表有不可容许的不尊重态度"③。米夫提出，"要全党如一个人一样地一致在国际路线之下来斗争"；李立三所谓"或者忠于共产国际的纪律或者忠于中国革命"，这是"采用了叛徒们所用的词句"；中国党要信赖和依靠共产国际培养的人，李立三"说有同志送到莫斯科学习结果就没有希望了，但现在证明这些同志将他们所学习的东西应用出来，坚决地先执行国际路线"④。四中全会告同志书甚至喊出"对于共产国际，要铁一般的忠实"的口号，要中国共产党"在对于共产国际铁一般的忠实中，密切地坚强地巩固我们的队伍"⑤。中共六届四中全会提出的把马克思主义教条化、把共产国际指示和决议绝对化神圣化的错误倾向是王明"左"倾教条主义的重要特征。

米夫将把王明推上中共领导人位子视为自己的一项重要贡献。他说："反对半托洛茨基主义的立三路线的斗争，在陈绍禹领导下，在党的上海

---

① 李维汉：《回忆与研究》（上），中共党史资料出版社 1986 年版，第 327—328 页。

② 王明：《中共现状与中共任务》（1932 年 12 月），载《共产国际》（中文）第 5 卷第 1 期。

③《中共中央文件选集》第 7 册，中共中央党校出版社 1991 年版，第 21、20、22 页。

④《中共中央文件选集》第 7 册，中共中央党校出版社 1991 年版，第 37、31、36 页。

⑤《中共中央文件选集》第 7 册，中共中央党校出版社 1991 年版，第 49、47 页。

支部开始了。为了正确路线而进行的斗争相当成功，陈绍禹同志把全党最优秀的力量团结到自己身边。中国共产主义运动中最出色和最有才华的领导人陈绍禹与党的其他领导人如秦邦宪、王稼祥、何子述、沈泽民和陈原道一起两面作战，使列宁、斯大林主张的正确路线，在中国革命问题上得到了承认。"[1]

共产国际对中共六届四中全会给予了充分肯定。1931年8月通过的《共产国际执委主席团关于中国共产党任务的决议案》中说："共产国际执委主席团满意地指出：中国共产党中央委员会的第四次扩大会议，在两条战线上的斗争中，击退了右的分裂派和取消派的进攻，坚决打击了李立三同志的半托洛茨基主义立场及对这种立场调和的态度……四中全会，使中共在继续布尔塞维克化的道路上向前进了一大步，它纠正了政治路线和刷新了党的领导，同时开始了党全部工作中的转变，去实际地和彻底地解决摆在党面前的那些刻不容缓的任务。"[2]

但实际上，中共六届四中全会的召开"没有任何积极的建设的作用，其结果就是接受了新的'左'倾路线，使它在中央领导机关内取得胜利，而开始了土地革命战争时期'左'倾路线对党的第三次统治"，使中国革命几乎陷入了绝境。

对于王明进入中央政治局，中央机关的同志因为对王明有更多了解，所以各部门干部通过口头或书面的方式向中央反映："如果王明领导中央，我们就不干了。"[3]但由于米夫的支持，最后王明仍然成为中国党的实际负责人。

"王明等人之所以能够上台"，"一是得到共产国际的赏识和支持，这是最主要的原因；二是教条主义唬住了一些人，一部分同志对他们实行妥协和支持；三是八七会议以来党内一直存在着的'左'倾情绪和政策还浓

---

[1] 戴茂林、曹仲彬：《王明传》，中共党史出版社2008年版，第158页。

[2] 《中共党史教学参考资料》(三)，人民出版社1979年版，第242页。

[3] 黄玠然：《党的"六大"前后若干历史情况》，《党史资料丛刊》1979年第1辑，上海人民出版社1982年版。

厚地存在着，容易为王明的一套更'左'的理论和政策所迷惑"①。

二　罗章龙分裂党的活动

由于四中全会在许多方面违反了党的原则，因此引起了一些党员的不满。一些同志采取了错误的应对方式。1931 年 1 月六届四中全会后中共党内发生的罗章龙分裂党的活动就是例证。在延安整风时期，刘少奇就说过："因为立三路线的错误，又因为王明等人派别斗争的错误，如是使得另一派得以组织起来，这就是罗章龙的捣乱派；并使许多同志甚至不坏的和很好的同志也一时参加了罗章龙派。"②

当时罗章龙是中共中央委员、全国总工会宣传部部长、全总党团书记。在立三路线时期，因为反对中央"左"倾错误意见而被批评为右倾。在党的六届四中全会上，由于王明得到共产国际代表米夫的支持，取得了中央的领导权，使得罗章龙组成新的中央的愿望落空。因此罗章龙等人打出"反对四中全会"的旗号，不承认四中全会产生的新的领导，走上了公开分裂党的道路。有 3 名中央政治局委员和候补委员、十几名中央委员和候补委员、几十名重要领导干部和一些基层干部和党员在不同程度上卷入了这场分裂活动，使党在组织上形成了一次分裂。

1931 年 1 月中旬，罗章龙等人召开所谓"反对四中全会代表团会议"。会议通过了罗章龙起草的《力争紧急会议反对四中全会报告大纲》，推举罗章龙、徐锡根、王克全、何孟雄、王凤飞组成临时中央干事会，推选徐锡根为书记。会后，发行了《国际路线》刊物，进行分裂党的宣传活动。

> 罗章龙，1896 年出生，湖南浏阳人。1921 年加入中国共产党。曾被选为中共中央委员、中央候补委员。1931 年中共六届四中全会以后，组织"中央非常委员会"，进行分裂党的活动，被开除党籍。

---

① 李维汉：《回忆与研究》（上），中共党史资料出版社 1986 年版，第 328 页。
② 《延安整风运动纪事》，求实出版社 1996 年版，第 423 页。

罗章龙等人打着"为彻底肃清立三路线调和主义坚持执行国际路线而斗争"的旗号，全盘否定中共六届三中全会及其以后的中央，以更"左"的立场指责四中全会的"调和主义"，要求召开"紧急会议"，提出"为召集自下而上的紧急会议而奋斗，要求国际重派正确的代表领导坚决反对立三路线调和主义的中央委员，成立临时中央，主持全国紧急会议，解决党的政治上、组织上的迫切问题。只有在紧急会议中产生新的中央，由它召集和主持第七次全国代表大会，才能保证第七次大会的真正胜利"①。

1931年1月底，罗章龙等人改组临时中央干事会，成立"中央非常委员会"，由王克全、罗章龙、吴雨铭、王凤飞、蒋云组成，推选王克全为书记。1月31日，"中央非常委员会"改推孙仲一为书记，5月又改推张金保为"中央非常委员会"书记。他们还派人到各地进行分裂活动。

"罗章龙等人反对六届四中全会的斗争，不是坚持正确原则、反对'左'倾错误的斗争，而是无原则的派别斗争；罗章龙等人不是犯'右倾机会主义'错误，而是以更'左'的面目出现，进行分裂党的活动；他们反对四中全会的目的，主要是企图按照自己一派人的要求，改组党中央领导机关。他们的纲领并没有提出正确的政治路线，实际上是一个进行派别斗争的纲领。"②

为了坚持党的团结，1931年1月27日，中共中央政治局通过了《关于开除罗章龙中央委员及党籍的决议》。1月30日，又通过了《关于开除王克全决议案》。一些参加分裂活动的人纷纷宣布退出"中央非常委员会"。1932年2月23日，"中央非常委员会"解散。罗章龙派在各地的分裂活动也遭到失败。

对罗章龙分裂党的活动的性质，邓小平在《对起草〈关于建国以来党的若干历史问题的决议〉的意见》一文中认为："说罗章龙是路线错误，

---

① 《力争紧急会议反对四中全会报告大纲》(1931年1月)，转引自沙健孙主编《中国共产党史稿》第三分册，中央文献出版社2006年版，第336—337页。

② 沙健孙主编：《中国共产党史稿》第三分册，中央文献出版社2006年版，第337页。

老实说也没有说中。罗章龙是搞派别斗争，是分裂党，另立中央。"[1]

罗章龙分裂党的事件给中国共产党带来了深刻教训。"当着党中央的领导犯了错误的时候，党员有权利进行批评或斗争。但是，这种批评或斗争必须遵循党内斗争的正确原则，绝不允许以任何借口，破坏党的纪律，分裂党的组织，另立中央。"[2]

中华人民共和国成立后，罗章龙曾给党中央写信，要求恢复党籍。中央政治局认为，由于罗章龙"采取了分裂党的立场，擅自组织他自己的所谓中央和地方的非常委员会，因此，当时党中央为维持党纪起见，采取了开除他的党籍的办法，这是完全必要的和正确的"[3]。

中共六届四中全会以后，由于王明推行"进攻路线"，致使党组织不断被破坏。1931年4月下旬，党中央分管交通、情报和特科的政治局候补委员顾顺章被捕叛变；6月22日中共中央总书记向忠发被捕叛变。在这种情况下，中央无法在上海立足，于是王明与米夫商量，决定自己去莫斯科负责中共中央驻共产国际代表

博古

团的工作，指派博古、张闻天、卢福坦、李竹声、康生、陈云等组成临时党中央，分批转移到中央苏区，由年仅24岁的博古总负责。

王明在临行前"再三关照博古，嘱其万事都得请示共产国际"，"决不可擅自行动，更不得听信他人"[4]。

1931年10月18日，王明带着妻子孟庆树随米夫来到莫斯科。11月

① 《邓小平文选》第二卷，人民出版社1994年版，第308页。

② 沙健孙主编：《中国共产党史稿》第三分册，中央文献出版社2006年版，第339页。

③ 沙健孙主编：《中国共产党史稿》第三分册，中央文献出版社2006年版，第340页。

④ 朱仲丽：《黎明与晚霞》，解放军出版社1986年版，第115页。

7 日，王明到达莫斯科后，中共中央陆续派康生、林仲丹、杨松（吴平）、张浩（林育英）、周和森（高自立）、孔原、梁朴、欧阳钦、赵毅敏等前往，组成了以王明为首的中共驻共产国际代表团。王明还担任共产国际执委会委员、主席团委员、执行委员会书记处委员，不仅直接参加共产国际对中国革命问题的研究和决策，而且成为共产国际领导世界革命运动的成员。由于当时中共上下存在对共产国际的迷信，因此王明的这些身份在一定时期使他的错误思想支配了中国共产党。从此开始了中共历史上的一个特殊时期：王明以中共中央驻共产国际代表团团长的身份，按照共产国际的指令，以电台遥控，在千里之外的莫斯科发号施令，以博古为"总负责"的中共中央在国内贯彻执行。这种极不正常的领导方式必然导致中国革命的失败。

三 "左"倾教条主义的危害

王明"左"倾教条主义在政治上、军事上、组织上和思想上都犯了严重的错误，对中国革命造成了严重危害，特别是给中央苏区。在政治上、革命任务和阶级关系的问题上、革命战争和革命根据地的问题上、革命进攻和防御的策略指导上都犯了错误。

在军事上，形成了完整的体系。在建军的问题上，把红军的三项任务缩小为单纯的打仗一项，忽视正确的军民、军政、官兵关系的教育；要求不适当的正规化，把当时红军的正当的游击性当作所谓"游击主义"来反对；又发展了政治工作中的形式主义。在作战问题上，它否认了敌强我弱的前提；要求阵地战和单纯依靠主力军队的所谓"正规战"；要求战略的速决战和战役的持久战；要求"全线出击"和"两个拳头打人"；反对诱敌深入，把必要的转移当作所谓"退却逃跑主义"；要求固定的作战线和绝对的集中指挥等。总之否定了游击战和带游击性的运动战，不了解正确的人民战争。在第五次反"围剿"作战中，他们始则实行进攻中的冒险主义，主张"御敌于国门之外"；继则实行防御中的保守主义，主张分兵防御,"短促突击",同敌人"拼消耗";最后,在不得不退出江西根据地时,又变为实行真正的逃跑主义。

在组织上,实行"残酷斗争""无情打击"。这种错误的党内斗争成了领导或执行"左"倾路线的同志们提高其威信、实现其要求和吓唬党员干部的一种经常采用的办法。它破坏了党内民主集中制的基本原则,取消了党内批评和自我批评的民主精神,使党内纪律成为机械的纪律,发展了党内盲目服从、随声附和的倾向,使党内新鲜活泼的、创造的马克思主义之发展受到打击和阻挠。同这种错误的党内斗争相结合的则是宗派主义的干部政策。宗派主义者不把老干部看作党的宝贵资本,大批地打击、处罚和撤换中央和地方一切同他们气味不相投的、不愿盲目服从随声附和的、有工作经验并联系群众的老干部。他们也不给新干部以正确的教育,不严肃地对待提拔新干部(特别是工人干部)的工作,而是轻率地提拔一切同他们气味相投的、只知盲目服从随声附和的、缺乏工作经验、不联系群众的新干部和外来干部,以此来代替中央和地方的老干部。这样,他们既打击了老干部,又损害了新干部。很多地区更由于错误的"肃反"政策和干部政策中的宗派主义纠缠在一起,使大批优秀的同志受到了错误的处理而被诬害,造成了党内极为痛心的损失。这种宗派主义的错误使党内发生了上下脱节和其他许多不正常现象,极大地削弱了党。

在思想上,第三次"左"倾路线的代表者污蔑毛泽东是"狭隘经验主义者"。这是因为他们的思想根源乃是主观主义和形式主义,在第三次"左"倾路线统治时期更特别突出地表现为教条主义的缘故。教条主义的特点是不从实际情况出发,而是从书本上的个别词句出发。它不是根据马克思列宁主义的立场和方法来研究中国的政治、军事、经济、文化的过去和现在,认真研究中国革命的实际经验,得出结论,作为中国革命的行动指南,再在群众的实践中去考验这些结论是否正确;相反地,它抛弃了马克思列宁主义的实质,把马克思列宁主义书本上的若干个别词句搬运到中国来当作教条,毫不研究这些词句是否合乎中国现时的实际情况。他们的"理论"和实际相脱离,他们的领导和群众相脱离,他们不是实事求是,而是自以为是，他们自高自大，夸夸其谈，害怕正确的批评和自我批评就是必然的了。

"左"倾路线对中央苏区的危害巨大，造成了中央苏区的最后沦陷。

（一）反对"罗明路线"

1933年1月下旬，新的中共中央政治局成立后，面对蒋介石以45万兵力发动的对中央苏区的第四次"围剿"，以狂热的态度来领导第四次反"围剿"。2月8日，中共苏区中央局做出《关于在粉碎敌人四次"围剿"的决战前面党的紧急任务决议》，提出"创造一百万铁的红军""借二十万担谷子"等任务。为了完成这些任务，同时为了贯彻"左"倾路线，博古等人开展了反对"罗明路线"斗争。罗明是开辟和坚持闽西根据地的老干部，当时任闽粤赣省委代理书记，因伤住在长汀福音医院。1933年10月中旬，毛泽东在长汀福音医院养病，毫不客气地批评"左"倾教条主

罗明（1901—1987），广东大埔人。1933年在中央革命根据地任闽粤赣省委代理书记时遭到"左"倾中央的错误打击。中华人民共和国成立后曾任广东省人大常委会副主任，全国政协常委。

义。贺子珍回忆毛泽东当时说："教条主义真害死人！他们不做实际工作，不接触工人、农民，却要指手画脚，到处发号施令。同国民党打仗，怎样才能取胜？农民为什么会革命？他们懂吗？"[1]

在罗明即将出院前，毛泽东同他谈了一次，强调要在上杭、永定、龙岩等老根据地开展游击战争，以牵制和打击国民党主力的进攻。罗明回忆道：他概括地总结了三次反"围剿"斗争取得胜利的经验，然后指出，福建和江西一样，应加紧开展广泛的地方游击战争，以配合主力红军的运动战，使主力红军能集中优势兵力，选择敌人的弱点，实行各个击破，消灭敌人的有生力量，粉碎敌人的第四次"围剿"。他还指出，在杭、永、岩（上杭、永定、龙岩）老区开展游击战争，牵制和打击漳州国民党第十九路军和广东陈济棠部队的进攻，对于粉碎敌人的"围剿"、保卫中央苏区

[1] 王行娟：《贺子珍的路》，作家出版社1985年版，第171页。

是十分重要的。[1]

从 1932 年秋至 1933 年初，由于罗明贯彻毛泽东的指示，比较有效地领导开展了边区游击战争。面对中央局"猛烈地扩大红军"不切实际的指示，他结合福建苏区的实际情况，表示了不同意见。他在给省委写的《对工作的几点意见》和《关于杭永情形给闽粤赣省委的报告》中，坦率地陈述了自己的意见。与此同时，中共新泉县委书记杨文仲也给省委写信，陈述了自己的意见。罗明认为，"猛烈地扩大红军"并将地方武装连人带枪整体抽走已经造成了脱离群众的恶果。对边区与中心区应该有所区别，扩大主力红军应以长汀等苏区内地为中心和重点，目前边区最中心的工作是动员群众，发展地方武装，开展游击战争。在军事战斗部署上，要用最大的力量迅速向敌人力量薄弱的连城南部、长汀东南部发展，使闽西与闽西北连成一片；红十二军和闽西独立第七、八两师应迅速扩大，不应调往江西，而应留在闽西。[2]

博古对于罗明早就不满。[3]因为他从上海进入中央苏区时，罗明向他汇报工作，与他谈到了他在给省委信中提到的一些想法。当时博古听后不高兴，劈头就问："你是省委代理书记，不领导全省工作，跑到杭、永、岩来干什么？"罗明随即回答道："我是按照毛泽东同志的指示并经省委决定，来这里开展游击战争的。"博古听后一怔："毛泽东的指示？"随即转问罗明对中央的新指示即"进攻路线"的意见，罗明回答说还没有传达，这更让博古感到不快。当回答博古对苏区当前斗争意见时，罗明如实相告，说："苏区的革命斗争要和白区的抗日斗争结合起来，应根据苏维埃中央政府和军委提出的抗日、民主和停止进攻苏区三条件，同各党派、各军队联合起来共同抗日。"由于话不投机，不待罗明说完，年轻气盛的博

---

[1] 罗明：《罗明回忆录》，福建人民出版社 1991 年版，第 324 页。

[2] 程中原：《张闻天传》，当代中国出版社 2006 年版，第 109 页。

[3] 余伯流、凌步机：《中央苏区史》，江西人民出版社 2001 年版，第 1026—1048 页。

古将手一挥，说："吃饭了，不谈了。"① 博古到长汀时，有人提议去看一下正在疗养的毛泽东，博古又说："毛泽东有什么可看的。"②

由于有原先的不快，因此对于罗明等人从边区实际出发提出的意见，以博古为首的中央局不但不引起重视，反而把它看作右倾机会主义的典型，认为罗明目无共产国际和中共中央，必须执行中央"进攻路线"，必须狠狠整治，"杀鸡吓猴"③，抓住它开展了一场反对"罗明路线"的斗争。

1933 年 2 月 15 日，中央局作出《关于闽粤赣省委的决定》(以下简称《决定》)，认为闽粤赣省委"是处在一种非常严重的状态中，在省委内一小部分同志中，显然形成了以罗明同志为首的机会主义路线"。《决定》宣布：

（一）在党内立刻开展反对以罗明同志为代表的机会主义路线的斗争，指出这一路线的露骨的表现就是以新泉县委书记杨文仲为代表的取消主义。

（二）省委对于这一路线的腐朽的自由主义态度，必须受到最严厉的打击，指出这种自由主义的态度与斗争的不坚决，实际上是对于罗明路线的妥协与投降。

（三）立刻召集省的临时代表会议，尽量吸收中心支部的工人雇农同志参加，成立新的省委。

（四）在临时代表会议召集之前决定以陈寿昌、刘晓、钟友勋等同志为临时常委，处理一切工作。

（五）派中央局同志出席这一会议作报告并领导这一会议顺利进行。

（六）立刻撤销罗明同志省委代理书记及省委驻杭永岩全权代表工作。

（七）公布这一决定，并在各种党的会议上与党报上解释这一决定。④

---

① 罗明：《罗明回忆录》，福建人民出版社 1991 年版，第 131 页。

② 金冲及主编：《毛泽东传（1893—1949）》，中央文献出版社 1996 年版，第 300 页。

③ 罗明：《关于"罗明路线"问题的回顾》，《中共党史资料》1982 年第 2 辑，中共中央党校出版社 1982 年版，第 235 页。

④ 《中共中央文件选集》第 9 册，中共中央党校出版社 1991 年版，第 94—95 页。

这个决定发布后，开展了反对"罗明路线"斗争。

1933 年 2 月 24 日，博古在工农红军学校第四期毕业生党团员大会上所作的报告中批判"罗明路线"：

在我们党内（很可惜的，甚至在党的领导同志内），有一部动摇懦弱无气节的小资产阶级的分子，受着阶级敌人的影响，充分地暴露了那种悲观失望，退却逃跑的情绪，以致形成他们自己的机会主义的取消主义的逃跑退却线路，反抗党的进攻线路，妨碍党的布尔雪维克的动员群众。这个机会主义的退却路线最明显的代表者，便是从前福建省委的代理书记罗明同志与新泉县委书记杨文仲同志。那么，这个机会主义的退却路线的实质在哪里呢？

这些机会主义者首先从对于目前国际与国内的有利于我们的客观形势不了解出发，从对于目前阶级力量对比变动有利于我们的情况的不了解出发，从对于坚决积极艰苦地与敌人争斗着的群众力量的不了解出发。罗明同志对于闽西上杭永定几年来与敌人作长期坚决争斗的工农群众，作了以下的惨淡黑暗茫无前途的描写：

边区群众一时上山，一时下山，一时太平一时又大恐慌，因此开会集中武装等等都很难动员……

大地有些群众说被敌人进攻几次，就弄得这样苦了，上级还要说准备长期战争，这样下去怎样得了呢？

有许多群众说，"我迫得十分不得已了，不得不暂时妥协屈服，我的心还是红的，我也相信整个革命是要胜利的，我也希望红军能够胜利……"

接着罗明同志用慷慨激昂之笔写道：

同志们！听一听我们群众的呼声呵！在群众这样的痛苦中，在群众的痛苦的呼声中来了解自己的主要错误！

……罗明同志正是这样大言不惭的写着：

那就请我们最好的领袖毛主席、项主席、周恩来同志、任弼时同志，或者到苏联去请斯大林同志或请列宁复活，一齐到上下溪南，或者到其他地方去，对群众大演说三天三夜，加强政治宣传，我想也不能彻底转变群众的情绪。……

……这样罗明、杨文仲等便把自己的退却路线与党的总路线对抗起来。这个路线表现得最明显的是在罗明同志到新泉之后，新泉县委书记杨文仲同志所写给省委的政纲式的信，在这封信中，他主张：

（一）……二四军团必须立即回师湘鄂西与鄂豫皖，以便更大的牵制敌人的兵力配合中央区的行动……

（四）过去一切的工作计划完全是党代替政权（如扩大红军地方武装土地问题等），因此党对于发动群众的斗争，即减少其注意力。"我意关于行政上及扩大红军地方武装等工作应由政府计划……而使党更多注意领导群众斗争方式上的研究……

（五）反帝同盟、拥苏大同盟、及青年部等革命群众团体的名目太多，每人有十余种组织可加入。下层同志确听到头晕，找头绪不到，因此这些组织不能健全起来而是一种空招牌，我觉得必须尽可能的减少或合并。

（六）各处地方武装在数量上是不见少，但在实际的集中训练是极差的，有许多训练与组织不好，不但不能配合红军主力作战，而且还是扰乱主力红军的行动，或给以坏影响，这些无益的。因此地方武装不要只顾数量的多，而要顾作战能力，……边区工作应注意工作分配与计划，不能与中心区一样，特别是扩大红军问题……"

这便是罗明与杨文仲同志的政纲，自然罗明同志在他信里有许多地方要委婉曲折一点，但是基本的立场是一样的。这个政纲不能不说是完全反对共产国际与党的进攻路线的，不能不说是一个机会主义取消主义的退却路线的政纲。①

---

① 博古：《拥护党的布尔雪维克的进攻路线》(1933年2月24日)，黎辛、朱鸿召主编：《博古，39岁的辉煌与悲壮》，学林出版社2005年版，第19—22页。

　　中央局所开展的反"罗明路线"斗争都是突然袭击，并没有向罗明打招呼。罗明本人是在上杭县看到《斗争》的文章后才得知中央局在开展反"罗明路线"斗争。后来罗明回忆道：

　　我回到汀州，又接到通知，要我赶往瑞金进行检查。到瑞金后，中央局几个干部找我谈话，批判我的"错误"。接着，一位中央负责同志和我谈话，对我进行批评。当时，我就问他：我自己提出并得到省委同意，由汀州赶到最艰苦的边缘县区参加游击战争，为什么说是"退却逃跑"呢？他说：从路线上说是"退却逃跑"，用辩证法看问题，事物都是发展的，例如过去打游击战争是需要的，现在再打就变成"游击主义"了。他反问我，在边缘县区为什么不能和中心区一样扩大红军？我说，边缘县区要进行游击战争，随时打击敌人的进攻，不能和中心区一样，干部和群众在实践中总结经验，提出逐步地、分批地扩大主力红军。他当即武断地说：这是"富农路线"，你说听群众的呼声，就是这么听吗？我说：这是永定县金砂乡贫农会议从血的教训中总结出来的，正如列宁所说："群众本身的政治经验，这是一切大革命的基本规律。"

　　后来，中央书记和我谈话。他劈头就说，你不承认有路线错误，还引用列宁的话来反驳，你们山沟里有什么马列主义？你说边缘区和中心区不能一样扩大主力红军，要采取逐步扩大的办法，是不是说我们不了解边缘区的实际情况，要我们去调查研究？这是你们狭隘的经验主义。你不承认路线错误就开除你的党籍，撤销你的党内外一切职务。他还说，还有比你更高级的领导干部，也犯了同样的错误。最后，他要我回福建在省党代会上进行检查。

　　我在瑞金期间，住在叶坪中央局的一个房间里，白天由中级干部开会批斗，晚上由一般干部开会批斗，一连批斗了好几天。有一天晚上，就在附近召开了一个中央机关干部批判"罗明路线"的大会，有几百人参加。当时大会气氛很紧张，不断高呼口号。有个青年干部提出要把我枪决。后来中央局的杨尚昆同志上台讲话，作了解释，气氛才缓和下来。[①]

反对"罗明路线"的实质是反对以毛泽东为代表的正确主张，为贯彻王明"左"倾进攻路线扫清障碍。诚如1936年9月毛泽东在一次中央政治局会议上指出的："对干部问题，我只讲到一个问题，如罗明路线，究竟是怎样了，到现在还没有明显指出。他只是工作上的问题，不是路线问题。再还有些做了一件好事，还要说他是做了一件坏事。如罗明路线在江西，更是说得过火，如对邓子恢、张鼎丞、曾山等同志的问题，对萧劲光问题，还有很多，后来发现七个书记撤职。这些都说明过去对干部问题是有错误的。那时，有些人无形中说什么毛派，也是不对的。"[②]

1945年，毛泽东在《七大工作方针》中再次提出："反罗明路线就是打击我的，事实上也是这样。"

这就注定了反"罗明路线"不仅是针对罗明个人，也不会仅仅局限于福建苏区。反"罗明路线"斗争在1933年3月扩展到江西。在江西苏区开展了反对以邓小平、毛泽覃、谢唯俊、古柏等为代表的所谓"江西罗明路线"的斗争。

邓小平自1931年8月到中央苏区后，先任中共瑞金县委书记，次年5月调任中共会昌县委书记，7月出任中共会（昌）、寻（乌）、安（远）中心县委（也称会昌中心县委）书记。他在党的六届四中全会后，就对王明等人上台感到"震动"，表示"不信任"，对王明本人也"向无好感"[③]。

1929年2月毛泽覃因伤留在吉安东固疗养。伤愈后，任中共东固区委书记，后任红六军政治部主任、中共吉安县委书记、中共永吉泰特委书记、中共苏区中央局代理秘书长，1931年2月后任中共公略中心县委书记。

---

① 罗明：《罗明回忆录》，福建人民出版社1991年版，第132—133页。

② 金冲及主编：《毛泽东传（1893—1949）》，中央文献出版社1996年版，第304页。

③ 邓榕：《我的父亲邓小平：战争年代》，生活·读书·新知三联书店2013年版，第267页。

谢唯俊是井冈山斗争时期的老红军。1931 年 6 月至 11 月任中共赣东特委书记，1932 年起任江西军区宜乐军分区司令员。

古柏是毛泽东的亲密战友。曾任红四军前委和红一方面军总前委秘书长、中共会昌临时县委书记，1932 年 5 月任江西省苏维埃政府党团书记兼内务部长。

对于邓小平在中央苏区对"左"倾路线的抵制，会昌县的《中国共产党会昌中心县委史稿》记载如下：

以邓小平为书记的会昌中心县委从它成立开始，就坚决拥护毛泽东提出的正确主张，反对和抵制王明的"左"倾错误。他们根据边缘地区的实际情况出发，进行了卓有成效的工作，使会寻安三县的革命斗争形势大有改观，在一段时期内比较稳定。在具体作法上，他们主要采取了如下几个方面：

第一，在粉碎敌人"围剿"的作战方针问题上，面对强大敌人的进攻，不硬拼，不搞"堡垒对堡垒"和"拼消耗"。邓小平质问坚持"左"倾错误的人：这样的堡垒对堡垒、工事对工事、壕沟对壕沟、公路对公路，这种打法能行吗？而仍然坚持过去几次反"围剿"的打法，采用游击战和游击性的运动战，把敌人引到群众条件好的苏区来消灭。不同意向中心城市交通要道发展苏维埃，而主张向敌人力量弱的地方发展，巩固农村根据地，积蓄力量和敌人作长期斗争。

第二，在扩大革命武装的问题上，他们认为群众武装、地方部队和中央红军都应不断发展，并应注意质量，反对用削弱地方部队与群众武装的办法来扩大中央红军和不顾质量单求数量地要求"武装一切工农群众"的作法。他们认为，与其这样，"不如扩大地方武装"。

第三，在经济政策问题上，他们不同意"动员一切经济力量为了战争"的口号，认为苏区地瘠民贫，加上连年作战，"群众负担太重"，反对大量推销公债的作法，并主张主力红军要把打土豪筹款当作自己的主要任务。

第四，在土地问题上，他们坚决执行按照人口平均分配和"抽多补少，抽肥补瘦"的正确政策，反对"地主不分田，富农分坏田"的错误主张。

在一系列问题上，以邓小平为书记的会昌中心县委，认真贯彻了毛泽东所主张的，也完全适应当时边缘地区特点的正确路线，在理论上和实际工作中坚决抵制了王明的教条主义错误，力图减轻这一错误给党造成的损失，这就成为王明"左"倾冒险主义者在中央苏区全面推行"左"倾政策的严重障碍。①

"邓小平、毛泽覃、谢唯俊、古柏都是党内的务实派。他们四人有一个共同的特点，就是：他们都对脱离实际的、空泛的'左'倾教条主义很反感，都对'左'倾教条主义者们动辄对苏区工作指手画脚、批评指责很反感，都为毛泽东遭受'左'倾教条主义者的批评指责鸣不平。在赣南会议前后，他们就批评那些从上海派来的脱离苏区实际的领导者们是'洋房子先生'，说他们是专门到苏区来'找岔子'的。针对有人批评毛泽东是'狭隘经验论'，他们针锋相对地反驳说：'大城市上产生了立三路线，我们苏区的山上，却全是马克思主义。'赣南会议后，他们继续在自己的领导岗位上和职责范围内，抵制王明'左'倾教条主义错误，'他们互相通讯，谈话和讨论，所谈的，写的，讨论的，并不是一般的政治问题'，而是与'左'倾'进攻路线'绝对相反的策略、口号等内容。

"由于邓、毛、谢、古敢于批评和抵制王明'左'倾教条主义错误，在江西苏区有很高的威信，被人誉为江西苏区的'四大金刚'。他们成为毛泽东正确主张的支持者，自然也就被博古等人视为推行'进攻路线'的绊脚石。"②

"左"倾中央以因为敌我力量悬殊导致寻乌失陷为借口，认为寻乌失守是执行"纯粹防御路线""退却逃跑"的结果，开展了反对"江西罗明路

---

① 毛毛：《我的父亲邓小平》上卷，中央文献出版社 1993 年版，第 311—313 页。
② 余伯流、凌步机：《中央苏区史》，江西人民出版社 2001 年版，第 1033—1034 页。

线"的斗争。

1933 年 3 月下旬，在邓小平缺席的情况下，中共中央局撇开江西省委，以中央局的名义，直接在会昌县筠门岭倒水湾召开会寻安三县党的积极分子会议。会议集中"布尔什维克的火力"，对邓小平的所谓"错误"进行揭发和批判。3 月 31 日，会议作出了《会寻安三县党积极分子会议决议》(以下简称《决议》)。《决议》写道：

会寻安三县过去在以邓小平同志为首的中心县委的领导之下，执行了纯粹的防御路线。这一路线在敌人大举进攻前面，完全表示悲观失望，对于群众的与党员同志的力量没有丝毫信心，以致一闻敌人进攻苏区的消息，立刻表示张惶失措，退却逃跑，甚至将整个寻邬县完全放弃交给广东军阀。这一路线显然同党的进攻路线丝毫没有相同的地方。这是在会寻安的罗明路线。说纯粹防御路线不是罗明路线的观点，是完全错误的。[①]

在博古等人的高压之下，1933 年 4 月 16 日至 4 月 22 日，江西省委在宁都七里村省委机关驻地召开了"江西党三个月工作总结会议"。博古带着刚刚来到苏区的罗迈（即李维汉）亲自与会。李维汉在他的回忆录中写道：

到了宁都，博古找省委负责人谈话，要我在旁边听。那时江西省委书记是李富春。博古说，毛泽覃、谢唯俊还与毛泽东通信，他们心里还不满，这是派别活动。当时他还没有提到古柏的名字。古柏是在扩大会议上展开斗争时才把他找来的。后来，博古要到前线去，叫我留下参加江西省委扩大会议。到这时，我才知道福建反"罗明路线"，江西反邓、毛、谢、古，与毛泽东有关。[②]

[①] 《斗争》第 8 期，1933 年 4 月 15 日，第 6—7 页。

[②] 李维汉：《回忆与研究》(上)，中共党史资料出版社 1986 年版，第 337 页。

在会上，罗迈代表中共中央局做了题为《为党的路线而斗争——要肃清在江西的罗明路线，粉碎反党的派别和小组织》的报告。罗迈在报告中首先就指出："江西的罗明路线，是一条反共产国际的路线，是一条与党的进攻路线没有丝毫相同而完全相反的路线。这条路线根本不相信党的力量，不相信群众的力量，因而对于中国苏维埃运动，走上了悲观失望的取消主义的道路。"[①]

这次会议宣布撤销邓、毛、谢、古四人党内外一切职务，还下了他们的枪。

"左"倾错误推行者还在红军内批斗邓小平，声色俱厉地指责"邓、谢、毛、古几位无气节的小资产阶级出身的同志……他们对于四中全会后的新的中央领导表示极端不信任，甚至以'洋房子先生'相呼"，并称"这些同志如果再不彻底纠正其错误，我们建议中央局把他们洗刷出布尔塞维克的队伍"。[②]

面对"左"倾领导的"无情打击"，邓小平、毛泽覃、谢唯俊、古柏等人除了承认自己工作方面的缺点外，对其他诸如"路线"问题、"小组织"问题和"反党派别"之类的莫须有罪名一概不承认。面对"左"倾错误推行者的高压，邓小平始终"没有在党的布尔什维克火力前面，解除武装"[③]，"始终不肯诚恳地认识和揭发自己的机会主义"[④]，并竭力"替自己的机会主义辩护"[⑤]。他在书面检讨中写道："我觉得：第一是我感觉了解是错了，没有什么问题，第二是自己感觉到不会走到小组织的行动，不成严重

---

① 《斗争》第 12 期，1933 年 5 月 20 日，第 8 页。

② 《工农红军学校党、团员活动分子会议关于江西罗明路线的决议》（1933 年 5 月 4 日），《六大以来》上册，人民出版社 1981 年版，第 360 页。

③ 《江西省委对邓小平毛泽覃谢唯俊古柏同志二次申明书的决议》（1933 年 5 月 5 日），《斗争》第 12 期。

④ 罗迈：《为党的路线而斗争》，《斗争》第 12 期，1933 年 5 月 20 日。

⑤ 《试看邓小平同志的自我批评》，《斗争》第 8 期，1933 年 4 月 15 日。

问题。"① 当他做了一两次书面检查之后，就一概拒绝，并坚定、冷峻地表示："我没有什么可再说的""我写的是真话"，说完"把腰板一挺，不再作进一步的检查"。后来一个美国记者写道："当他认为自己正确的时候，就决不向错误的判断低头。他支持毛泽东的策略，在这一点上，谁也无法使他动摇。"②

博古等"左"倾领导对他们的态度感到非常恼火，1933 年 5 月 5 日，责令江西省委做出了《对邓小平毛泽覃谢唯俊古柏四同志二次申明书的决议》（以下简称《决议》）。《决议》写道：省委认为邓、毛、谢、古四同志的第二次申明书与第一次申明书的内容没有任何不同，他们对省委的决议和谈话，只是以外交方式来接受，他们反党的机会主义政纲和小组织的活动并没有在党的布尔什维克火力面前，解除武装，只是在党内残酷斗争中不得不暂时掩偃旗息鼓，而没有根本放弃其小组织的机会主义路线。

《决议》宣布：（一）必须向党作第三次申明书；（二）邓小平同志，必须无保留地揭发他由第七军工作时起经过党大会经过会寻安工作直到第二次申明书止，一贯的机会主义错误和派别观念，以至派别活动，再不容许有任何掩藏；（三）谢、毛、古三同志，必须向党忠实地从历史根源彻底地揭发反党的小组织活动，和小组织的形成，以至全部机会主义政纲，同时必须采取必要的办法，宣布小组织的解散；（四）四同志在省委所指定的群众工作中艰苦地担负起自己的任务，来表现忠实地为党的路线而坚决斗争③。

由于邓小平、毛泽覃、谢唯俊、古柏四人坚持正确立场，最后被撤销一切职务，全部下放到基层。

毛泽覃在劳动一段时间后，被调回瑞金，在苏区互济总会任宣传部部长，后来又被调到中央组织局工作。红军长征后，留在苏区坚持游击战

---

① 罗迈：《为党的路线而斗争》，《斗争》第 12 期，1933 年 5 月 20 日。

② 哈里麦·索尔兹伯里：《长征新记》，新华通讯社 1986 年编印，第 118 页。

③《斗争》第 12 期，1933 年 5 月 20 日，第 16 页。

争，1935 年 4 月 25 日牺牲于瑞金黄鳝口红林山区。

古柏被撤职"改造"了一段时间，后来被调回中央，分配到会昌县任扩红突击队长。后又因为在扩红时不搞强迫命令，未能按时完成任务，被开除党籍。红军长征后，被留在苏区。1935 年 3 月 6 日在广东龙川县鸳鸯坑牺牲。

谢唯俊被下放后一直在乐安县当一般干部，红军主力长征前夕到红军大学学习，后参加长征，到陕北后在一次战斗中牺牲。

邓小平被撤销江西省委宣传部部长的同时，受到党内的"最后严重警告处分"，被派到乐安县南村区委当巡视员。因为南村区接近前线，中央局领导认为邓小平在前线工作容易"逃跑"，不放心，所以又派他到宁都县赖村区石街乡"蹲点"，后又调到宁都县城附近的一个乡接受劳动改造，有时饭都吃不饱。邓小平撤职劳动的同时，精神又遭受折磨。他的妻子阿金（金维映）顶不住压力，与他离婚，嫁给了罗迈。

邓小平落难时得到李富春、蔡畅等人的关照。据当时在江西省委妇女部工作的危秀英回忆说：

邓小平同志被撤职后，在宁都一个乡里劳动，蔡畅大姐分我去那里了解几个妇女问题。临回宁都时，他对我说："秀英，你要回省委去呀？""告诉蔡大姐，我在这里吃不饱饭，肚子好饿。"

我回去跟蔡大姐一说，大姐问，他还说了什么，我说：没说什么了。蔡大姐让我去她抽屉里看看还有没有钱。当时，他们每人分二分钱的伙食尾子，一分钱用来交党费，一分钱零用。我一共找出二分，李富春也找出二分。蔡大姐让我上街买二分钱的猪油，其余钱买大蒜，辣椒。东西买回来，蔡大姐炒菜，煮了一脸盆干粮，用禾草揣上，叫我去找小平同志来。叮嘱我们从厨房后门进，我跑回乡里，告诉小平，蔡大姐做了饭，请他去吃。他连声说走走走。我们一前一后进了厨房，蔡大姐又叫我到后门放哨。小平同志把一盆饭都吃了……①

---

① 江西省妇女联合会编：《女英自述》，江西人民出版社 1988 年版，第 260—261 页。

面对邓小平、毛泽覃、谢唯俊、古柏等人的遭遇，曾与他们一起工作过的林伯渠在延安时曾赋诗一首：

> 偶忆往事便心惊，
> 谢古邓毛剩小平。
> 割裁无情读八股，
> 江西路线有罗明。

对于邓小平在反"罗明路线"中的遭遇，1972 年 8 月 14 日毛泽东在邓小平给他的来信批示中写道：

邓小平同志所犯的错误是严重的。但应与刘少奇加以区别。（一）他在中央苏区是挨整的，即邓、毛、谢、古四个罪人之一，是所谓毛派的头子。整他的材料见两条路线，六大以来两书。……（二）他没历史问题。即没有投降过敌人。（三）他协助刘伯承同志打仗是得力的，有战功。除此之外，进城以后，也不是一件好事都没有作的，例如率领代表团到莫斯科谈判，他没有屈服于苏修。这些事我过去讲过多次，现在再说一遍。

毛泽东
七二年八月十四日①

"左"倾中央领导不仅在地方上开展所谓反"罗明路线"的斗争，而且在红军中开展了反对以闽赣军区司令员肖劲光为首的"红军中的罗明路线的斗争"，矛头也指向毛泽东。李德在《中国纪事》中说："博古警告我，不要在革命军事委员会谈及这个问题。毛泽东对这个问题反应很敏

---

①毛毛：《我的父亲邓小平》上卷，中央文献出版社 1993 年版，第 318 页。

肖劲光（1903—1989），红军高级指挥员，曾在莫斯科东方大学、列宁格勒军政学院学习，为列宁守过灵。1930年回国后奉命进入中央苏区，任过中央军事政治学校校长、红五军军团政治委员等职，1933年调任闽赣军区司令员、红七军团政委。

感，因为从根本上说，他同罗明和肖劲光执行的是同一条路线"。[1]

1933年11月，"左"倾领导把错误军事指导造成的黎川失守的责任推到闽赣军区司令员、红七军团政委肖劲光身上，指责他犯了"退却逃跑"错误，将他打成了"罗明路线在军队中的代表"，将他撤职，调往建宁总部审查。对此，肖劲光回忆说：

我被撤职送往建宁的当天晚上，前总的一位负责同志接见了我，给了我一份《铁拳》，我一看，是《反肖劲光机会主义专号》，上边刊载着顾作霖等三位同志的文章。其中有一篇叫《反对红军中以肖劲光为代表的罗明路线》。很显然，这就是当时给我的问题确定的性质。看了文章，我感到有许多说法与事实不符，心里很不是滋味。事情还未弄清楚，问题却已经定性了。我向这位负责同志进行了申辩。这位负责同志说，"虽然事实有出入，但是党已经决定在军队中开展反对以你为代表的右倾机会主义路线的斗争，以教育全党，你应该服从党的决定。"我说，"如果不讲事实，如果是这样的说法，我还有什么话可讲呢？"以后便再也无人找我谈话了。

在建宁进行"审查"之后，我即被送往瑞金。到瑞金后，第一次参加党的活动分子会议，就开展了对我的斗争。会议的内容是"反肖劲光机会主义"，由博古作报告。报告的内容与《铁拳》上文章的内容完全一样，有些地方更加扩大化，并提出"打倒蒋介石的走狗肖劲光"等等口号。以后，又在全军上下，运用报刊、漫画、演戏等各种形式，开展对我的批判斗争。后来，博古告知我，"党决定要公审你"。这样，在瑞金近一个月的时间，未经初审，便召开了公审大会。[2]

---

① ［德］奥托·布劳恩（李德）：《中国纪事》，现代史料编刊社1980年版，第45页。
② 《肖劲光回忆录》，解放军出版社1987年版，第139—140页。

1934年1月6日上午,公审肖劲光在瑞金进行,博古、李德主张判他极刑。虽然肖劲光进行了申辩,但仍然判了他五年徒刑,而且不准上诉。毛泽东和王稼祥对此判决感到十分气愤,竭力出面干预。毛泽东还派贺子珍到囚室探望肖劲光。后来虽然肖劲光没有判刑,但还是被开除了党籍、军籍,并被调往红军学校任教,一直到长征。遵义会议后,周恩来找肖劲光谈话,宣布中央决定说:"你的问题过去搞错了,处分都不算数,恢复党籍、军籍,中央准备安排你的工作。"[1] 不久,肖劲光被任命为红三军团参谋长。

反对所谓"罗明路线"的斗争持续了一年零八个月的时间,扩展到中央苏区的方方面面,一直到红军长征才被迫中止。"'罗明路线'成了机会主义的代名词,反'罗明路线'成了中央局手中的一个现成武器,可以用来扫荡不利于推行'进攻路线'的障碍,用来打击对'左'倾冒险主义表示怀疑、不坚决支持、不积极拥护的党政军领导干部。"[2]

"反'罗明路线'的斗争,从福建到江西,从地方到中央机关以至波及主力红军部队,错误地批判了中央苏区实际斗争中发展起来的正确的策略思想和方针政策,无情地打击了大批有丰富实际斗争经验的、敢于公开反对'左'倾冒险主义的党政军干部。如福建省苏维埃主席张鼎丞被撤职;福建军区政委谭震林被调离领导岗位,《斗争》第18期还发表专文加以批判;中央政府财政人民委员邓子恢、工农检察人民委员何叔衡,也遭批判和撤职。如果说,经过赣南会议和宁都会议,'左'倾冒险主义的方针政策在中央苏区取得了合法形式,毛泽东被迫离开了中央苏区党和红军的领导岗位,那么,这场反'罗明路线'的斗争,则力图从思想上到组织上全面巩固'左'倾冒险主义在中央苏区的实际统治地位。"[3]

---

[1]《肖劲光回忆录》,解放军出版社1987年版,第141页。

[2] 程中原:《张闻天传》,当代中国出版社2006年版,第110页。

[3] 程中原:《张闻天传》,当代中国出版社2006年版,第111页。

　　"左"倾中央利用反"罗明路线"斗争，"打击这一大批同志的目的，是打击以毛泽东同志为代表的正确路线，以压制党内、军内拥护毛泽东同志，反对王明'左'倾冒险主义的同志"①。

　　后来罗迈回忆说："反'罗明路线'，无论在福建还是在江西，矛头都是指向毛泽东的正确路线的"，"反'罗明路线'，就是要使毛泽东在地方、党里和红军里的威信扫地。"②

　　后来当事人罗明写文章说："王明为代表的'左'倾教条主义者，他们发动反'罗明路线'的斗争，实质上是贯彻六届四中全会'反右倾'和'改造充实各级领导机关'的错误纲领的一个新的严重步骤。其目的是要进一步反对毛泽东同志和以毛泽东同志为主要代表的马克思主义路线，打击中央苏区执行这一正确路线的各级党政军领导干部，使王明的'左'倾冒险主义在整个苏区得以全面贯彻。"③

　　反对"罗明路线"的矛头指向毛泽东，没有公开点名批判毛泽东的原因不是临时中央不想这样做，而是因为毛泽东在国内外有很大影响，共产国际执委会有一个电报干预此事："对毛泽东必须采取尽量忍让的态度和运用同志式的影响，使他完全有可能在党中央或中央局领导下做负责工作。"④

　　在"左"倾中央的打击下，毛泽东陷入了逆境中。博古对江西省委负责人说："毛泽覃、谢唯俊还与毛泽东通信，他们心里还不满，这是派别活动。"⑤这使得人们不敢接近毛泽东。为了不牵连或少牵连别人，毛泽东也很少和别人说话。毛泽东的亲属也受株连而遭到打击。后来毛泽东对外国朋友谈起过他的这段艰难处境："他们迷信国际路线，迷信打大城

---

①《肖劲光回忆录》，解放军出版社1987年版，第141页。

②李维汉：《回忆与研究》（上），中共党史资料出版社1986年版，第337、339页。

③罗明：《关于"罗明路线"问题的回顾》，《中共党史资料》1982年第2辑，中共中央党校出版社1982年版。

④《共产国际执委会致中共中央电》（1933年3月），转引自金冲及主编：《毛泽东传（1893—1949）》，中央文献出版社1996年版，第305页。

⑤李维汉：《回忆与研究》（上），中共党史资料出版社1986年版，第337页。

市，迷信外国的政治、军事、组织、文化的那一套政策。我们反对那一套过'左'的政策。我们有一些马克思主义，可是我们被孤立。我这个菩萨，过去还灵，后头就不灵了。他们把我这个木菩萨浸到粪坑里，再拿出来，搞得臭得很。那时候，不但一个人也不上门，连一个鬼也不上门。我的任务是吃饭、睡觉和拉屎。还好，我的脑袋没有被砍掉。"①红军长征时，"左"倾中央还想不带毛泽东走。担任李德俄文翻译的伍修权回忆说："最初他们还打算连毛泽东同志也不带走，当时已将他排斥出领导核心，被弄到于都去搞调查研究。后来，因为他是中华苏维埃主席，在军队中享有很高威望，才被允许一起长征。如果他当时也被留下，后果就难以预料了。"②

毛泽东在逆境中仍然抓紧时间，认真阅读马列主义著作，总结革命经验。他在1957年同曾志谈道："我没有吃过洋面包，没有去过苏联，也没有留学别的国家，我提出建立以井冈山根据地为中心的罗霄山脉中段红色政权，实行红色割据的论断，开展'十六字'诀的游击战和采取迂回打圈战术，一些吃过洋面包的人不信任，认为山沟子里出不了马克思主义。1932年开始，我没有工作，就从漳州以及其他地方搜集来的书籍中，把有关马恩列斯的书通通找了出来，不全不够的就向一些同志借。我就埋头读马列著作，差不多整天看，读了这本，又看那本，有时还交替着看，扎扎实实下功夫，硬是读了两年书。""后来写成的《矛盾论》，《实践论》，就是在这两年读马列著作中形成的。"③

在逆境中，毛泽东表现得非常从容。李维汉描述道："他坚持守三条：一是少数服从多数；二是不消极；三是争取在党许可的条件下做些工作。那时王明路线的主要负责人整人整得很厉害，不是把你拉下领导职务就算了，还批得很厉害。毛泽东在受打击的情况下，仍能维护党的统一，坚持

---

① 毛泽东接见一个外国共产党代表团的谈话记录，1965年8月5日。转引自《毛泽东传（1893—1949）》，中央文献出版社1996年版。

②《伍修权同志回忆录》（之一），《中共党史资料》第1辑，第176页。

③《缅怀毛泽东》（上），中央文献出版社1993年版，第401、402页。

正确的路线和主张。"①

"这种错误的党内斗争，成了领导或执行'左'倾路线的同志们提高其威信、实现其要求和吓唬党员干部的一种经常办法。"其结果诚如中共六届七中全会通过的《关于若干历史问题的决议》指出的那样："它破坏了党内民主集中制的基本原则，取消了党内批评和自我批评的民主精神，使党内纪律成为机械的纪律，发展了党内盲目服从随声附和的倾向，因而使党内新鲜活泼的、创造的马克思主义之发展，受到打击和阻挠。""同这种错误的党内斗争相结合的，则是宗派主义的干部政策。""这种宗派主义的错误，使党内发生了上下脱节和其他许多不正常现象，极大地削弱了党。"②

后来毛泽东多次提到这段历史。

1941 年 9 月 10 日，他在延安的政治局扩大会议上说："一九三三年反邓、毛、谢、古'右倾机会主义'的一篇文章，实际上是指鸡骂狗的。当时认为'罗明路线'在福建，在江西，在建黎泰，整个中央苏区都弄成是'罗明路线'。"

1945 年，毛泽东在《七大工作方针》中重提此事："还有说反罗明路线就是打击我的，事实上也是这样。"

1960 年，毛泽东在他 67 岁生日时对身边的工作人员谈起在中央苏区的坎坷：那时"不让我指挥军队，不让我参加党的领导工作。我就在一个房子里，两三年一个鬼也不上门。我也不找任何人，因为说我搞宗派主义，什么邓、毛、谢、古"。

这段逆境经历也锻炼了毛泽东。1962 年 1 月，在举行的扩大的中央工作会议上，他讲道：

"不论党内党外，都要有充分的民主生活，就是说，都要认真实行民主集中制。要真正把问题敞开，让群众说话，哪怕是骂自己的话，也要让

---

① 李维汉：《回忆与研究》(上)，中共党史资料出版社 1986 年版，第 338 页。

② 《毛泽东选集》第三卷，人民出版社 1991 年版，第 986—987 页。

人家讲。骂的结果，无非是自己倒台，不能做这项工作了，降到下级机关去做工作，或者调到别的地方去做工作，那又有什么不可以呢？一个人为什么只能上升不能下降呢？为什么只能做这个地方的工作而不能调到别个地方去呢？我认为这种下降和调动，不论正确与否，都是有益处的，可以锻炼革命意志，可以调查和研究许多新鲜情况，增加有益的知识。我自己就有这一方面的经验，得到很大的益处。不信，你们不妨试试看。"①

毛泽东在1965年上井冈山时总结说："问题的本质，是路线正确与否，是政治路线、组织路线的正确与否。政治路线决定之后，才是组织路线。路线对了，下面同志干劲大，才会胜利。路线错了，很多工作都会走到邪路上去。这是很关键的。"②

（二）查田运动

"左"倾中央在苏区强制推行"地主不分田，富农分坏田"的错误政策，并将这个土地政策写进为第一次全国苏维埃代表大会起草的《土地法》草案。为了推行这个政策，从1932年起，开始在中央苏区酝酿"查田运动"。1932年5月，江西省全省工农兵第一次代表大会通过《土地问题决议案》，提出组织查田委员会检查土地分配情况。1932年7月13日，福建省苏维埃政府颁布检查土地条例，要求在全闽西普遍进行一次"土地检查"，将地主和反革命富农、工头、老板、商人、和尚、道士、尼姑、算命先生等分到的土地和富农分到的好田都清查出来，予以没收，交给贫雇农"重新分配"。

1933年1月底临时中央到苏区后，下令在整个中央苏区开展大规模的查田运动。1933年2月1日，中央土地部要求："田未分好，或分得不好的地方：如会昌、石城、安远、寻邬、博生、南广、新泉、宁化等县，要马上发动群众，重新分田，或彼此将田对调，土地分得更好的地方，要组织突击队、查田队去检查别区的或别县的土地，发动他们，重分或对调，

---

① 《毛泽东著作选读》下册，人民出版社1986年版，第816、817页。

② 马社香：《前奏——毛泽东1965年重上井冈山》，当代中国出版社2006年版，第170页。

限二月内全县田园，必须彻底分好，要使豪绅地主分不到一寸土地，富农分不到一丘好田"。①

1933 年 2 月 10 日，博古在《红色中华》第 51 期发表《为着布尔塞维克的春耕而斗争》，他指出："彻底进行老苏区的查田运动与新发展区域中的迅速没收地主阶级土地及将其平均分配给雇农苦力贫农中农，必须使得土地革命的利益完全落在贫农雇农中农身上"，实行"正确的土地分配"，号召"动员我们一切力量，开展我们在各个战线上的全线的进攻"。

博古将查田运动的领导责任交给苏维埃中央政府主席毛泽东。毛泽东对这种"左"倾土地政策竭力反对，他曾说：

> 地主不分田者，肉体上消灭地主之谓也，这是出于哪一条马列主义的？……不给地主一份土地去耕种，其结果，便是迫着他们去当绿色游击队，手执武器向苏维埃拼命，这有什么好处呢？富农分坏田，把富农降到赤贫，让这一部分农民也反对我们。在民主革命时期，在民主革命还未胜利时期，在强大敌人进攻、革命谁胜谁负还未决定时期，就要用不分田、分坏田的政策对待地主富农，这是属于哪一条列宁主义的呢？②

毛泽东的正确意见却被指责为"非阶级路线""富农路线"，遭到错误批判。虽然毛泽东竭力将查田运动按照正确的方向发展，如强调查田运动是"查阶级"，不是按亩查田，更不是重新分田；查阶级是查地主、富农阶级，决不是查中农、贫农、工人阶级，挨家挨户去查是绝对错误的；决定阶级成分，要十分谨慎，不要将中农弄成富农，将富农弄成地主，也不要将地主、富农弄成中农、贫农；如果过去有弄错误了的，应该推翻原案。③还主持制定《怎样分析农村阶级》的文件，对划分阶级的标准做

①《红色中华》第 52 期第 5 版，1933 年 2 月 13 日。
②《毛泽东文集》第二卷，人民出版社 1993 年版，第 342 页。
③毛泽东：《查田运动的群众工作》，《斗争》第 32 期，1933 年 10 月 28 日，第 5 页。

了明确统一的规定，但是查田运动中的"左"倾错误还是占了上风。据统计，查田运动开展后的三个月内，江西、福建和广东三省就查出所谓的地主6998家、富农6638家。这些新查出的地主富农中有一大部分是中农，甚至是贫雇农和工人。更为严重的是，"左"倾领导者们还将查田运动与肃反运动及"洗刷"阶级异己分子搅在一起，将大量查出的"地主富农分子"洗刷出革命队伍。①

　　查田运动中的"左"倾错误给中央苏区造成了极大困难，特别是影响了正在进行的第五次反"围剿"战争。

　　（三）关门主义

　　"左"倾教条主义不适应变化的形势，对外采取关门主义，使中国共产党失去了与中间力量合作的机遇，影响了革命力量的发展。还采取冒险主义政策，给革命造成巨大损失。

　　九一八事变发生后，毛泽东、朱德、贺龙、彭德怀等在1931年9月25日联名发表文告指出："现在日本帝国主义的军队已经占据了满洲最重要的一切城市，用枪炮炸弹屠杀着满洲劳苦的工农群众与兵士，把满洲已经完全看作是他们的殖民地了。"因此主张坚决抗日。

　　但以王明为代表的"左"倾教条主义中央看不到全国形势的大变动，却把日本侵占我国东北看作主要是"反苏战争的导火线"，脱离实际地提出"武装保卫苏联"的口号；看不到中间派的积极变化和国民党内部的分化，而把中间派视为"最危险的敌人"，要以主要力量对它进行打击；一味强调"进攻路线"，宣称"目前中国政治形势的中心的中心，是反革命与革命的决死斗争"②，把反对这种冒险行动的主张一概斥责为"保守""退却"以至右倾机会主义路线。

　　在上海一·二八事变中，民族主义高涨，"左"倾冒险主义统治的中央却发出《请看！！！反日战争如何能够得到胜利？》的指示，猛烈地抨击

---

① 余伯流、凌步机：《中央苏区史》，江西人民出版社2001年版，第1052页。

② 《中共中央文件选集》第7册，中共中央党校出版社1991年版，第406页。

十九路军将领，提出了许多脱离实际的主张，把党领导群众抗日斗争的大好形势转移了。这个指示一开篇就说："这次反日战争胜利的原因，不是蒋光鼐，蔡廷锴等一些国民党军阀的领导""国民党军阀们的领导作战，不是为了要使这一战争得到彻底的胜利，而是为了要在'抗日'的招牌之下，利用兵士与民众的反日斗争，欺骗革命的士兵与革命的民众，造成马占山那样'民族英雄'的美名，来侵吞民众的捐款，来向帝国主义投降出卖，使革命战争失去领导而失败。"声称这是"目前反日战争中最大的危险"。从上述观察出发，提出了冒险主义的指示："要取得民族革命战争的彻底胜利，必须推翻国民党军阀的这一领导，把领导权拿在民众自己的手里。"具体的主张如下：

（一）十九路军士兵立刻不顾一切长官的命令，追击日军到租界内，消灭日军的根据地，坚决反对"退却""停战"，把上海交给任何帝国主义；

（二）民众反对国民党政府的一切压迫，自动启封一切革命团体，大批的武装工人与一切劳苦群众，组织民众的义勇军与游击队，保护自己的革命组织，并参加前线作战；

（三）革命的士兵，立刻组织兵士委员会，直接接收与分配民众的捐款与慰劳品，监视与逮捕一切不抵抗的长官，并且加入民众的革命组织；

（四）武装的工人，农民，兵士，立刻成立革命军事委员会，领导这一民族的革命战争；

（五）革命军事委员会立刻没收一切日本帝国主义的银行，工厂，商店与交通工具，拿来作为民族革命战争的用途。并且以同样的办法对付帮助日帝国主义的其他帝国主义！

（六）革命军事委员会立刻腾出一切公共房屋给失业工人与灾民居住；没收一切日本帝国主义的建筑交给工人与灾民的组织；它从大资本家大商人大批的征发粮食与衣被，分配给失业工人与灾民；它更没收一切帝国主义走狗与投机资本家的财产；它立刻宣布八小时工作制与社会保险，改良失业工人的生活；它没收一切地主的土地分配给贫苦农民；

（七）由革命军事委员会召集工农兵以及一切劳苦民众的代表会议，它把政权交给民众自己的政府。

"只有这些具体办法的实现，我们才能把民族革命战争的领导权拿在我们的手里，而不为国民党的军阀所出卖。也只有这样，民族革命战争才能得到彻底的胜利！"①

"临时中央这个指示是主观主义、冒险主义、关门主义在一·二八淞沪抗战中的集中反映。"②造成了革命机遇的丧失。

"左"倾中央还以短促突击发展党员，采取冒险主义的行动去发展党员、团员。王明主持江南省委后，1931 年 1 月 15 日作出的《关于发展党员建立支部生活的指示》在"如何介绍新同志"一节中规定：

1.要在每天厂内的日常斗争中（如反对罚工钱，反对开除人等等），年关斗争，"二七"纪念等，看谁是反抗资本家的？谁是有阶级觉悟的？谁是同情我们主张的，把他们介绍入党。

2.每个同志在厂内经常与那几个工人一起作工，与那几个工人同住工房，就要向他们宣传党，经常谈话，介绍他们入党。

3.每个同志要把红旗报天天送给工人看，由读报的关系向他们宣传党，介绍他们入党。

4.礼拜日或放工后，每个同志去邀积极的工人到自己家里谈话或到他们家里谈话，经常向他们宣传，介绍他们入党。

5.支部同志在厂内去组织各式各样团体（如工会，弟兄团，俱乐部，反帝同盟，互济会等等），把工会或互济会等中积极工人，介绍入党。

6.支部要在厂内做公开宣传，如写小标语"共产党是为工人谋利益的，大家加入共产党"看那几个工人赞成这些标语，就与他们谈话。

---

① 《中共中央文件选集》第 8 册，中共中央党校出版社 1991 年版，第 144—145 页。
② 金立人等：《王明"左"倾冒险主义在上海》，远东出版社 1994 年版，第 115 页。

7. 支部要设法到全厂各间去发展同志，分配各同志去接近各间工人，发展各间里的新同志。

在"介绍女同志"一节中规定："每个同志必须在厂内去找各种机会与女工谈话，介绍她们入党，不能单靠区委的女同志去做。""每个男同志必须与自己的老婆经常谈革命问题，介绍她们入党。"①

在第五次反"围剿"中，"左"倾中央对福建人民革命政府从"左"的面貌出发，采取了关门措施。当时在莫斯科的中共驻共产国际代表团团长王明认为福建事变不是真的反蒋抗日，而是"十九路军上级将领玩弄手腕和'左'倾词句"，他断言："如果以前我们每次的胜利，使反革命派别更加团结和更加一致地去进攻红军，那么，这一次因为反革命在自己经验中感觉到红军是不可战胜的力量的缘故，我们的胜利却反而临时地加紧了反革命营垒中的分裂、冲突和公开火并，这一次就必然客观上有利于苏维埃革命的向前发展。"②"左"倾路线认为，"十九路军之公开揭树独立的旗帜，抛弃国民党的外衣，创立所谓人民革命政府酷〔并〕提出一些'左'的革命空话及武断宣传，这是证明着国民党内部的纷争与崩溃的深刻。'人民革命政府'存在以来一个多月的事实，证明他的一切空喊与革命的词句，只不过是一部分以前国民党的领袖及政客们的一种欺骗民众的把戏。他们并不是为了要推翻帝国主义和地主资产阶级的统治，而是为了要维持这个统治，为了阻止和妨碍中国民众胜利的反帝国主义的民族解放斗争，和他们向着苏维埃道路的迈进。"③

从这个判断出发，中国共产党采取了如下基本方针：

---

① 《江苏革命历史文件汇集》（1931 年 1—8 月），中央档案馆、江苏省档案馆 1986 年版，第 21—23 页。

② 《王明言论选辑》，人民出版社 1982 年版，第 375 页。

③ 《目前的形势与党的任务决议——在中共六届五中全会上的报告》（1934 年 1 月 18 日），黎辛、朱鸿召主编：《博古，39 岁的辉煌与悲壮》，学林出版社 2005 年版，第 90 页。

（一）尽量利用统治阶级内部的矛盾以争取群众的同盟者以推动和发展在福建以及全中国的群众的反日反国民党的斗争。将这个问题提高到争取革命后备军的高点上来。

（二）最严格的无情的揭露福建派口号与政纲的反动性及其领袖的动摇，妥协，投降，出卖，并使群众在自己的实际经验上了解只有苏维埃能救中国的真理，以促进第三条道路找寻者的破产，以保证群众决定的转变到我们方面来。

（三）在福建派承认苏维埃红军三个条件的基础上，不拒绝与福建政府订立初步反日反蒋的协定，以便在群众的面前证明苏维埃红军忠实于自己的宣言并只要有最小的可能都用来为着实际的实现民族革命战争而奋斗，同时最严厉的批评指斥福建派对协定的执行的延宕，迟疑背约，藉以揭破他们的真实面目。①

为了落实这个基本方针，中国共产党采取了下列主要步骤：

（一）最坚决揭露人民政府的政纲：指出其政纲之中"否认帝国主义强制的订立的不平等条约"实际上就是对帝国主义的投降及拥护不平等条约的继续存在，指出"计口授田"实际上是阻止农民自动手的没收地主阶级的土地，是反对土地革命的口号，揭破所谓生产人民的术语是用以模糊抹杀阶级与阶级斗争的工具，而以党和苏维埃的革命政纲尖锐地与他对立起来。

（二）利用他的反日反蒋的左的空谈及民主权利的允诺，发动广大的反日反蒋的群众运动，号召群众自动手的实现一切民主的武装的权利，提高这个运动到武装民众的民族革命[战]争及土地革命的高点。

（三）为着这点加强党在福建的工人农民及一切劳动群众的工作，组织他们在工会反日会农民委员会等等中间，并实行自己武装起来同时采用

---

① 《为着实现武装民众的民族革命战争，中国共产党做了什么和将做些什么？》（1934 年 7 月 8 日），黎辛、朱鸿召主编：《博古，39 岁的辉煌与悲壮》，学林出版社 2005 年版，第 138 页。

最广泛的下层统一战线的策略并保证在这个运动中的我们的独立领导。

（四）在苏维埃红军宣言的三个原则的基础上，苏维埃与人民政府订立反日反蒋的初步协定，并采用许多政治和军事的步骤以求这个协定的实现及推动反日反蒋的斗争，同时最严厉批评指斥揭露"人民政府"的对协定的怠工，藉以揭露人民政府领袖的反革命面目。

（五）加强在十九路军士兵中的工作，号召他们反对反动的长官，实行坚决的反日反蒋的武装斗争，号召他们与红军联合与加入红军。[①]

以王明为代表的"左"倾冒险主义、关门主义"在革命根据地的最大恶果，就是中央所在地区第五次反'围剿'战争的失败和红军主力的退出中央所在地区"[②]。

四 教条宗派的分化

（一）博古的反思

作为王明"左"倾教条主义路线的执行者，博古的觉醒是一个比较长的过程，特别是在经过延安整风以后，他才真正从"左"倾教条主义的泥坑中跳出来。他的反思是王明"左"倾教条主义路线破产的重要标志。

总体来说，博古是在特定历史条件下犯的错误，有主客观原因，主观原因是年纪轻，缺乏革命斗争的实际经验，思想还未成熟。诚如博古自己后来所说：由于"思想方法也是小资产阶级的，未建立起无产阶级的宇宙观，没有实际锻炼，到苏联后，仍以小资产阶级思想去学习马列主义，开始即觉得马列主义精神广大，另一方面受到德波林的影响，两者一结合成为教条主义"，"20岁刚出头当党的总书记，除了知道要打倒国民党，打倒

---

①《为着实现武装民众的民族革命战争，中国共产党做了什么和将做些什么？》（1934年7月8日），黎辛、朱鸿召主编：《博古，39岁的辉煌与悲壮》，学林出版社2005年版，第140页。

②《毛泽东选集》第三卷，人民出版社1991年版，第968页。

毛泽东和博古

帝国主义，别的知道得很少，这怎么能不犯错误呢？"[1] 客观原因主要是共产国际的错误指导。因为当时中共是共产国际的一个支部，所以在许多方面必须听命于共产国际。而当时中共实际决策者是唯国际是从的王明，博古是实际执行者。

博古对自己的错误进行了比较彻底的反思，并且在实践中去改正自己的错误，弥补自己的过失。他的这种诚恳态度得到了党内同志的普遍好评，被认为"这种勇于自我批评，愿意改正错误的精神就是党性纯洁的表现，就是无产阶级无私无畏的崇高品质表现"[2]。在党的七大上，博古做了系统的长篇发言，从思想路线的高度清理了自己的"左"倾错误，认识到错误的根源在于"根深蒂固的教条主义；浓厚的宗派主义；恶劣的个人主义"，特别是教条主义使他对中国革命的"形势、性质、动力、对象"等一系列问题"生吞活剥苏联经验"，而不是从中国革命实际出发。他表示对这条政治路线所造成的恶果"负全部责任"，"很痛苦在于不可挽救的损失，特别想到许多同志在错误路线下被牺牲打击"，感到"罪孽深重，百身莫赎"，表示要"脱胎换骨，重新做人，脱小资产阶级胎，换教条主义骨"。博古的发言标志着他彻底抛弃了教条主义的思维方

---

① 黎辛、朱鸿召主编：《博古，39 岁的辉煌与悲壮》，学林出版社 2005 年版，第 324、337 页。
② 胡乔木：《胡乔木回忆毛泽东》，人民出版社 2014 年版，第 197 页。

式，确立了辩证唯物主义的思想路线。他的诚恳检讨赢得了大家的谅解，所以他在中共七大上仍被选为中央委员。《我的父亲邓小平》一书认为，"博古不但在思想上诚恳地接受了党对他的批评和真诚地作了自我批评，在工作上也一如既往地保持了一个共产党员应有的奉献精神"，"博古虽有错误，给革命事业造成过巨大损失，但是他为人磊落真诚，知过能改，因此在党内仍享有良好的声誉"①。

博古在中国共产党第七次全国代表大会上的发言（节录）
（1945 年 5 月 3 日）

第三个阶段，是这条路线的发展和破产的阶段，这是从 1931 年"九一八"到 1935 年 1 月遵义会议。在这个阶段中，这条路线，在各方面都曾有所发展。由于客观情况的急剧变化，所以这条路线在这个阶段中是继续坚持执行的，变成为完全同现实不相适合的倒行逆施的一条路线。其结果发展到荒谬绝伦的地步，有许多时候变成失去理智的违背常识的错误。在哪些问题上这个时期中更加发展了呢？

第一是轻视与忘掉了反帝。在九一八以后正是反帝国主义高潮来临的时候，我们在这个时期，实际放松了这个反帝的革命任务，采取了完全拒绝统一战线的政策，因而对于上海战争，我们采取的不是积极联合军队抵抗日本的政策，而采取了号召十九路军士兵反对他们官长的政策。而对当时起来反对国民党不抵抗政府，要求抗战，要求国民党民主的党派，我们非但拒绝和他们作某种联合或统一行动，反而把他们当做最危险的敌人而加以打击。

第二是对于当时形势的估计，一次比较一次高，开始是"全国有革命的高潮"，以后是"全国有革命的形势"，再以后则"有直接革命形势"，最后则全国在"革命"中。从这种不正确的形势估计中，也就产生了把五

---

① 毛毛：《我的父亲邓小平》上卷，中央文献出版社 1993 年版，第 350 页。

次"围剿"估计为"两个道路的决战"。

第三是关于苏区的军事指导，军事路线。从临时中央搬到苏区后，这方面便大大的发展了。这个发展贯彻在对反五次"围剿"的军事指导中，就是正规化正规战争，分兵把口，短促突击，和敌人拼消耗的消耗战。在错误的军事路线造成了五次"围剿"的失败，中央苏区的丧失。

以上是在这个时期中加以发展了的。另外在某些问题上，是深入贯彻了的。

第一是打击中间党派，打倒一切，拒绝一切同盟者。这在"九一八"以后特别尖锐坚持。一直到十九路军事变，在反蒋的福建人民政府成立，我们和它订立协定之后，还认为它是最危险的反革命派别而反对它，拒绝给以应有援助，使人民政府失败，中央苏区也随之危急。

第二是白区工作中拒绝利用合法的盲动的冒险的政策。在全部白区工作中，这是加以深入推广的。在白区工作的各个部门里，有反对职工运动中的机会主义的斗争，实际上就是反对刘少奇同志的正确的白区工作的路线，有反对"北方落后论"的斗争，就是把冒险盲动的政策推广到北方去。

第三是苏区各方面的具体政策。在土地政策上，财政经济政策上，文化教育政策上，工会政策上等等全部政策都把它深入贯彻到底。

所以在这个时期政治路线，有一部分是更加发展了这条路线，另一部分是深入贯彻了这条路线。

这个时期教条主义的思想方法，因为这条路线已经取得了党内的统治地位，所以就把它推广出去，销售出去，用教条主义的方法来改造党，来进行党内的思想教育，使教条主观主义的影响深入下去；同时，在我们自己这方面，这个时候更运用教条这个法宝来吓唬人。

在宗派主义这方面，这个时期中更大大的发展了。如果在前一个时期，在四中全会开始的时候，是左右开弓，这个时期是全国大打，各省各苏区差不多都打到。在一篇文章《机会主义的动摇》里（这篇文章是做为社论发表的），把苏区白区以至中央宣传部，各部都打，都是机会主义。在这个时期，白区中反对职工运动中的机会主义，就是反对少奇同志的正确路线；苏区中反对罗明路线，实际是反对毛主席在苏区的正确路线和作用，这个斗争扩大到整个中央苏区和周围的各个苏区，有福建的罗明路线、江西的罗明路线、闽赣的罗明路线、湘赣的罗明路线等等。这时的情形可以说："教条有功，钦差弹冠相庆；正确有罪，右倾遍于国中。"

更沉痛的是由于路线的"左"倾错误，宗派主义的干部政策，再加上一个错误的肃反政策，而使得许多同志，在这个时期中，在这个肃反下面被冤枉了，诬害了，牺牲了。这是无可补救的损失。这个路线发展到五中全会的时候发展到了顶点。

五中全会以后，这条路线的恶果已经开始可以看出，白区工作，在冒险盲动的路线下，已全部损失了，红军苏区在五次"围剿"中不断的遭受失败。这个时候在党内对这条路线的不满反抗增加了，教条主义同志内部也发生分裂，有的同志过去犯了错误，这时也开始觉得有错误，而反对这个不正确的路线了。一直到 1935 年 1 月在毛主席的领导下，在遵义会议上宣告了这条路线的破产。在这个会议上，我个人是不认识错误的，同时不了解错误，我只承认在苏区工作的政策上有个别的错误，在军事指导上，有个别政策的错误，不承认是路线的错误，不承认军事领导上的错误。因为继续坚持错误，不承认错误，在这种情形下，遵义会议改变领导是正确的，必要的。我不但在遵义会议没有承认这个错误，而且我继续坚持这个错误，保持这个"左"倾机会主义的观点，路线，一直到 1935 年底 1936 年初瓦窑堡会议。在这个会议上，我仍然用"左"倾的观点、教条主义的方法，反对民族统一战线，教条告诉我，资产阶级是永远反革命的，决没有可能再来参加革命，参加抗战，这是教条主义坚持到最后，也是我的"左"的错误最后的一次。

在这个发展的时期，我个人在这个路线错误中的责任怎么样呢？在上海中央破坏以后，由老的中央政治局委员指定我做临时中央负责人。当指定我做这个工作的时期，我并没有感到不能担任领导整个党这样的事情。相反的，当时背了相当多的包袱，反对李立三的英雄是一个包袱，李立三把我处分了，四中全会取消了我的处分，这时又洋洋得意，再加上四中全会后我在青年团做了一个时期的工作，少共国际的决议上，说我们的工作有成绩有进步，这又是一个包袱，说我领导团还行，难道就不能领导党？第二没有就就业业之心，毫没有对革命、对党、对人民有很严重的责任感。做了临时中央负责人以后，更发展自己品质的坏的方面，目空一切，看不起任何人，不请教任何人，觉得我比任何人都高明，要是有人有老子第一的想法，那我就是这样的人，发展了刚愎自用，不愿自我批评，不愿意听人家批评，对于一切错误，采取文过饰非的态度。也因为这样，在临时中央到了苏区以后，这个时候我只是在形式上推一推，"请别的同志担负吧！"别的同志说，"还是你来吧"，我说"好，就是我"。（笑声）所以这个时期，我是中央的总负责人，我是这条路线所有一切错误发号施令的司令官，而且这条路线在这个时期所有的各方面的错误，我是赞成的。各种恶果我是最主要负责人，这里没有"之一"，而是最主要的负责人。这是我讲的第三个时期，这条路线的发展时期。[①]

虽然博古犯了严重错误，但他知错就改，仍然是一个本色的共产党人，在中国革命史上留下了重要的一笔。1946年4月8日他遇难后，得到了人们的广泛称誉。《新华日报》社论指出："像王若飞、秦邦宪他们是成熟了的人民的政治家和领导者，他们是中国人民中选拔出来的优秀人物，是中华民族的精华，中国人民的珍宝。"[②]周恩来在纪念文章中称之为"人民的英雄，群众的领袖，青年的导师和坚强不屈的革命战士"[③]。毛泽东赞扬博古等人"为人民事业做了轰轰烈烈的工作""为人民事业而死，虽死犹荣"[④]。

张闻天、博古等人主要是缺乏革命实际经验。他们犯错误的主观原

---

① 《在中国共产党第七次全国代表大会上的发言（节录）》(1945年5月3日)，黎辛、朱鸿召主编：《博古，39岁的辉煌与悲壮》，学林出版社2005年版，第166—169页。

② 《新华日报》1946年4月13日。

③ 周恩来：《为"四·八"遇难烈士致哀》，《解放日报》1946年4月20日。

④ 毛泽东：《向"四·八"遇难烈士致哀》，《解放日报》1946年4月20日。

因，"一是因为过去信仰斯大林和共产国际，从政治上到思想方法上都存在着主观主义和教条主义；二是由于他对中国实际了解得不够，对中国革命的规律还缺乏正确的认识"①。

（二）张闻天、王稼祥的党醒

实践是最好的老师。"左"倾路线的处处碰壁、实际工作的不断受挫、党内许多同志的不满、客观形势的变化，这一切都迫使张闻天不得不思考"左"倾路线是否合乎中国的实际，是否能指导中国革命取得胜利。他从实践中开始局部觉醒。如1932年冬天，张闻天开始在一些具体策略方面反对"左"倾思想。他批评苏区禁止土地买卖与租借，想消灭富农，"是过早的，跳过革命阶段的政策"，这种政策反映了"小资产阶级的均产的社会主义思想"②。1932年10月27日的中央政治局会议上，张闻天将"左"倾问题作为一个突出的、严重的问题提了出来，引起与会者的注意，并对"左"倾的表现进行了检查。张闻天指出，"'左'倾空谈，可以而且在某些领域已经成为革命发展的'最大的障碍物'"③。这次会议是张闻天从"左"倾路线上开始觉醒的标志。但在

张闻天

李德（1900—1974），德国人。1932年受共产国际派遣由苏联到中国，1933年9月末从上海到中央苏区，担任中华苏维埃共和国中央革命军事委员会顾问。在中国期间名李德，又名华夫。

---

① 程中原：《张闻天传》，当代中国出版社2006年版，第100页。

② 《平均分配一切土地及其他》，《红旗周报》第7期，1931年5月25日。

③ 《文艺战线上的关门主义》，《斗争》第31期，1932年11月3日，署名哥特。

总的路线和策略方面，他还是执行王明路线的。他要摆脱王明路线，从"左"倾领导中分化出来，实现根本转变，还需要一个曲折的、艰苦的路程。

张闻天进入中央苏区以后，由于较多地接触与了解实际情况，在理论与实践的冲突中逐渐觉察到错误，从成功与失败的对比中不断吸取教训，逐渐挣脱"左"的桎梏，与"左"倾中央主要领导人的分歧越来越大，特别反映在对福建事变的看法上。与博古对于十九路军与福建政府采取关门主义方针不同，张闻天主张"进行上层统一战线"，他认为："同这种国民党军阀，我们是不怕同他们订立反日反蒋的作战的战斗协定的。我们的任务在这里不是关起大门来表示自己无产阶级的纯洁，而是经过这种协定来更进一步的开展民族革命战争"，"我们并不拒绝这种妥协"。他嘲笑"自命为清高的，否认一切这种妥协的可能的左倾幼稚病者，往往把这种谈判当做儿戏，或简单的'玩把戏'"。他严厉地斥责："这除了表示出他们对于'现代科学的社会主义'一窍不通以外，没有别的。"①

对于博古重用的军事顾问李德，张闻天也不像博古那样言听计从。在第五次反"围剿"中，张闻天和毛泽东都反对博古、李德的组织广昌战役的意见。在广昌战役失败后的一次中革军委的会议上，张闻天对博古、李德提出了严肃的批评。他还在会议上批评博古过于倚重李德，说："我们中国的事情不能完全依靠李德，自己要有点主意。"②后来博古找张闻天交谈，说："这里的事情还是依靠于莫斯科回来的同志。"意思是博古与洛甫间不应该闹摩擦。③张闻天对这种意见没有理睬。

王稼祥到中央苏区后，在革命实践中开始认识到自己的不足，并逐渐理解毛泽东的主张，开始在一些问题上对毛泽东表示支持。

王稼祥回忆同毛泽东初次见面时的情况说：这是在粉碎第一次"围

---

① 张闻天：《关于苏维埃政府的宣言与反机会主义的斗争》，《斗争》第 36 期，1933 年 11 月 22 日。

② 程中原：《张闻天传》，当代中国出版社 1995 年版，第 176 页。

③ 张闻天：《从福建事变到遵义会议》，见《遵义会议文献》，人民出版社 1985 年版，第 77 页。

剿"后，处在粉碎第二次"围剿"的前夕。我们向他报告了四中全会的经过，而他则向我们详细地叙述了红军中争论的历史以及在当前争论的问题，并拿了一些文件给我们看。初次见了面以后，他就给了我这样的印象："他是同我在中国和俄国所遇见过的领导人不相同的，他是独特的，他所说的道理，既是那样简单明了，又是那样新鲜、有力和有说服力。"①

后来毛泽东回忆道："四中全会以后，中央派了一个代表团到中央苏区。代表团有三个人，任弼时同志、王稼祥同志、顾作霖同志。第一次反'围剿'结束后，他们就来了。王稼祥同志参加了第二、第三、第四次反'围剿'的战争。在当时，我们感觉到如果没有代表团，特别是任弼时、王稼祥同志赞助我们，反对'削萝卜'的主张就不会那样顺利。所谓'削萝卜'，就是主张不打，开步走，走到什么地方碰到一个'小萝卜'，就削它一下。那时，我们主张跟敌人打，钻到敌人中间去，寻找敌人的弱点，打击敌人。主张'削萝卜'的人反对我们，说我们的办法是'钻牛角'。当时，如果没有代表团，特别是王稼祥同志，赞助我们、信任我们——我和总司令，那时是相当困难的。"②

1931年4月至7月，由于苏区中央政治保卫处处长邓发不能到任，因此王稼祥兼任这一职务。政治保卫处是具体负责肃反工作的办事机构。后来他回忆说："在我代理邓发任保卫局局长（应是政治保卫处处长，1931年11月改为国家政治保卫局——引者注）短短的几个月中就又犯了肃反扩大化的错误。主要的原因，肃反不是依靠群众，而是依靠口供，而对于口供，则又犯了逼、供、信。"③

最初进入苏区时，1931年8月30日，王稼祥按照临时中央的指示，在他起草的中央苏区党的第一次代表大会的《政治决议案》中，完全同意

---

① 王稼祥：《我的履历》，1968年，转引自徐则浩：《王稼祥传》，当代中国出版社2006年版，第69页。

②《毛泽东在七大的报告和讲话集》，中央文献出版社1995年版，第230页。

③ 王稼祥：《我的履历》，1968年，转引自徐则浩：《王稼祥传》，当代中国出版社2006年版，第74页。

《中央给苏区中央局并红军总前委的指示信》对苏区中央局的全部批评，把中央苏区一些正确的东西说成错误的，加以批评指责，把毛泽东注重调查研究、反对本本主义的正确主张指责为"否认理论否认政治的狭义的经验论的落后思想"，强调"党的两条路线的斗争必须发展到最高度，集中火力反对党内目前的主要危险——右倾"。同时，《政治决议案》提出，"肃反工作要集中到政治保卫局的系统去，对付反革命组织的方法与技术必须改造，要搜集各方面的材料，绝不要单独相信口供，要坚决实行自新自首的政策，要坚决反对肃反的中心论，要反对把反革命派扩大化而产生的恐怖，要反对肃反工作中的唯心论，要反对处决中的非阶级路线"①。

红军第一次全国政治工作会议以后，王稼祥病倒了。正如后来他回忆所说的："我伤口大化脓，几乎死去。这样就完全脱离工作，一直到长征开始时，才把我从医院用担架抬上长征之路的。"②

广昌失守，加深了王稼祥对"左"倾错误的反思。他气愤地指责说："像李德这样指挥红军，哪能不打败仗！"据吴黎平回忆："当时，张闻天同志在军事上不太在行，稼祥同志专门向他讲解自己的认识，解说广昌战役失败的原因，分析教条主义军事路线的危害。这样，张闻天同志也开始对错误的军事指挥表示不满了。"③后来王稼祥回忆说："五次（反）'围剿'开始，当时以博古为首的中央完全听信一个没有任何实践经验的德国人指挥的，实行短促突击。记得有一次在李德处开军委会议，毛主席就提出：红军应该调到外线，到闽浙赣皖广大地区作战，这样就会使敌人的堡垒政策归于无效。当时博古严词反对，认为这是放弃根据地，当时我也错误地

①《中共中央文件选集》第7册，中共中央党校出版社1991年版，第445—463页。

②王稼祥：《我的履历》，1968年，转引自徐则浩：《王稼祥传》，当代中国出版社2006年版，第131页。

③吴黎平：《王稼祥同志的一生很值得我们学习和怀念》，见《回忆王稼祥》，人民出版社1985年版，第29页。

附和了博古的意见。"①通过反思，王稼祥逐步认识到"左"倾错误，理解了毛泽东的正确主张，为长征路上对毛泽东的支持打下了基础。

（三）毛洛合作

张闻天从"左"倾的桎梏中挣脱出来，在与博古矛盾不断加深的同时，与毛泽东之间逐步走近以至互相信任和合作。

在进入中央苏区前后，张闻天与临时中央政治局和苏区中央局对毛泽东的态度一样，是不仅不尊重，而且打击、排斥。如他在1932年4月4日写的批评党内机会主义动摇的社论中，否定毛泽东在反"围剿"中创造的"坚壁清野""诱敌深入"的策略，认为这是"浓厚的等待主义"。随着张闻天的逐步觉醒，和对毛泽东的逐步了解，特别是张闻天在担任中华苏维埃共和国人民委员会主席后，同毛泽东先后在沙洲坝、云石山办公，两人的居住地也靠近，增进了彼此的了解，他在思想上、感情上同毛泽东逐渐接近起来。

由于同博古矛盾的不断加深，在同毛泽东的接近和合作过程中，张闻天在广昌战役后对"左"倾冒险主义错误的认识更深刻、自觉了。"1934年6月24日的《反对小资产阶级的极左主义》就是他基本上挣脱'左'的桎梏、自觉地站到正确路线一边的标志。"②

在这篇文章中，张闻天"最尖锐地提出同这种'极左主义'进行坚决斗争的极端必要"。他指出，"如果不反对小资产阶级的'极左主义'与一时的狂放的革命性"，那么，同样地，"党的正确路线的执行是不可能的"。他鲜明地批评了党内"'左'倾比右倾好"这种广泛流行的观点，提出"极左主义是机会主义另一种形式的表现"，"不要惧怕'左倾革命家'的威吓"③。

在长征出发前，张闻天于1934年9月29日在《红色中华》上发表的

---

① 王稼祥：《我的履历》，1968年，转引自徐则浩：《王稼祥传》，当代中国出版社2006年版，第132页。

② 程中原：《张闻天传》，当代中国出版社2006年版，第127页。

③ 载《斗争》第67期（1934年7月14日），编入《张闻天文集》第1卷，中共党史资料出版社1990年版。

《一切为了保卫苏维埃!》社论中,已经能够从自觉地认识中国革命规律的高度来认识"左"倾路线的危害。他在文章中从总结反五次"围剿"的经验教训入手,对"左"倾的"进攻路线"进行了全新的解释。他写道:"我们党的总的进攻路线,决不能解释成为只要采取进攻的斗争方式,就可使我们得到胜利。这种见解,实际上是把革命当作一种向上的、直线式的、不断胜利的行动,或是一次的、短时期的、在一个战线上的英勇的决斗与突击。这种对于革命的抽象的了解,必然会想出种种'抽象的公式'或'教条式的药方'来限制自己的活动,其结果是很明显的,或者是我们拿一种固定的斗争去束缚运动,或者是由于我们的成见与固执,放弃了其他斗争的领导。"他还指出,"国内战争的战线是延长在全中国","这种国内战争是整个时期的长期的死战,而不是几天几月甚至几年完成的"。那些"机械论者"由于不了解中国革命的长期性与不平衡性,"或者是保卫苏区,在苏区内部同敌人拼命,直到一兵一卒,同苏区的每寸领土共存亡。或者是放弃苏区,放弃苏维埃的革命,而退却逃跑。……个人的英雄主义拼命主义,或者失败主义、逃跑主义,是这些机械论者所找到的仅有的出路"。一切机会主义者由于不了解中国革命这一基本问题,当取得某些胜利时,就会被"胜利冲昏头脑","放弃了继续不断的,坚持的,残酷的斗争";一旦遇到阻碍或停滞,就会"悲观失望","失去了革命的信心与前途",在"转移地区或缩短战线时",就会"走到灰心绝望中去"。在这里,"左倾机会主义者同右倾机会主义者完全表示了他们相反的一致",其症结就在于"看不到整个国内战争的实质"①。

张闻天的这种认识标志着他的觉醒与政治上的成熟,为他在遵义会议上同毛泽东的合作奠定了思想基础。

1934年10月,红军长征出发后,毛泽东邀约张闻天、王稼祥与他一路行军,一起宿营,他们二人欣然同意。这样就自然而然地形成了与"最

---

① 张闻天:《一切为了保卫苏维埃!》,载《红色中华》(1934年9月29日),编入《张闻天文集》第1卷,中共党史资料出版社1990年版。

高三人团"相区别的"中央队三人团"。后来张闻天回忆道：在长征出发后，"他（指毛泽东）要我同他和王稼祥同志住在一起——这样就形成了以毛泽东同志为首的反对李德、博古领导的'中央队'三人集团，给遵义会议的伟大胜利打下了物质基础"①。

《毛泽东年谱（1893—1949）》记载：1934 年 11 月，"长征途中，同王稼祥、张闻天在一起行军或宿营，常常谈论党和红军的大事。进入湘南以后，开始对他们说明和分析第五次反'围剿'中李德、秦邦宪在军事指挥上的错误。王稼祥最先支持毛泽东意见，认为要扭转党和红军的危急局面，必须开中央政治局会议改变中央领导。张闻天也很快接受了毛泽东的主张，并且在中央政治局内开始反对李德、秦邦宪军事指挥错误方面的斗争"②。

在长征路上，毛泽东同王稼祥宿营和休息时经常交谈，对王稼祥的思考和抉择起了很大作用。王稼祥回忆说："毛泽东在长征路上不断地和我谈话，教育了我。"③ 毛泽东回忆说："从长征一开始，王稼祥同志就开始反对第三次'左'倾路线了。"④ 周恩来回忆说："在长征路上，毛主席先取得了稼祥、洛甫的支持。"⑤

毛泽东、张闻天、王稼祥达成共识后，从老山界开始，与"左"倾中央领导的争论就开始了。周恩来回忆说："从湘桂黔交界处，毛主席、稼祥、洛甫即批评军事路线，一路开会争论。从老山界到黎平，在黎平争论尤其激烈。"⑥ 后来李德在《中国纪事》中写道："在到达黎平之前，我们举行了一次飞行会议，会上讨论了以后的作战方案。""毛泽东……坚持继续

---

① 张闻天：《从福建事变到遵义会议》，见《遵义会议文献》，人民出版社 1985 年版，第 78 页。

② 中共中央文献研究室：《毛泽东年谱（1893—1949）》（上卷），中央文献出版社 1993 年版，第 438 页。

③ 王稼祥：《我的履历》，1968 年，转引自徐则浩：《王稼祥传》，当代中国出版社 2006 年版，第 135 页。

④《毛泽东在七大的报告和讲话集》，中央文献出版社 1995 年版，第 231 页。

⑤ 周恩来：《党的历史教训（节录）》（1972 年 6 月 10 日），载《文献和研究》1985 年第 1 期，第 9 页。

⑥ 周恩来 1943 年 11 月 27 日在中央政治局会议上的发言，见《遵义会议文献》，人民出版社 1985 年版，第 64 页。

向西进军，进入贵州内地。这次他不仅得到洛甫和王稼祥的支持，而且得到了当时就准备转向'中央三人小组'一边的周恩来的支持。因此毛的建议被通过了。"①

1934年12月18日，在贵州黎平城内召开了中央政治局会议，在会议上，经过毛泽东、王稼祥、张闻天与博古的激烈争论，主持会议的周恩来决定采纳毛泽东的意见，西进渡乌江北上，否定了博古、李德等人的错误主张。黎平会议决定，是"中央队三人团"毛泽东、王稼祥、张闻天对博古、李德的错误领导进行斗争的初步胜利，为遵义会议创造了重要条件。

但争论仍然没有结束。后来周恩来回忆道："从黎平往西北，经过黄平，然后渡乌江，达到遵义，沿途争论更烈，在争论过程中间，毛主席说服了中央许多同志"。②王稼祥回忆道："一路上毛主席同我谈论了一些国家和党的问题，以马列主义的普遍真理和中国革命实践相结合的道理来教导我，从而使我能够向毛主席商谈召开遵义会议的意见，也更加坚定了我拥护毛主席的决心。"③

（四）历史的转折：遵义会议

第五次反"围剿"的失败让"左"倾路线陷入了危机，血的教训教育了中国共产党人。特别是经过一系列会议的酝酿和准备，毛泽东的正确主张逐步取得了中央多数同志的拥护。后来刘伯承回忆道："广大干部眼看反五次'围剿'以来，迭次失利，现在又几乎濒于绝境，与反四次'围剿'以前的情况对比之下，逐渐觉悟到这是排斥了以毛泽东同志为代表的正确路线，贯彻执行了错误的路线所致，部队中明显地增长了怀疑、不满和积极要求改变领导的情绪。这种情绪，随着我军的失利日益显著，湘江战役达到了顶点。"④

---

① ［德］奥托·布劳恩（李德）：《中国纪事》，东方出版社2004年版，第113—114页。

② 周恩来：《党的历史教训（节录）》（1972年6月10日），见《遵义会议文献》，人民出版社1985年版，第67页。

③ 王稼祥：《回忆毛主席革命路线与王明机会主义路线的斗争》，《红旗飘飘》第8期。

④ 《刘伯承回忆录》，上海文艺出版社1981年版，第4页。

1935 年 1 月 7 日，红军占领遵义后，获得暂时休整的时机，也为中国共产党实现历史的转变提供了契机。

王稼祥是召开遵义会议的积极倡议者。早在湘江战役后，他就提出必须改变博古、李德错误领导的主张，并与张闻天、毛泽东等进行了交流。当时与王稼祥一起坐担架的聂荣臻回忆道："我们就经常在一起交换意见。认为，事实证明，博古、李德等人不行，必须改组领导。王稼祥同志提出，应该让毛泽东同志出来领导，我说我完全赞成，我也有这个想法。而这个问题，势必要在一次高级会议上才能解决。""他赞成毛泽东同志出来统帅部队。对博古、李德，王稼祥同志十分不满。用他当时自己的话来说：'到时候要开会，把他们轰下来！'"① 王稼祥建议召开中央政治局扩大会议，毛泽东认为这是一个好主意，建议他先同张闻天通一下气。张闻天同意王稼祥把博古、李德轰下来的意见，并表示：毛泽东同志打仗有办法，比我们有办法，我们是领导不了啦，还是毛泽东同志出来。②

在党和红军的重要生死关头，1935 年 1 月 15 日至 17 日，具有历史转折意义的中共中央政治局扩大会议（即"遵义会议"）在遵义老城子尹路 80 号（老地名琵琶桥）召开。

出席会议的有：中央政治局委员毛泽东、张闻天、周恩来、朱德、陈云、博古（秦邦宪），中央政治局候补委员王稼祥、刘少奇、邓发、凯丰（何克全），还有红军总部和各军团负责人刘伯承（总参谋长）、李富春（总政代主任）、林彪（一军团团长）、聂荣臻（一军团政委）、彭德怀（三军团团长）、杨尚昆（红三军团政委）、李卓然（五军团政委），以及中央秘书长邓小平。李德及担任翻译工作的伍修权，也列席了会议。

对于遵义会议的概况，陈云起草的《遵义政治局扩大会议传达提纲》进行了简要的述评：

---

① 《聂荣臻回忆录》（上），解放军出版社 1986 年版，第 243、246 页；聂荣臻：《回忆王稼祥同志在遵义会议上的重要作用》，参见《回忆王稼祥》，人民出版社 1985 年版，第 1 页。
② 耿飚：《张闻天对遵义会议的特殊贡献》，《人民日报》1994 年 12 月 18 日。

扩大会中恩来同志及其他同志完全同意洛甫及毛、王的提纲和意见，博古同志没有完全彻底地承认自己的错误，凯丰同志不同意毛、张、王的意见，A 同志（指李德——引者注）完全坚决地不同意对于他的批评。[①]

遵义会议的主要议题是"检阅在反对五次'围剿'中与西征中军事指挥上的经验与教训"[②]。会议开始，博古做了关于反五次"围剿"总结报告。虽然他在报告中说明不能粉碎敌人第五次"围剿"的原因时也讲到了某些主观上的指挥错误，但他过分强调了客观上的困难。实际上是用客观原因为自己的指挥失误做辩护。"只承认在苏区工作的政策上有个别的错误，在军事指导上，有个别政策的错误，不承认是路线的错误，不承认军事领导上的错误"。[③]

周恩来接着做副报告，他指出第五次反"围剿"失败的主要原因是军事领导的战略战术的错误，并主动承担责任，做了诚恳的自我批评，同时批评了博古和李德。

由张闻天做反对中央领导的错误军事路线的发言，这个发言被称为"反报告"。张闻天是按照提纲讲的。这个提纲实际上是由"中央队三人团"毛、张、王经过充分酝酿、研究，批评博古、李德在军事指挥上和战略战术上错误的集体意见，而以毛泽东的观点为主导的。[④]张闻天作为中央政治局委员、书记处书记和人民委员会主席，"他在政治局扩大会议上首先站出来，旗帜鲜明而又有系统地批评第五次反'围剿'和西征途中的错误的军事领导，是他从'左'倾中央领导集团中分化出来，同'左'倾错误路线决裂的标志。他作的'反报告'为遵义会议彻底否定单纯防御军

---

① 陈云：《遵义政治局扩大会议传达提纲》，见《陈云文选（1956—1985 年）》，人民出版社 1986 年版，第 313—320 页。

② 陈云：《遵义政治局扩大会议传达提纲》，见《陈云文选（1956—1985 年）》，人民出版社 1986 年版，第 313—320 页。

③ 秦邦宪：《在中国共产党第七次全国代表大会上的发言（节录）》（1945 年 5 月 3 日），《遵义会议文献》，人民出版社 1985 年版，第 107 页。

④ 杨尚昆：《坚持真理竭忠尽智——缅怀张闻天同志》，见《回忆张闻天》，人民出版社 1985 年版，第 5 页。

事路线定下了基调"[1]。

毛泽东在会上就长征以来各种争论问题，主要是最紧迫的军事问题做了一个多小时的长篇发言，对错误的军事指挥做了切中要害的分析和批评，正确地阐述了中国革命战争的战略问题。后来陈云回忆："毛主席的发言讲得很有道理，内容就是《中国革命战争的战略问题》里讲的那些。"[2]周恩来回忆："在遵义会议上，毛泽东同志批判了当时错误领导在军事路线上的错误：先是冒险主义，继而是保守主义，然后是逃跑主义。""其他问题不争论"，"很多人一下子就接受了"[3]。

毛泽东发言后是王稼祥发言。他在发言中旗帜鲜明地支持毛泽东的发言和张闻天的"反报告"，批评博古、李德的指挥错误，提出由毛泽东出来指挥红军。聂荣臻回忆："毛泽东同志是批判他们的第一个发言人，王稼祥紧接着站起来支持毛泽东同志，所以毛泽东同志在'文化大革命'中说，遵义会议，王稼祥投了'关键的一票'。"[4]伍修权回忆：在毛泽东发言后，"紧接着发言的是王稼祥同志，他旗帜鲜明地支持毛泽东同志的意见，严厉地批判了李德和博古在军事上的错误，拥护由毛泽东同志来指挥红军"[5]。

毛泽东多次讲过王稼祥对遵义会议的贡献。1945年党的七大上他专门讲了王稼祥对遵义会议的贡献。他说："遵义会议是一个关键，对中国革命的影响非常之大。但是，大家要知道，如果没有洛甫、王稼祥两位同志从第三次'左'倾路线分化出来，就不可能开好遵义会议。同志们把好的账放在我的名下，但绝不能忘记他们两个人。当然，遵义会议参加者还有好多别的同志，酝酿也很久，没有那些同志参加和赞成，光他们两个人

---

①程中原：《张闻天传》，当代中国出版社 2006 年版，第 136 页。

②陈云同志 1977 年 8 月 23 日接见遵义会议纪念馆同志的谈话，《陈云年谱》（下卷），中央文献出版社 2000 年版，第 212 页。

③周恩来：《在批林整风汇报会议上的讲话》（1972 年 6 月 10 日）。

④《聂荣臻回忆录》（上），解放军出版社 1986 年版，第 247 页。

⑤伍修权：《往事沧桑》，上海文艺出版社 1986 年版，第 113 页。

也不行；但是，他们两个人是从第三次'左'倾路线分化出来的，作用很大。"① 就是在"文化大革命"期间，王稼祥受迫害的情况下，毛泽东也多次说过："王稼祥在党的历史上是有功劳的，他是从教条宗派中第一个站出来支持我的，他在遵义会议上投了'关键的一票'。"

对于自己的功劳，王稼祥生前很少讲。对于他的这种优良品性，胡耀邦曾说过："作为我们党的一位卓越的革命家，稼祥同志在品德和性格方面，有许多突出的优点，他从不显露自己，从不向人谈论他的历史，连非常熟悉他的同志，也往往弄不清楚关键时期他对党的重大贡献。"② 他的夫人朱仲丽说：作为身边最亲爱的人的我，几十年来，从未听到过稼祥和我谈论功劳的问题。即使像遵义会议那样的大事，我也是到了60年代才稍知端倪。"一九六三年我的一个亲戚去遵义参观回来时对我说：遵义会议纪念馆的讲解员，介绍遵义会议的情况时提到了王稼祥在关键时刻起到了作用。当时我把它作为新闻去问稼祥。他正在看书，抬头答应了一声，就又继续低头看他的书了。'文革'中，我替他抄自述材料，只提一句：'在遵义会议上，我是支持毛泽东同志的'。""稼祥去世之后，我有机会同伍修权同志谈及会议上的详细情况，才算是始末大致弄清。"③

在遵义会议上，一向谦虚稳重的朱德也声色俱厉地批评临时中央领导的错误，谴责他们排斥毛泽东，依靠外国人李德丢掉根据地，牺牲了多少人命。

在前线担任指挥的红军将领都以亲身经历批评了"左"倾军事路线的错误，赞同张闻天的"反报告"和毛泽东的发言。由于林彪是第五次反"围剿"的"左"倾错误的干将，因此在会上没有多讲话。

遵义会议通过了具有历史意义的重要决议《中央关于反对敌人五次"围剿"的总结决议》(以下简称《决议》。决议在会后由洛甫写成文字)。

---

① 《毛泽东在七大的报告和讲话集》，中央文献出版社1995年版，第231页。

② 胡耀邦：《深切地纪念王稼祥同志》，见《回忆王稼祥》，人民出版社1985年版，第3—4页。

③ 朱仲丽：《忆稼祥》，见《回忆王稼祥》，人民出版社1985年版，第222—223页。

《决议》指出："军事上的单纯防御路线，是我们不能粉碎敌人五次'围剿'的主要原因。""左"倾错误的领导人"以所谓'短促突击'的战术原则来支持这种单纯防御的战略路线。这就使敌人持久战与堡垒主义的战略战术，达到了他的目的"，"使我们的主力红军受到一部分的损失，并离开了中央苏区根据地。"而我们的突围行动"是一种惊慌失措的逃跑的及搬家式的行动"。三个月的突围战役，红军"减员到空前的程度"，"为了粉碎敌人新的围攻，创造新苏区，必须彻底纠正过去军事领导上所犯的错误，并改善军委领导方式"①。

会议着重指出，军事领导上的错误，"A、博两同志是要负主要责任的"。②

会议决定：

一、毛泽东同志选为常委。

二、指定洛甫同志起草决议，委托常委审查后，发到支部中去讨论。

三、常委中再进行适当的分工。

四、取消三人团，仍由最高军事首长朱周为军事指挥者，而恩来同志是党内委托的对于指挥军事上下最后决心的负责者。③

对于遵义会议的意义，张闻天曾做过这样的评价：

遵义会议在我党历史上有决定转变的意义。没有遵义会议，红军在李德、博古领导下会被打散，党中央的领导及大批干部会遭受严重的损失。

---

①《中央关于反对敌人五次"围剿"的总结决议》(1935年2月8日)，见《中共中央文件选集》第10册，中共中央党校出版社1991年版，第452—475页。

②陈云：《遵义政治局扩大会议传达提纲》，见《陈云文选（1956—1985年）》，人民出版社1986年版，第319页。

③陈云：《遵义政治局扩大会议传达提纲》，见《陈云文选（1956—1985年）》，人民出版社1986年版，第320页。

遵义会议在紧急关头挽救了党、挽救了红军，这是一。第二，遵义会议改变了领导，实际上开始了以毛泽东同志为领导中心的中央的建立。第三，遵义会议克服了"左"倾机会主义，首先在革命战争的领导上。第四，教条宗派开始了政治上组织上的分裂。这个会议的功绩，当然属于毛泽东同志，我个人不过是一个配角而已。①

遵义会议是中国共产党第一次独立自主地运用马克思列宁主义基本原理解决自己的路线、方针和政策的会议。它是中国共产党历史上一个生死攸关的转折点，标志着中国共产党从幼年达到成熟。"《遵义会议决议》是这次会议的最主要的文件。它是反'围剿'战争经验教训的历史总结，是党和军队集体智慧的结晶，是以毛泽东的军事思想为指导，又是对毛泽东关于中国革命战争的战略战术的第一次系统论述。"②

毛泽东长期身处逆境，经过痛苦的磨炼，深刻认识到团结大多数的重要性，在政治上更加成熟了。为了实现遵义会议的重大转折，毛泽东在中央领导层一个一个地去做工作，使自己的正确意见能够为大多数人接受。贺子珍回忆说："遵义会议后，毛泽东对我感叹地讲：'办什么事情都要有个大多数啊！'"她比别人更清楚地感觉到："毛泽东在遵义会议后，有很大的变化，他更加沉着、练达，思想更加缜密、周到，特别是更善于团结人了。"③

遵义会议实现了中国共产党和中国红军的历史性转折。毛泽东在遵义会议后登上娄山关，极目四望，吟成《忆秦娥·娄山关》：

---

① 张闻天：《从福建事变到遵义会议》，见《遵义会议文献》，人民出版社1985年版，第79—80页。

② 程中原：《张闻天传》，当代中国出版社2006年版，第143页。

③ 王行娟：《贺子珍的路》，作家出版社1985年版，第214页。

西风烈，长空雁叫霜晨月。

霜晨月，马蹄声碎，喇叭声咽。

雄关漫道真如铁，而今迈步从头越。

从头越，苍山如海，残阳如血。

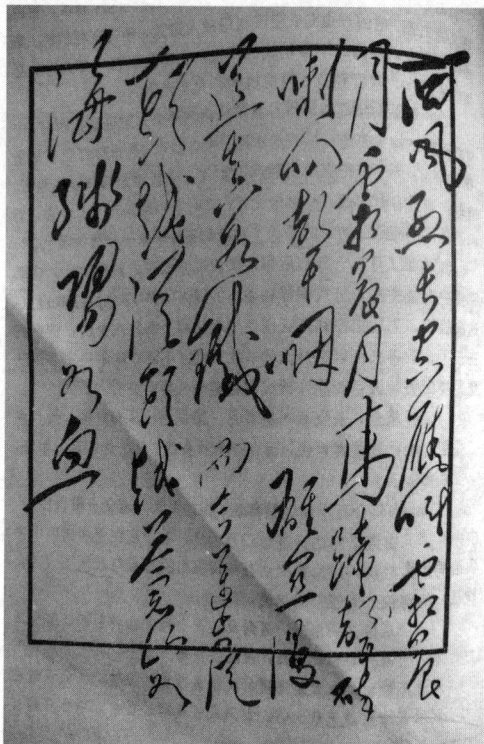

毛泽东《忆秦娥·娄山关》手迹

第五章

"而今迈步从头越"：
中国共产党的成熟

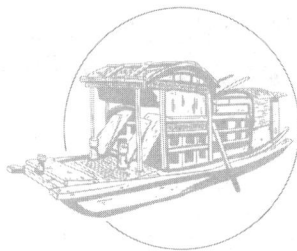

经过长期的实践探索，在付出沉重的历史代价后，中国共产党终于实现了马克思主义中国化的第一次飞跃，形成了马克思主义中国化的第一次重大理论成果——毛泽东思想；形成了自己的一代稳定的中央领导集体——以毛泽东同志为核心的第一代中央领导集体，成为一个政治上成熟的革命大党。

一　毛泽东领导地位的最终确立

在遵义会议上，毛泽东被选为中央政治局常委，进入党的核心领导层。在1月18日召开的中央政治局会议上，常委进行了分工，决定"以泽东同志为恩来同志的军事指挥上的帮助者"[①]。从此毛泽东又回到军队的领导岗位，参与对中央红军的军事指挥。1935年3月12日在苟坝附近召开的中央政治局会议上决定由周恩来、毛泽东、王稼祥组成新的"三人团"（又称"三人军事领导小组"），表明毛泽东的正确主张进一步为全党全军所接受，毛泽东对中国革命战争的领导地位进一步确立。1935年经过会理中央政治局扩大会议，毛泽东在红军中的领导地位得到完全巩固。

1937年12月，在中央政治局会议上，王明传达共产国际的指示，提出"一切经过抗日民族统一战线"，对毛泽东提出指责。当时，由于共产国际在中国共产党内享有很高的威望，因此王明的发言对毛泽东的领导地位构成强有力的挑战，使毛泽东在会上的地位处境十分困难。

后来毛泽东在中共七大上谈起十二月会议时说："遵义会议以后，中央的领导路线是正确的，但中间也遭过波折。抗战初期，十二月会议就是

---

① 陈云：《遵义政治局扩大会议传达提纲》，见《陈云文选（1956—1985年）》，人民出版社1986年版，第313—320页。

一次波折。十二月会议的情形，如果继续下去，那将怎么样呢？有人（指王明——引者注）说他奉共产国际命令回国，国内搞得不好，需要有一个新的方针。所谓新的方针，主要是在两个问题上，就是统一战线问题和战争问题。在统一战线问题上，是要独立自主还是不要或减弱独立自主；在战争问题上，是独立自主的山地游击战还是运动战。"[1]

在延安整风时的中央政治局会议上，毛泽东也讲过："十二月会议上有老实人受欺骗，作了自我批评，以为自己错了。"[2] "而我是孤立的，当时，我别的都承认，只有持久战、游击战、统战原则下的独立自主等原则问题，我是坚持到底的。"[3]

虽然王明的错误主张影响了不少与会者，对一些人的工作构成了一定干扰，但由于中国共产党在经历多次磨难后越来越成熟，从全局上看，并没有在党内构成统治地位。

为了让共产国际了解中国的实际情况，1938年3月中央政治局会议结束后，中共中央派任弼时到苏联向共产国际介绍中国的实际情况。任弼时不仅向共产国际递交了《中国抗日战争的形势与中国共产党的工作和任务》的书面报告，并且向共产国际执委会做了详细的口头报告，还单独向季米特诺夫做了报告。这些报告使共产国际对中国的实际情况有了较多的了解，对中国共产党有了新的认识。

1938年9月召开的党的六届六中全会结束了王明右倾错误对全党的影响，确立了毛泽东在全党的领导地位。

在此前召开的政治局会议上，中共驻共产国际代表王稼祥传达了共产国际的决定和季米特诺夫的意见。王稼祥写的《国际报告》中说："根据国际讨论时季米特诺夫的发言，认为中共一年来建立了抗日统一战线，尤

---

① 《毛泽东在七大的报告和讲话集》，中央文献出版社1995年版，第231页。

② 毛泽东在中共中央政治局会议上的插话记录，1943年11月19日。转引自《毛泽东传（1893—1949）》，中央文献出版社1996年版，第509页。

③ 毛泽东在中共中央政治局会议上的发言记录，1943年11月13日。转引自《毛泽东传（1893—1949）》，中央文献出版社1996年版，第509页。

其朱、毛等领导了八路军执行了党的新政策，国际认为中共的政治路线是正确的，中共在复杂的环境及困难条件下真正运用了马列主义。""在中央领导机关中要在毛泽东为首的领导下解决，领导机关中要有亲密团结的空气。""在我临走时，他特别嘱咐，要中共团结才能建立信仰。在中国，抗日统一战线是中国人民抗日的关键，而中共的团结又是统一战线的关键，统一战线的胜利是靠党的一致与领导者间的团结。"[1]

王稼祥的传达为六中全会的胜利召开扫除了障碍。李维汉回忆："季米特诺夫的话在会上起了很大作用，从此以后，我们党就进一步明确了毛泽东的领导地位，解决了党的统一领导问题。"[2]毛泽东也说："六中全会以前虽然有些著作，如《论持久战》，但是如果没有共产国际指示，六中全会还是很难解决问题的。"[3]

1938年9月29日至11月6日，中共六届六中全会在延安桥儿沟天主教堂召开。在这次会议上，毛泽东提出了"使马克思主义在中国具体化"的任务。他说：

今天的中国是历史的中国的一个发展；我们是马克思主义的历史主义者，我们不应当割断历史。从孔夫子到孙中山，我们应当给以总结，承继这一份珍贵的遗产。这对于指导当前的伟大的运动，是有重要的帮助的。共产党员是国际主义的马克思主义者，但是马克思主义必须和我国的具体特点相结合并通过一定的民族形式才能实现。马克思列宁主义的伟大力量，就在于它是和各个国家具体的革命实践相联系的。对于中国共产党说来，就是要学会把马克思列宁主义的理论应用于中国的具体的环境。成为伟大中华民族的一部分而和这个民族血肉相联的共产党员，离开中国特点来谈马克思主义，只是抽象的空洞的马克思主义。因此，使马克思主义在

---

① 戴茂林、曹仲彬：《王明传》，中共党史出版社2008年版，第234页。

② 李维汉：《回忆与研究》（上），中共党史出版社1986年版，第416页。

③ 《毛泽东在七大的报告和讲话集》，中央文献出版社1995年版，第231页。

中国具体化，使之在其每一表现中带着必须有的中国的特性，即是说，按照中国的特点去应用它，成为全党亟待了解并亟须解决的问题。①

在中共历史上，六届六中全会是一次重要的会议。后来毛泽东在党的七大上说："六中全会是决定中国之命运的。"② 这样，中国共产党经过多次选择，终于在长期的革命斗争中产生了自己的领袖。彭德怀在会上的发言中说："领袖是长期斗争经验总结的，是长期斗争中产生的。毛泽东的领导地位是由正确的领导取得的。"③

1943年8月2日，周恩来在延安欢迎会上的演说中讲道：

"有了毛泽东同志的领导和指示，在这三年来许多紧急时机许多重要关键上，保证了我们党丝毫没有迷失了方向，没有走错了道路。

"没有比这三年来事变的发展再明白的了。过去一切反对过怀疑过毛泽东同志领导或其意见的人，现在彻头彻尾地证明其为错误了。

"我们党二十二年的历史证明：毛泽东同志的意见，是贯穿着整个党的历史时期，发展成为一条马列主义中国化，也就是共产主义的路线！

"毛泽东同志的方向，就是中国共产党的方向！毛泽东同志的路线，就是布尔塞维克的路线！

"共产主义不但适用于中国，而且他经过我们党的领袖毛泽东同志的运用和发展，已经和中国民族的解放运动和中国人民实际利益结合起来，而成为在中国土地上生根的共产主义了。谁想来摇撼他，谁就会自趋死亡。……中国共产党的产生及其发展，是得到了共产国际不少的指导和帮助的，但是中国共产党的靠山却不是共产国际，而是中国的人民。……

"共产国际解散，有一事却须要特别说明，即是中国共产党将要更负

---

① 《毛泽东选集》第二卷，人民出版社1991年版，第534页。

② 《毛泽东在七大的报告和讲话集》，中央文献出版社1995年版，第231页。

③ 彭德怀在中共六届六中全会上的发言记录，1938年10月24日。转引自《毛泽东传（1893—1949）》，中央文献出版社1996年版，第520页—521页。

责地更独立地解决中国革命问题。"①

1940 年 5 月,王明在延安再一次出版了《为中共更加布尔塞维克化而斗争》,企图为自己的错误辩护。1943 年 9 月 22 日,刘少奇在读了这个小册子之后,批注道:"这本罪恶的小册子记载着罪恶的党内斗争不少材料,然而它使我们能从这些材料中窥见四中全会及其前后党内斗争的黑幕,使我们对于党内这段历史有完全新的了解。马克思主义者必须利用这本材料将党内这段历史重新写过,并作出结论说:王明这一派人在其所谓'反立三路线'斗争中,不独没有任何功绩,而且有莫大的罪过。"②

眼见无法继续与毛泽东抗衡,1940 年 5 月 3 日,王明一改以往傲慢、自大的习惯,在延安"毛泽东青年干部学校"开学典礼大会上做了《学习毛泽东》的报告。他称赞毛泽东说:"毛泽东同志现在不仅是共产党中央和共产党全党团结的核心,不仅是八路军和新四军团结的中流砥柱,而且是全中国无产阶级和人民大众众望所归的团结中心","在农民工作中,他是一个有名的农民工作大王,在军事工作中,他是伟大的战略家,在政权工作中,他是天才的政治家,在党的工作中,他是公认的领袖";在理论上,毛泽东"比我们党内任何同志都学得多,比我们党内任何同志都学得好,真正地学习了马列主义,真正地善于把马列主义灵活地应用到中国革命的实践中","是伟大的理论家";《新民主主义论》"不仅是中国现阶段国家问题的指南,而且是一切殖民地半殖民地关于建立革命政权问题的新贡献"。

王明还说,"对于青年学生学习问题,我只贡献五个字:'学习毛泽东'。青年干部学校既以毛泽东同志的光辉名字来命名,那就要名副其实,就是要学习毛泽东同志的生平事业和理论"。他还从五个方面论述了如何学习毛泽东:第一,"学习毛泽东同志的始终一贯地忠于革命的精神";第二,

---

① 《周恩来同志在延安欢迎会上的演说词》(1943 年 8 月 2 日),《中共党史教学参考资料》1957 年 5 月。

② 戴茂林、曹仲彬:《王明传》,中共党史出版社 2008 年版,第 245 页。

"学习毛泽东同志勤于学习的精神"；第三，"学习毛泽东同志勇于创造的精神"；第四，"学习毛泽东同志长于工作的精神"；第五，"学习毛泽东同志善于团结的精神"。

最后王明总结说："我们总的意思，还不过是一点，就是泽东青年干部学校学生以及全国的优秀青年，应该以毛泽东同志为楷模，应该学习毛泽东。"[1]

为了推动高级干部正确学习马克思主义，1941年5月19日，毛泽东在延安高级干部会议上做了《改造我们的学习》的报告，阐明了把马克思主义基本原理与中国实际结合起来的重要性。他指出："许多同志的学习马克思列宁主义似乎并不是为了革命实践的需要，而是为了单纯的学习。所以虽然读了，但是消化不了。只会片面地引用马克思、恩格斯、列宁、斯大林的个别词句，而不会运用他们的立场、观点和方法，来具体地研究中国的现状和中国的历史，具体地分析中国革命问题和解决中国革命问题。这种对待马克思列宁主义的态度是非常有害的，特别是对于中级以上的干部，害处更大。"

1943年3月20日，中共中央政治局召开会议，决定中央书记处由毛泽东、刘少奇、任弼时组成，毛泽东任中央委员会、中央政治局、中央书记处主席。这次会议从组织上彻底完成了自遵义会议以来对王明"左"倾错误的纠正和毛泽东在全党领导地位的确立，标志着中国共产党的成熟。

经历了磨难，中国共产党觉醒了，也成熟了。1935年11月，共产国际七大称赞中国共产党是"英勇斗争的模范"，称赞中国共产党领导的红军，"在朱德及毛泽东指挥之下的长途西征，从江西到四川三千余公里，为避免蒋介石飞机的轰炸起见，多半在夜间或山中行军，没有渡河的工具，没有必需的军需及车辆，渡过了许多深阔的河流，爬过了人迹不到的高山，这种传奇一般的西征，证明中国红军具有中国任何军队所不能击破的高度的觉悟性、超人的坚忍性与战斗精神"。"中国红军的胜利，也证明

---

[1]《学习毛泽东》，《新中华报》1940年5月7日。

红军与中国极广大劳动群众有不可分割的联系，因为这些群众尽力援助红军与蒋介石作战，同时也证明中国共产党策略的正确，因为他把军队的斗争与广大人民运动互相联系起来了，这种运动的形式之一，就是游击队在敌人后方的活动；此外又证明红军指挥部善于利用军阀营垒中的矛盾；又证明红军的战略，决不让敌人夺取作战的主动性，而是及时地以反攻的突击，击退敌方的进攻并在政治上挫丧敌军的士气。"[①]

二 毛泽东对历史经验的总结

中央红军长征到达陕北后，特别是 1936 年下半年到 1937 年上半年，毛泽东集中对党的历史经验进行了理论思考。他首先是从突破"左"倾关门主义开始的。

在 1935 年 12 月的瓦窑堡会议上，张浩说："泽东同志将九年来国内战争经验总结起来，是很有价值的。"[②]在讨论民族资产阶级有没有可能抗日时，毛泽东明确提出："半殖民地中国的民族资产阶级不同于资本主义国家的资产阶级，它具有两重性，在亡国灭种关头有参加抗日的可能，甚至连大资产阶级营垒也有分化的可能；'福建事变'失策，就在于套用'中间势力是最危险'这一理论。我是根据马列主义基本原理和基本立场来分析中国问题，提出联合民族资产阶级抗日的。"[③]他还愤激地说："难道这样做，就是对祖宗不忠？对祖宗不孝吗？"博古哑口无言，往床上一躺不说了。[④]毛泽东还提出："我们要从关门主义中解放出来"[⑤]，建立广泛的

[①]《共产国际第七次大会的总结》(节录)，《中共党史教学参考资料》1957 年 5 月。

[②]张浩在中央政治局扩大会议上的发言记录，1935 年 12 月 23 日。转引自黄允升：《伟人的一生（一）》，中央民族大学出版社 2003 年版，第 231 页。

[③]李维汉：《回忆与研究》（上），中共党史资料出版社 1986 年版，第 374、375 页。

[④]郭洪涛：《迎接毛泽东到陕北》，戴张素华等编著：《说不尽的毛泽东》（下），中央文献出版社、辽宁人民出版社 1995 年版，第 371 页。

[⑤]中共中央瓦窑堡会议记录，1935 年 12 月 17—25 日。转引自黄允升：《伟人的一生（一）》，中央民族大学出版社 2003 年版，第 232 页。

抗日民族统一战线。最后毛泽东的主张被大会接受。

"瓦窑堡会议是从十年内战到抗日战争的伟大转变时期中召开的一次极其重要的会议。它表明党中央克服了长征前一段时期内'左'倾冒险主义、关门主义的指导思想，不失时机地制订了抗日民族统一战线的政策，使党在新的历史时期将要到来时掌握了政治上的主动权。它也表明，中国共产党在总结革命中成功和失败的经验教训的基础上，已经成熟起来，能够从中国革命实际出发来贯彻共产国际决议，创造性地进行工作。"[①]

遵义会议实现了党和红军的历史性转折，但由于当时的历史条件，只能对当时最迫切的军事问题和中央领导机构问题进行调整，其他问题还没有来得及解决。到达陕北后，毛泽东在一次中央政治局会议上谈到博古时说："遵义会议纠正了他的错误，然而没有指出宗派主义、冒险主义，这个问题是路线上的错误。"[②]

形势的发展要求中国共产党统一党内的认识，制定正确的政策。历史的经验教训要求中国共产党必须在克服过去"左"、右错误的基础上，运用马克思主义，推动马克思主义中国化。陕北相对稳定的形势，以及国内翻译的马克思主义理论论著的出版为毛泽东系统总结中国革命的经验教训创造了条件。"正是在这种情况下，他先后写下《论反对日本帝国主义的策略》《中国革命战争的战略问题》《实践论》《矛盾论》等重要著作，分别从政治路线、军事路线、思想路线上总结了土地革命战争时期的历史经验教训，剖析了以教条主义为特征的'左'倾错误指导思想，及时地回答了党所面对的重大而紧迫的问题，并把这些现实问题提到哲学的高度来分析，对马克思主义哲学体系的发展作出创造性的贡献，奠定了党的思想理论基础。"[③]

《论反对日本帝国主义的策略》是毛泽东在瓦窑堡会议结束后给党的

---

① 金冲及主编：《毛泽东传（1893—1949）》，中央文献出版社1996年版，第378页。

② 毛泽东在中共中央政治局会议上的发言记录，1936年9月16日，转引自金冲及主编：《毛泽东传（1893—1949）》，中央文献出版社1996年版，第435页。

③ 金冲及主编：《毛泽东传（1893—1949）》，中央文献出版社1996年版，第435页。

活动分子会议所做的报告。在这个报告里，毛泽东提出为了建立起广泛的抗日民族统一战线，必须在党内反对两种错误倾向：关门主义和冒险主义。他说："时局的特点，是新的民族革命高潮的到来，中国处在新的全国大革命的前夜，这是现时革命形势的特点。这是事实，这是一方面的事实。现在我们又说，帝国主义还是一个严重的力量，革命力量的不平衡状态是一个严重的缺点，要打倒敌人必须准备作持久战，这是现时革命形势的又一个特点。这也是事实，这是又一方面的事实。这两种特点，这两种事实，都一齐跑来教训我们，要求我们适应情况，改变策略，改变我们调动队伍进行战斗的方式。目前的时局，要求我们勇敢地抛弃关门主义，采取广泛的统一战线，防止冒险主义。不到决战的时机，没有决战的力量，不能冒冒失失地去进行决战。"

"革命的道路，同世界上一切事物活动的道路一样，总是曲折的，不是笔直的。革命和反革命的阵线可能变动，也同世界上一切事物的可能变动一样。日本帝国主义决定要变全中国为它的殖民地，和中国革命的现时力量还有严重的弱点，这两个基本事实就是党的新策略即广泛的统一战线的出发点。组织千千万万的民众，调动浩浩荡荡的革命军，是今天的革命向反革命进攻的需要。只有这样的力量，才能把日本帝国主义和汉奸卖国贼打垮，这是有目共见的真理。因此，只有统一战线的策略才是马克思列宁主义的策略。关门主义的策略则是孤家寡人的策略。关门主义'为渊驱鱼，为丛驱雀'，把'千千万万'和'浩浩荡荡'都赶到敌人那一边去，只博得敌人的喝采。""关门主义的所谓'纯粹'和'笔直'，是马克思列宁主义向之掌嘴，而日本帝国主义则向之嘉奖的东西。我们一定不要关门主义，我们要的是制日本帝国主义和汉奸卖国贼的死命的民族革命统一战线。"①

毛泽东的这个报告"系统地解决了党的政治路线问题，为全党进入抗日战争作了重要的思想准备。他的论述，处处以正在发生巨大变动的客观

① 《毛泽东选集》第一卷，人民出版社1991年版，第153、155页。

事实为出发点，以中国的社会经济、政治和阶级关系的具体特点为出发点，反对那种不顾事实的、凝固而僵化的教条主义思想，把马克思主义的唯物主义认识论和辩证法同中国革命的实践纯熟地结合起来，说明他的思想正在进一步走向成熟"①。

在解决了党的政治路线之后，毛泽东又集中解决党的军事路线。他说："过去的革命战争证明，我们不但需要一个马克思主义的正确的政治路线，而且需要一个马克思主义的正确的军事路线。"②因此，毛泽东系统地总结了中国革命战争特别是土地革命战争的历史经验，并对其进行理论概括，1936年12月，他在陕北的红军大学做了题为《中国革命战争的战略问题》的报告。

在这个报告里，毛泽东通过总结第二次国内革命战争的经验，研究了中国革命战争的规律。他提出，"不了解中国革命战争的特点，就不能指导中国革命战争，就不能引导中国革命战争走上胜利的途径"。而"左"倾教条主义者机械地运用十月革命的经验，拒绝了解中国革命的特点，拒绝中国红军血战史的经验，"结果，是丧失了除了陕甘边区以外的一切革命根据地，使红军由三十万人降到了几万人，使中国共产党由三十万党员降到了几万党员，而在国民党区域的党组织几乎全部丧失。总之，是受了一次极大的历史性的惩罚。他们自称为马克思列宁主义者，其实一点马克思列宁主义也没有学到。列宁说：马克思主义的最本质的东西，马克思主义的活的灵魂，就在于具体地分析具体的情况。我们的这些同志恰是忘记了这一点"③。

毛泽东分析了中国革命的特点，他认为中国革命有四个特点：第一个特点是，中国是一个政治经济发展不平衡的半殖民地大国，而又经过了一九二四年至一九二七年的革命；第二个特点是敌人的强大；第三个特点

---

① 金冲及主编：《毛泽东传（1893—1949）》，中央文献出版社1996年版，第438页。
②《毛泽东选集》第一卷，人民出版社1991年版，第186页。
③《毛泽东选集》第一卷，人民出版社1991年版，第187页。

是红军的弱小；第四个特点是共产党的领导和土地革命。第一个和第四个特点规定了中国红军的可能发展和可能战胜其敌人；第二个和第三个特点规定了中国红军不可能很快发展和不可能很快战胜其敌人，即是规定了战争的持久，而且如果弄得不好的话，还可能会失败。"这就是中国革命战争的两方面。这两方面同时存在着，即是说，既有胜利的条件，又有困难的条件。这是中国革命战争的根本规律，许多规律都是从这个根本的规律发生出来的。我们的十年战争史证明了这个规律的正确性。谁要是睁眼看不见这些根本性质的规律，谁就不能指导中国的革命战争，谁就不能使红军打胜仗。"[1]

毛泽东以"中国革命战争的十年血战史的经验"为例，具体分析了中国革命战争的九个问题：积极防御和消极防御；反"围剿"的准备；战略退却；战略反攻；反攻开始问题；集中兵力问题；运动战；速决战；歼灭战。

毛泽东在报告中分析了"左"倾错误的表现，认为"这是主观主义。这是环境顺利时小资产阶级的革命狂热和革命急性病的表现；环境困难时，则依照情况的变化以次变为拼命主义、保守主义和逃跑主义。这是鲁莽家和门外汉的理论和实际，是丝毫也没有马克思主义气味的东西，是反马克思主义的东西"[2]。他分析了"左"倾错误的根源。"这种看起来好像革命的'左'倾意见，来源于小资产阶级知识分子的革命急躁病，同时也来源于农民小生产者的局部保守性。他们看问题仅从一局部出发，没有能力通观全局，不愿把今天的利益和明天的利益相联结，把部分利益和全体利益相联结，捉住一局部一时间的东西死也不放。""我们的眼力不够，应该借助于望远镜和显微镜。马克思主义的方法就是政治上军事上的望远镜和显微镜。"[3]

---

①《毛泽东选集》第一卷，人民出版社 1991 年版，第 191 页。

②《毛泽东选集》第一卷，人民出版社 1991 年版，第 206 页。

③《毛泽东选集》第一卷，人民出版社 1991 年版，第 212 页。

　　"《中国革命战争的战略问题》是毛泽东军事思想体系形成的重要标志。它以对中国国情的科学分析和准确把握为深厚根基，以实践为主要源泉，充满着实事求是的创造精神，具有鲜明的中国气派和特色。"[①]

　　解决了政治路线和军事路线，毛泽东又全力解决思想路线问题。因为他深知："一切大的政治错误没有不是离开辩证唯物论的。"[②]

　　到达陕北后，毛泽东努力阅读所能收到的各种哲学书籍，并对其进行批注。美国记者斯诺采访他后记述道："毛泽东是个认真研究哲学的人。我有一阵子每天晚上都去见他，向他采访共产党的党史，有一次一个客人带了几本哲学新书来给他，于是毛泽东就要求我改期再谈。他化了三、四夜的功夫专心读了这几本书，在这期间，他似乎是什么都不管了。他读书的范围不仅限于马克思主义的哲学家，而且也读过一些古希腊哲学家、斯宾诺莎、康德、歌德、黑格尔、卢梭等人的著作。"[③]

　　郭化若回忆道："有一次我在毛主席办公室内，看到桌面上放着一本《辩证法唯物论教程》。我翻开一看，开头和空白处都有墨笔小字的旁批，内容全是中国革命中路线斗争的经验教训。这使我初步理解到毛主席是用马列主义的立场、观点、方法来分析中国革命的实际问题，并把中国革命的实际经验提高到理论水平上来，充实和发展马列主义。他这些旁批，后来就逐步发展成为他的光辉著作《实践论》。"[④]

　　《实践论》和《矛盾论》是毛泽东用马克思主义的认识论观点揭露党内的教条主义和经验主义——特别是教条主义这些主观主义的错误而写的。因为在中国共产党内，曾经有一部分教条主义的同志长期拒绝中国革命的经验，否认"马克思主义不是教条而是行动的指南"这个真理，只生吞活剥马克思主义书籍中的只言片语去吓唬人们。还有另一部分经验主义

---

①　金冲及主编：《毛泽东传（1893—1949）》，中央文献出版社1996年版，第444页。

②　中共中央文献研究室：《毛泽东哲学批注集》，中央文献出版社1988年版，第311、312页。

③　［美］埃德加·斯诺：《西行漫记》，生活·读书·新知三联书店1979年版，第67、68页。

④　郭化若：《学习与回顾》，军事科学出版社1991年版，第201页。

的同志长期拘守于自身的片段经验，不了解理论对于革命实践的重要性，看不见革命的全局，虽然也是辛苦，却是盲目地在工作。这两类同志的错误思想，特别是教条主义思想使得中国革命遭受了极大损失，教条主义却是披着马克思主义的外衣迷惑了广大的同志。

在《实践论》中，毛泽东明确提出，"我们反对革命队伍中的顽固派，他们的思想不能随变化了的客观情况而前进，在历史上表现为右倾机会主义。这些人看不出矛盾的斗争已将客观过程推向前进了，而他们的认识仍然停止在旧阶段。一切顽固党的思想都有这样的特征。他们的思想离开了社会的实践，他们不能站在社会车轮的前头充任向导的工作，他们只知跟在车子后面怨恨车子走得太快了，企图把它向后拉，开倒车。

"我们也反对'左'翼空谈主义。他们的思想超过客观过程的一定发展阶段，有些把幻想看作真理，有些则把仅在将来有现实可能性的理想，勉强地放在现时来做，离开了当前大多数人的实践，离开了当前的现实性，在行动上表现为冒险主义。

"唯心论和机械唯物论，机会主义和冒险主义，都是以主观和客观相分裂，以认识和实践相脱离为特征的。以科学的社会实践为特征的马克思列宁主义的认识论，不能不坚决反对这些错误思想。"[1]

毛泽东在《矛盾论》中指出，"我们的教条主义者违背列宁的指示，从来不用脑筋具体地分析任何事物，做起文章或演说来，总是空洞无物的八股调，在我们党内造成了一种极坏的作风"。"中国的教条主义和经验主义的同志们所以犯错误，就是因为他们看事物的方法是主观的、片面的和表面的。"

"当着我们研究矛盾的特殊性和相对性的时候，要注意矛盾和矛盾方面的主要的和非主要的区别；当着我们研究矛盾的普遍性和斗争性的时候，要注意矛盾的各种不同的斗争形式的区别。否则就要犯错误。如果我们经过研究真正懂得了上述这些要点，我们就能够击破违反马克思列宁主

---

[1]《毛泽东选集》第一卷，人民出版社1991年版，第295页。

义基本原则的不利于我们的革命事业的那些教条主义的思想；也能够使有经验的同志们整理自己的经验，使之带上原则性，而避免重复经验主义的错误。"①

《实践论》和《矛盾论》，"这是他对中国革命经验所作的一次更深刻、更系统的哲学总结，是他把马克思主义列宁主义的普遍真理同中国革命具体实践相结合的重要成果，也是对曾经长期在党内占统治地位的看轻实践的教条主义这些主观主义思想的有力批判。"②

"《实践论》和《矛盾论》在毛泽东思想的发展进程中占有重要的历史地位。这两篇论文从理论和实践的统一上，论证了马克思列宁主义普遍真理同中国革命实践相结合的重要性，为日后系统地提出实事求是的思想路线奠定了理论基础。这两篇论文又从思想方法论的高度指出党内发生'左'倾和右倾错误的原由，为延安整风，特别是对教条主义的批判作了重要准备。"③

毛泽东在党的六届六中全会上提出了马克思主义中国化的问题，并号召全党来一个学习竞赛，把马克思主义和中国革命的实际结合起来。

1939年10月4日，毛泽东在《〈共产党人〉发刊词》中，回顾我们党的历史，进而总结了中国共产党的历史经验，他指出，在党的幼年时期，革命失败的主要原因就在于"还不善于将马克思列宁主义的理论和中国革命的实践相结合"。在土地革命战争时期，"一部分同志曾在这个伟大斗争中跌下了或跌下过机会主义的泥坑，这仍然是因为他们不去虚心领会过去的经验，对于中国的历史状况和社会状况、中国革命的特点、中国革命的规律不了解，对于马克思列宁主义的理论和中国革命的实践没有统一的理解而来的"。

随后，毛泽东又发表了《中国革命和中国共产党》《新民主主义论》等

---

① 《毛泽东选集》第一卷，人民出版社1991年版，第312、313、336—337页。

② 金冲及主编：《毛泽东传（1893—1949）》，中央文献出版社1996年版，第445—446页。

③ 金冲及主编：《毛泽东传（1893—1949）》，中央文献出版社1996年版，第451页。

文章，在中国第一次系统地提出了完整的新民主主义理论，实现了马克思主义中国化进程中的第一次飞跃。"新民主主义理论的提出和抗日民族统一战线的一系列方针政策的确定，标志着马克思主义同中国革命实践相结合的毛泽东思想日见成熟。经过十八年的风风雨雨，毛泽东终于给中国人民指明了一条适合中国国情的夺取民主革命胜利、建设新中国的正确道路。"①

毛泽东通过开展普遍的马克思主义的教育，提高全党的马克思主义水平，彻底肃清王明教条主义影响。

毛泽东思想是在总结革命经验教训和清理过去错误思想基础上形成的。"毛泽东同志的一整套理论和政策，是总结了陈独秀、李立三、王明的错误教训得出来的，对中国革命的胜利起了决定性的作用。""毛泽东同志在党内的威望是通过长期的革命斗争实践建立起来的。""延安整风时期，毛泽东同志提倡学马列著作，特别是学哲学，对于全党的思想提高、认识统一，起了很大的作用。"②

1943 年 12 月 28 日，中共中央政治局发出《关于学习〈反对统一占线中的机会主义〉一文的指示》，指出："我党七次大会时，即将总结我党二十二年的经验，……批判王明、博古宗派及其机会主义路线的形成，四中全会的篡党，五中全会达到顶点，以及遵义会议的开始克服，但在一九三七年十二月会议至一九三八年九月六中全会期间，这个宗派又利用长江局进行其反党活动，并且王明本人长期地坚持其错误，反而说中央路线是错误的，是违背前共产国际方针的。""各地在我党七次代表大会决议发表以前，可以在中央局至区党委的领导机关中及在这些领导机关周围已被历史证明无特务嫌疑的高级干部中初步传达、初步讨论内战时期王、博宗派的'左'倾机会主义路线错误及严重损失（白区损失十分之十、苏区及红军损失十分之九），抗战时期（一九三八年）这个反党宗派的右倾机

---

① 金冲及主编：《毛泽东传（1893—1949）》，中央文献出版社 1996 年版，第 572 页。
② 《陈云文选（1956—1985 年）》，人民出版社 1986 年版，第 257 页。

会主义（投降主义）路线错误及严重损失（项英的失败，华中、华北在受其影响时期的损失）。这后一个时期，王明的主要错误是：一、主张速胜论，反对持久战。二、迷信国民党，反对统一战线中的独立自主。三、主张运动战，反对游击战。四、在武汉形成事实上的第二中央，并提倡党内闹独立性，破坏党纪军纪。"[①]

对于1931年至1934年中央领导的"左"倾错误，毛泽东在《学习和时局》中认为："一方面，应指出那个时期中央领导机关所采取的政治策略、军事策略和干部政策在其主要方面都是错误的；另一方面，应指出当时犯错误的同志在反对蒋介石、主张土地革命和红军斗争这些基本问题上面，和我们之间是没有争论的。即在策略方面也要进行分析。例如在土地问题上，当时的错误是实行了地主不分田、富农分坏田的过左政策，但在没收地主土地分给无地和少地的农民这一点上，则是和我们一致的。"[②]

三 中国共产党对历史经验的总结

为了更好地推进马克思主义中国化，将中国革命推向胜利境地，全面总结中国革命的经验教训，特别是土地革命战争的经验教训，从1942年春开始，毛泽东在全党范围内发动了一场长达三年的整风运动。

毛泽东之所以在抗日战争十分紧张的情况下，以这样大的力量和这样长的时间进行这场整风运动，是因为"中国共产党在它成立以来的二十多年中，经历过巨大的胜利和严重的失败，出现过'左'的和右的机会主义错误，其中给党带来危害最大的是以王明为代表的教条主义错误。遵义会议和六届六中全会，分别纠正了王明在土地革命战争后期的'左'倾错误和抗日战争初期的右倾错误，但由于没有来得及对党的历史经验进行系统的总结，特别是没有从思想路线的高度对党内历次错误的根源进行深刻的

---

① 《延安整风运动》（资料选辑），中共中央党校出版社1984年版，第124—125页。
② 《毛泽东选集》第三卷，人民出版社1991年版，第938—939页。

总结，所以，党内在指导思想上仍然存在一些分歧。这些分歧，从根本上说，就是一切从实际出发，按具体情况办事，还是主观主义地凭'想当然'或照着某些'本本'办事。这个问题如果不能得到很好的解决，就谈不上党内思想上、政治上的统一和行动上的一致，去同心同德地夺取胜利[①]。"

延安整风运动经过了长时间的酝酿和准备，最初的酝酿早在中共六届六中全会就开始了。之所以这样，是"因为整风的重要目的是要树立实事求是、一切从实际出发的思想，克服形形色色的主观主义的东西。这种思想问题的解决，决不能靠强制的手段，必须使人真正从思想上想通，并且从实际生活中大量成功和失败的事实中得到证明，才能切实奏效。何况王明有着共产国际作为后台，而共产国际当时在中国共产党内有着很高的威信，要消除教条主义的影响确实不是一件容易的事情。这些都需要时间。所以毛泽东后来解释说：'非经过各种步骤，使大家觉悟成熟不可'"[②]。

为了系统总结党的经验教训，特别是六大以来中国革命的经验教训，从1940年下半年开始，毛泽东亲自主持收集、编辑和研究中国共产党从六大以来的主要历史文献，编成了《六大以来》重要历史文献汇编。

在编辑这个文献过程中，毛泽东更深刻地感受到了教条主义对中国革命的严重危害。在1940年12月4日召开的中央政治局会议上，毛泽东第一次比较集中地谈到党的历史上的右倾和"左"倾错误，特别是十年内战后期打倒一切的"左"倾错误及其给中国革命造成的严重损失。他指出：过去总的错误是不了解中国革命的长期性、不平衡性。不了解中国革命的长期性，便产生了对革命的急躁性。中国共产党是一个半殖民地国家的党，党员比较幼稚，过去犯错误是由于经验不足。大革命末期的右的错误和苏维埃后期的许多"左"的错误，是由于马列主义没有和实际联系起来。总

---

① 金冲及主编：《毛泽东传（1893—1949）》，中央文献出版社1996年版，第624页。
② 金冲及主编：《毛泽东传（1893—1949）》，中央文献出版社1996年版，第625页。

结过去的经验教训，对于犯了错误和没有犯错误的人都是一种教育。①

1941 年 1 月，皖南事变发生后，毛泽东痛心地指出：事件发生的根本原因是，"有同志没有把普遍真理的马列主义与中国革命的具体实践联系起来"，"没有了解中国革命的实际，没有了解经过十年反共的蒋介石"②。

毛泽东编辑的《六大以来》对统一高级干部的思想起到了重要作用。胡乔木回忆说："当时没有人提出过四中全会后的中央存在着一条'左'倾路线。现在把这些文件编出来，说那时中央一些领导人存在主观主义、教条主义就有了可靠的依据。有的人就哑口无言了。毛主席怎么同'左'路线斗争，两种领导前后一对比，就清楚看到毛主席确实代表了正确路线，从而更加确定了他在党内的领导地位。""编辑《六大以来》就是为了解决政治路线问题"，"《六大以来》成了党整风的基本武器"③。1943 年毛泽东曾说："一九四一年五月，我作《改造我们的学习》的报告，毫无影响，六月后编了党书（指《六大以来》——引者注），党书一出，许多同志解除武装，故可能开九月会议。"④

为了做好整风准备，1941 年 9 月 10 日至 10 月 22 日，中共中央召开了政治局扩大会议（又称九月会议），重点是检讨十年内战后期的领导路线问题。

这次会议的第一天，毛泽东做了反对主观主义和宗派主义的报告。他在报告中首先就指出：党内有这样的历史传统：不切实际，按心里想的去办，这就是主观主义。"过去我们的党很长时期为主观主义所统治，立三路线和苏维埃运动后期的'左'倾机会主义都是主观主义。苏维埃运动后

---

① 毛泽东在中央政治局会议上的发言记录，1940 年 12 月 4 日。转引自《毛泽东传（1893—1949）》，中央文献出版社 1996 年版，第 627 页。

② 毛泽东在中央政治局会议上的发言记录，1941 年 1 月 15 日。转引自《毛泽东传（1893—1949）》，中央文献出版社 1996 年版，第 627—628 页。

③ 胡乔木：《胡乔木回忆毛泽东》，人民出版社 1994 年版，第 48 页。

④ 毛泽东在中共中央政治局会议上的发言记录，1943 年 10 月 6 日。转引自《毛泽东传（1893—1949）》，中央文献出版社 1996 年版，第 630—631 页。

期的主观主义表现更严重，它的形态更完备，统治时间更长久，结果更悲惨。"这是因为他们自称"国际路线"，穿上马克思主义的外衣，其实是假马克思主义。"遵义会议，实际上变更了一条政治路线。过去的路线在遵义会议后，在政治上、军事上、组织上都不能起作用了，但在思想上主观主义的遗毒仍然存在"。六中全会打击了主观主义，但仍没有引起一般的注意。主观主义已不占统治的地位，但还相当地存在着。毛泽东在报告中还分析了主观主义的来源是党内"左"的传统，苏联的德波林的影响，以及中国广大小资产阶级的影响。他指出：克服主观主义要从政治局同志做起，研究马恩列斯的思想方法论，"以思想、政治、政策、军事、组织五项为政治局的根本业务"，"掌握思想教育是我们第一等的业务"①。

在这次会议上，有 28 人发言了，不少人以自我批评的精神反省了自己在历史上所犯的错误。

张闻天在发言中指出："毛主席的报告，对党的路线的彻底的转变有极大的意义。过去我们对苏维埃后期的错误没有清算，这是欠的老账，现在必须偿还。""对中央苏区的工作，同意毛主席的估计，当时路线是错误的。政治方面是'左'倾机会主义，策略是盲动的。军事方面是冒险主义（打大的中心城市、单纯防御等）。组织上是宗派主义，不相信老干部，否定过去一切经验，推翻旧的领导，以意气相投者结合，这必然会发展到乱打击干部。思想上是主观主义与教条主义，不研究历史与具体现实情况。"②

博古在发言中进行了诚恳的自我批评：1932 年至 1935 年的错误，我是主要负责的一人。当时我们完全没有实际经验，在苏联学的是德波林主义的哲学教条，又搬运了一些苏联社会主义建设的教条和西欧党的经验到中国来。过去许多党的决议是照抄国际的。他表示：现在我有勇气公开研究自己过去的错误，希望在大家的帮助下逐渐克服。③

---

① 毛泽东在中共中央政治局扩大会议上的报告记录，1941 年 9 月 10 日。转引自《毛泽东传（1893—1949）》，中央文献出版社 1996 年版，第 631 页。

②《张闻天选集》编辑组：《张闻天选集》，人民出版社 1985 年版，第 314 页。

③《胡乔木回忆延安整风（上）》，《党的文献》1994 年第 1 期。

王稼祥总结了主观主义产生的根源，他指出：除中国的社会原因外，"就是经验不够，学了一些理论而没有实际工作经验的人，易做教条主义者，从莫斯科共产国际回来没有实际工作经验的人，更易做教条主义者；实际工作经验多的人，不易做教条主义者，而容易成为狭隘主义者"①。

王明在会议上发言两次，虽然承认 1932 年至 1935 年的错误为路线错误，但拒绝承担责任，说自己对博古、张闻天在中央苏区的政策和做法是不同意的，强调博古是苏维埃运动后期错误最主要的负责者。②

关于苏维埃运动后期的错误，毛泽东起草了《关于四中全会以来中央领导路线结论草案》。草案概括地说明："这条路线的性质是'左'倾机会主义的，而在形态的完备上，在时间的长久上，在结果的严重上，则超过了陈独秀、李立三两次的路线错误。"草案深刻地分析道：这条路线在思想方面犯了主观主义与形式主义的错误；在政治方面，对形势的估计，对策略任务的提出与实施，对中国革命许多根本问题都犯了过"左"的错误；在军事方面，犯了从攻打大城市中的军事冒险主义转到第五次反"围剿"中的军事保守主义（同时包含着拼命主义），最后在长征中转到完全的逃跑主义的错误；在组织方面犯了宗派主义错误。草案还指出，1935 年 1 月召开的遵义会议"实际上克服了当作路线的'左'倾机会主义，解决了当时最主要的问题——错误的军事路线、错误的领导方式和错误的干部政策，实际上完成了由一个路线到另一个路线的转变，即是说克服了错误路线，恢复了正确路线"③。这个结论草案的许多内容被吸收到六届七中全会通过的《关于若干历史问题的决议》中。

为了进一步弄清党的历史上的路线是非，1941 年 10 月 13 日，中国共产党成立了研究党的历史的委员会，由毛泽东、王稼祥、任弼时、康生、彭真组成，以毛泽东为首。

---

① 《王稼祥选集》，人民出版社 1989 年版，第 326 页。

② 金冲及主编：《毛泽东传（1893—1949）》，中央文献出版社 1996 年版，第 633 页。

③ 毛泽东起草的关于历史问题的结论草案，1941 年 10 月。转引自《毛泽东传（1893—1949）》，中央文献出版社 1996 年版，第 634 页。

　　1941 年的九月会议使中共领导层在反对主观主义和宗派主义这个根本问题上大致取得了共识。后来毛泽东评价道:"九月会议是关键,否则我是不敢到党校去报告整风的,我的《农村调查》等书也不能出版","整风也整不成"①。

　　在集中领导高级干部整风学习、打通高级干部思想后,毛泽东在 1942 年 1 月 26 日为中宣部起草了《宣传要点》,强调了在全党开展整风的重要性:"凡此主观主义与宗派主义的思想与行动,如不来一个彻底的认真的深刻的斗争,便不能加以克服,便不能争取革命的胜利。而要进行斗争,加以克服,非有一个全党的动员是不会有多大效力的"②。因此从 1942 年 2 月开始在党的各级干部和党员中普遍进行了整风。

　　整风运动的最后一个阶段就是总结党的历史经验时期。在 1943 年 11 月 13 日至 27 日的中央政治局会议上,集中批判了王明在十年内战时期和抗战初期的错误。13 日,毛泽东在会上发言,系统地总结了六届四中全会以来党的斗争历史,重点批判了王明、博古等:"他们顶着国际和马列招牌,欺骗全党。全党要从这个骗局中解放出来。如果没有很好的步骤和方法是很危险的。"遵义会议"只集中弄清军事路线,因为中央在长征中,军事领导是中心问题,当时军事领导的解决差不多等于政治路线的解决。组织上不久也取消了博古的中央书记而以洛甫代之,因为当时只有如此才能团结我们内部"。他还指出:"教条宗派分化出来的人是应当欢迎的。遵义会议不是稼祥、洛甫分化出来是开不成的。他们二人不管过去怎样,但是做了对党有利的事。""所有经验宗派的人,与教条宗派是有区别的,大多数是被欺骗的,不觉悟的。他们常常被教条宗派利用'共产国际'、'马恩列斯'的外衣和威逼利诱所蒙蔽,所迷惑。"最后他说:"我们的目的是

①毛泽东在中共中央政治局会议上的发言记录,1943 年 10 月 6 日。转引自《毛泽东传(1893—1949)》,中央文献出版社 1996 年版,第 635 页。

②《毛泽东文集》第二卷,人民出版社 1993 年版,第 390—391 页。

揭发路线错误，又要保护同志，不要离开这个方向。"①

在这次会议上，王明的妻子孟庆树代笔为王明写了致毛泽东和中共中央的信，表示："现在我再一次地向中央声明，我完全放弃我自己的那些意见"，"我愿意做一个毛主席的小学生，重新学起，改造自己的思想意识，纠正自己的教条宗派主义错误，克服自己的弱点"②。但这并不是王明的真心话。

王明至死仍然坚持自己的错误。1974年3月27日，王明病死于莫斯科。他死后的第二天，苏共中央机关报《真理报》刊登了《追悼王明同志》一文，称其为"国际工运的老战士，中国共产党的著名活动家""苏联的老朋友，苏、中两国人民的友好和合作的积极捍卫者"。

莫斯科列宁山下的王明墓

1944年4月12日，毛泽东在中共中央西北局高干会议上阐述了总结历史、处理历史问题的方法："这次处理历史问题，不应着重于一些个别同志的责任方面，而应着重于当时环境的分析，当时错误的内容，当时错误的社会根源、历史根源和思想根源，实行惩前毖后、治病救人的方针，借以达到既要弄清思想又要团结同志这样两个目的。对于人的处理问题取

①毛泽东在中央政治局会议上的发言记录，1943年11月13日。转引自《毛泽东传（1893—1949）》，中央文献出版社1996年版，第663页。

②王明致毛泽东和中共中央的信，1943年12月1日。转引自《毛泽东传（1893—1949）》，中央文献出版社1996年版，第664页。

慎重态度，既不含糊敷衍，又不损害同志，这是我们的党兴旺发达的标志之一。""对于任何问题应取分析态度，不要否定一切。""我们许多同志缺乏分析的头脑，对于复杂事物，不愿作反复深入的分析研究，而爱作绝对肯定或绝对否定的简单结论。我们报纸上分析文章的缺乏，党内分析习惯的还没有完全养成，都表示这个毛病的存在。今后应该改善这种状况。"①

毛泽东的这个讲话推动了全党的团结。当年参加会议的邓力群回忆说："一批人解脱了，许多人心服了，大家心里的石头都落了地。"②

为了深入总结党的历史经验，中共中央专门组织机构起草"历史决议"。毛泽东对这个决议的起草非常关心，前后七次对其进行修改。后来他特别指出："我们现在学会了谨慎这一条。搞了一个历史决议案，三番五次，多少对眼睛看，单是中央委员会几十对眼睛看还不行，七看八看看不出许多问题来，而经过大家一看，一研究，就搞出许多问题来了。"③

1944年5月21日，中国共产党六届七中全会在延安杨家岭召开。这次会议在历时十一个月后，于1945年4月20日在原则上通过了党的《若干历史问题的决议》，总结了党的历史经验。

毛泽东将"历史决议"由党的七大改在六届七中全会上通过，在1945年3月31日召开的七中全会上进行了说明：总结经验可以说是算账。不采用大会这个形式来算账，才能使大会集中注意力于当前问题。历史上的错误是一个社会现象，因为那时党在政治上不成熟，犯错误的同志是因为不自觉。现在大家都觉悟了，主要思想都一致了，如果使用大会这个武器，势必要扯两三个星期，转移了中心目标，结果仍不能超过现在的草案。④

由于毛泽东在总结历史经验教训时进行了细致的长期准备，因此使犯

---

① 金冲及主编：《毛泽东传（1893—1949）》，中央文献出版社1996年版，第666页。

② 邓力群：《回忆延安整风》，《党的文献》1992年第2期。

③ 毛泽东在中共七大预备会议上的报告，转引自《毛泽东在七大的报告和讲话集》，中央文献出版社1995年版，第10—11页。

④ 毛泽东在中共六届七中全体会议上的发言记录，1945年3月31日。转引自《毛泽东传（1893—1949）》，中央文献出版社1996年版，第671页。

错误的同志认识到了自己的错误，在思想上达到了一致。博古表示拥护这个决议，并向受过迫害的同志道歉。任弼时在谈到对毛泽东的认识过程时说："皖南事变后毛对政策的掌握，直至整风中的思想领导，使我产生了佩服和信赖。"[1]

中共六届七中全会通过历史决议后，毛泽东评论道："《决议》不但是领导机关内部的，而且是全党性质的，与全国人民有关系的，对全党和全国人民负责任的。哪些政策或哪些部分在群众斗争中证明是适合的，哪些是不对的，如果讲得合乎事实，在观念形态上再现了二十四年的历史，就对于今后的斗争有益。党是政治团体，不是家族或职业团体，都是来自五湖四海，因为政见相同而结合起来的。政见不同就要有争论，争论时分清界限是必要的，但今后要少戴帽子为好。凡是过去政治上犯过错误的同志，现在都改正了，都要如《决议》所说的像一个和睦的家庭一样。《决议》把许多好事都挂在我的账上，我的错误缺点没有挂上，不是我没有而是没有挂，为了党的利益没有写上。这是大家要认识清楚的，首先是我。孔夫子七十而从心所欲不踰距，我即使到七十岁，相信一定也会踰距。"[2]

《决议》首先指出，中国共产党一产生就致力于把马克思主义中国化，"中国共产党自一九二一年产生以来，就以马克思列宁主义的普遍真理和中国革命的具体实践相结合为自己一切工作的指针，毛泽东同志关于中国革命的理论和实践便是此种结合的代表"。

《决议》高度评价了毛泽东发展马克思主义所作的突出贡献，指出："毛泽东同志代表中国无产阶级和中国人民，将人类最高智慧——马克思列宁主义的科学理论，创造性地应用于中国这样的以农民为主要群众、以反帝反封建为直接任务而又地广人众、情况极复杂、斗争极困难的半封建半殖民地的大国，光辉地发展了列宁斯大林关于殖民地半殖民地问题的学

---

[1] 任弼时在中共六届七中全体会议上的发言记录，1945年4月20日。转引自《毛泽东传（1893—1949）》，中央文献出版社1996年版，第672页。

[2] 毛泽东在中共六届七中全体会议上的发言记录，1945年4月20日。转引自《毛泽东传（1893—1949）》，中央文献出版社1996年版，第672页。

说和斯大林关于中国革命问题的学说。"

《决议》指出了总结历史经验的目的是学习中国革命的历史教训，以便"惩前毖后，治病救人"，使"前车之覆"成为"后车之鉴"，在马克思列宁主义思想一致的基础上，团结全党同志如同一个和睦的家庭一样，如同一块坚固的钢铁一样，为着获得抗日战争的胜利和中国人民的完全解放而奋斗。

《决议》提出了分析错误的正确态度，指出在否定各次"左"倾路线的错误时，同时要牢记和实行毛泽东同志"对于任何问题应采取分析态度，不要否定一切"的指示。《决议》认为，应当指出：犯了这些错误的同志们的观点中，并不是一切都错了，他们在反帝反封建、土地革命、反蒋战争等问题上的若干观点，同主张正确路线的同志们仍然是一致的。还应指出，第三次"左"倾路线统治时间特别长久，给党和革命造成的损失特别重大，但是这个时期的党，因为有广大的干部、党员群众和广大的军民群众在一起进行了积极的工作和英勇的斗争，因而在许多地区和许多部门的实际工作中，仍然获得了很大的成绩（例如在战争中，在军事建设中，在战争动员中，在政权建设中，在白区工作中）。正是由于这种成绩，才能够支持反对敌人进攻的战争至数年之久，给了敌人以重大的打击；仅因错误路线的统治，这些成绩才终于受到了破坏。在各次错误路线统治时期，和党的任何其他历史时期一样，一切为人民利益而壮烈牺牲了的党内党外的领袖、领导者、干部、党员和人民群众都将永远被党和人民所崇敬。

《决议》分析了"左"倾教条主义的特点和在政治上、军事上、组织上和思想上的各种表现。《决议》指出犯教条主义错误的同志们披着"马列主义理论"的外衣，仗着六届四中全会所造成的政治声势和组织声势，使第三次"左"倾路线在党内统治四年之久，使它在思想上、政治上、军事上、组织上表现得最为充分和完整，在全党影响最深，危害也最大。但是犯这个路线错误的同志，在很长时期内，却在所谓"中共更加布尔什维克化""百分之百的布尔什维克"等武断词句下，竭力吹嘘同事实相反的六届四中全会以来中央领导路线之"正确性"及其所谓"不朽的成绩"，完全歪曲了党的历史。

《决议》高度评价了毛泽东在反对"左"倾教条主义中的贡献。指出，毛泽东同志从他进入中国革命事业的第一天起，就着重应用马克思列宁主义的普遍真理以从事于对中国社会实际情况的调查研究，在土地革命战争时期，尤其再三再四地强调了"没有调查没有发言权"的真理，再三再四地反对了教条主义和主观主义的危害。毛泽东同志在土地革命战争时期所规定的政治路线、军事路线和组织路线正是他根据马克思列宁主义的普遍真理，根据辩证唯物论和历史唯物论，具体地分析了当时国内外党内外的现实情况及其特点，并具体地总结了中国革命的历史经验，特别是 1924 年至 1927 年革命的历史经验的光辉成果。在中国生活和奋斗的中国共产党人学习辩证唯物论和历史唯物论，应该是为了用以研究和解决中国革命的各种实际问题，如同毛泽东同志所做的。在第三次"左"倾路线时期中，以毛泽东同志为代表的主张正确路线的同志们是同这条"左"倾路线完全对立的。由于他们不赞成并要求纠正这条"左"倾路线，因而他们在各地的正确领导也就被六届四中全会以来的中央及其所派去的组织或人员所推翻了。但是"左"倾路线在实际工作中的不断碰壁，尤其中央所在地区第五次反"围剿"中的不断失败，开始在更多的领导干部和党员群众面前暴露了这一路线的错误，引起了他们的怀疑和不满。在红军长征开始后，这种怀疑和不满更加增长，以至有些曾经犯过"左"倾错误的同志开始觉悟，站在反对"左"倾错误的立场上来了。广大反对"左"倾路线的干部和党员都在毛泽东同志的领导下团结起来，1935 年 1 月，在毛泽东同志所领导的在贵州省遵义城召开的扩大的中央政治局会议上，得以胜利地结束了"左"倾路线在党中央的统治，在最危急的关头挽救了党。

《决议》高度评价了遵义会议的贡献，指出，遵义会议集中全力纠正了当时具有决定意义的军事上和组织上的错误是完全正确的。这次会议开始了以毛泽东同志为首的中央的新的领导，是中共党内最有历史意义的转变。也正是由于这一转变，我们党才结束了长征，在长征极端艰险的条件下保存并锻炼了党和红军的基干，胜利地克服了坚持退却逃跑并实行成立第二党的张国焘路线，挽救了"左"倾路线所造成的陕北革命根据地的危机，正确地领导了1935年的"一二·九"救亡运动，正确地解决了1936年的西安事变，组织了抗日民族统一战线，推动了神圣的抗日战争的爆发。

《决议》充分肯定了遵义会议以来以毛泽东为代表的中共中央的贡献，指出，遵义会议后，党中央在毛泽东同志领导下的政治路线是完全正确的。"左"倾路线在政治上、军事上、组织上都被逐渐地克服了。1942年以来，毛泽东同志所领导的全党反对主观主义、宗派主义、党八股的整风运动和党史学习，更从思想根源上纠正了党的历史上历次"左"倾以及右倾的错误。过去犯过"左"、右倾错误的同志，在长期体验中，绝大多数有了很大进步，做了许多有益于党和人民的工作，这些同志和其他广大同志在一起，在共同的政治认识上互相团结起来了。扩大的六届七中全会欣幸地指出：我党经过了自己的各种成功和挫折，终于在毛泽东同志领导下，在思想上、政治上、组织上、军事上，第一次达到了现在这样高度的巩固和统一。这是快要胜利了的党，这是任何力量也不能战胜了的党。

《决议》提出了克服"左"、右倾错误的方法，总结了党内反对"左"、右倾错误的历史。指出"左"、右倾错误的产生不是偶然的产物，而是一定社会历史条件的产物。因此，要克服错误的"左"倾思想或右倾思想，既不能草率从事，也不能操切从事，而是必须深入进行马克思列宁主义的教育，提高全党对于无产阶级思想和小资产阶级思想的鉴别能力，并在党内发扬民主，展开批评和自我批评，进行耐心说服和教育的工作，具体分析错误的内容及其危害，说明错误之历史的和现实思想的根源及其改正的办法。这是马克思列宁主义者克服党内错误的应有态度。扩大的六届七中全会指出：毛泽东同志在这次全党整风和党史学习中所采取的方针，即"惩前毖后，治病救人""既要弄清思想又要团结同志"的方针，是马克思列宁主义者克服党内错误的正确态度的模范，因而取得了在思想上、政治上和组织上提高并团结全党的伟大成就。

《决议》指出，在党的历史上，曾经有过反对陈独秀主义和李立三主义的斗争，这些斗争是完全必要的。这些斗争的缺点是没有自觉地作为改造在党内严重存在着的小资产阶级思想的严重步骤，没有在思想上彻底弄清错误的实质及其根源，也没有恰当地指出改正的方法，以致易于重犯错误；同时，又太着重个人的责任，以为对于犯错误的人们一经给以简单的打击，问题就解决了。党在检讨六届四中全会以来的错误以后，认为今后进行一切思想斗争时，应该避免这种缺点，而坚决执行毛泽东同志的方针。任何过去犯过错误的同志，只要他已经和开始改正自己的错误，就应该不存成见地欢迎他，团结他为党工作。即使还没有很好地了解和改正错误，但已不坚持错误的同志，也应该以恳切的同志的态度，帮助他去了解和改正错误。现在全党对于过去错误路线的认识已经一致了，全党已经在以毛泽东同志为首的中央周围团结起来了。因此，全党今后的任务就是在弄清思想、坚持原则的基础上加强团结。我们党关于党内历史问题的一切分析、批判、争论是应该从团结出发，而又达到团结的，如果违背了这个原则，那就是不正确的。但是鉴于党内小资产阶级思想的社会根源的存在以及党所处的长期分散的农村游击战争的环境，又鉴于教条主义和经验主义的思想残余还是存在着，尤其对于经验主义还缺乏足够的批判，又鉴于党内严重的宗派主义虽然基本上已经克服，而具有宗派主义倾向的山头主义则仍然相当普遍地存在着等项事实，全党应该警觉：要使党内思想完全统一于马克思列宁主义，还需要一个长时期的继续克服错误思想的斗争过程。扩大的中共六届七中全会决定：全党必须加强马克思列宁主义的思想教育，并着重联系中国革命的实践，以达到进一步地养成正确的党风，彻底地克服教条主义、经验主义、宗派主义、山头主义等倾向之目的。

《决议》最后指出：二十四年来中国革命的实践证明了，并且还在证明着，毛泽东同志所代表的党和全国广大人民的奋斗方向是完全正确的。今天我党在抗日战争中所已经取得的伟大胜利及其所起的决定作用就是这条正确路线的生动证明。党在个别时期中所犯的"左"、右倾错误，对于二十四年来在我党领导之下的轰轰烈烈地发展着的、取得了伟大成绩和丰富经验的整个中国革命事业来说，不过是一些部分的现象。这些现象，在党还缺乏充分经验和充分自觉的时期内是难于完全避免的，而且党正是在克服这些错误的斗争过程中而更加坚强起来，到了今天，全党已经空前一致地认识了毛泽东同志路线的正确性，空前自觉地团结在毛泽东的旗帜下了。以毛泽东同志为代表的马克思列宁主义的思想更普遍地更深入地掌握干部、党员和人民群众的结果，必将给党和中国革命带来伟大的进步和不可战胜的力量。

《决议》相信：有了北伐战争、土地革命战争和抗日战争这样三次革命斗争的丰富经验的中国共产党，在以毛泽东同志为首的中央的正确领导之下，必将使中国革命达到彻底的胜利。

中共六届七中全会通过的历史决议总结了党的历史教训，让全党在马克思主义基础上得到统一，确立了对待马克思主义的正确态度，促进了马克思主义中国化的进程。

关于若干历史问题的决议（节选）

一切政治路线、军事路线和组织路线之正确或错误，其思想根源都在于它们是否从马克思列宁主义的辩证唯物论和历史唯物论出发，是否从中国革命的客观实际和中国人民的客观需要出发。……

在教条主义统治时期，同它合作并成为它的助手的经验主义的思想，也是主观主义和形式主义的一种表现形式。经验主义同教条主义的区别，是在于它不是从书本出发，而是从狭隘的经验出发。应当着重地指出：最广大的有实际工作经验的同志，他们的一切有益的经验，是极可宝贵的财产。科学地把这些经验总结起来，作为以后行动中的指导，这完全不是经验主义，而是马克思列宁主义；正像把马克思列宁主义的原理原则当作革命行动的指南，而不把它们当作教条，就完全不是教条主义，而是马克思列宁主义一样。但是，在一切有实际工作经验的同志中，如果有一些人满足于甚至仅仅满足于他们的局部经验，把它们当作到处可以使用的教条，不懂得而且不愿意承认"没有革命的理论，就不会有革命的运动"和"为着领导，必须预见"的真理，因而轻视从世界革命经验总结出来的马克思列宁主义的学习，并醉心于狭隘的无原则的所谓实际主义和无头脑无前途的事务主义，却坐在指挥台上，盲目地称英雄，摆老资格，不肯倾听同志们的批评和发展自我批评，这样，他们就成为经验主义者了。因此，经验主义和教条主义的出发点虽然不同，但是在思想方法的本质上，两者却是一致的。他们都是把马克思列宁主义的普遍真理和中国革命的具体实践分割开来；他们都违背辩证唯物论和历史唯物论，把片面的相对的真理夸大为普遍的绝对的真理；他们的思想都不符合于客观的全面的实际情况。因此，他们对于中国社会和中国革命，就有了许多共同的错误的认识（如错误的城市中心观点，白区工作中心观点，脱离实际情况的"正规"战观点等）。这就是这两部分同志能够互相合作的思想根源。虽然因为经验主义者的经验是局部的、狭隘的，他们中的多数对于全面性的问题往往缺乏独立的明确的完整的意见，因此，他们在和教条主义者相结合时，一般地是作为后者的附庸而出现；但是党的历史证明，教条主义者缺乏经验主义者的合作就不易"流毒全党"，而在教条主义被战胜以后，经验主义更成为党内的马克思列宁主义发展的主要障碍。因此，我们不但要克服主观主义的教条主义，而且也要克服主观主义的经验主义。必须彻底克服教条主义和经验主义的思想，马克思列宁主义的思想、路线和作风，才能普及和深入全党。

以上所述政治、军事、组织和思想四方面的错误，实为各次尤其是第三次"左"倾路线的基本错误。而一切政治上、军事上和组织上的错误，都是从思想上违背马克思列宁主义的辩证唯物论和历史唯物论而来，都是从主观主义和形式主义、教条主义和经验主义而来。

……

"左"倾路线的上述四方面错误的产生，不是偶然的，它有很深的社会根源。

如同毛泽东同志所代表的正确路线反映了中国无产阶级先进分子的思想一样，"左"倾路线则反映了中国小资产阶级民主派的思想。……我党历史上各次错误路线和正确路线之间的斗争，实质上即是党外的阶级斗争在党内的表演；而上述"左"倾路线在政治上、军事上、组织上和思想上的错误，也即是这种小资产阶级思想在党内的反映。在这个问题上，可以从三个方面来加以分析：

首先，在思想方法方面。小资产阶级的思想方法，基本上表现为观察问题时的主观性和片面性，即不从阶级力量对比之客观的全面的情况出发，而把自己主观的愿望、感想和空谈当作实际，把片面当成全面，局部当成全体，树木当作森林。脱离实际生产过程的小资产阶级知识分子，因为只有书本知识而缺乏感性知识，他们的思想方法就比较容易表现为我们前面所说的教条主义。联系生产的小资产阶级分子虽具有一定的感性知识，但是受着小生产的狭隘性、散漫性、孤立性和保守性的限制，他们的思想方法就比较容易表现为我们前面所说的经验主义。

第二，在政治倾向方面。小资产阶级的政治倾向，因为他们的生活方式和由此而来的思想方法上的主观性片面性，一般地容易表现为左右摇摆。小资产阶级革命家的许多代表人物希望革命马上胜利，以求根本改变他们今天所处的地位；因而他们对于革命的长期努力缺乏忍耐心，他们对于"左"的革命词句和口号有很大的兴趣，他们容易发生关门主义和冒险主义的情绪和行动。小资产阶级的这种倾向，在党内反映出来，就构成了我们前面所说的"左"倾路线在革命任务问题、革命根据地问题、策略指导问题和军事路线问题上的各种错误。

但是，这些小资产阶级革命家在另外一种情况下，或是另一部分小资产阶级革命家，也可以表现悲观失望，表现追随于资产阶级之后的右倾情绪和右倾观点。一九二四年至一九二七年革命后期的陈独秀主义、土地革命后期的张国焘主义和长征初期的逃跑主义，都是小资产阶级这种右倾思想在党内的反映。抗日时期，又曾发生过投降主义的思想。一般地说，在资产阶级和无产阶级分裂的时期，比较容易发生"左"倾错误（例如土地革命时期"左"倾路线统治党的领导机关至三次之多），而在资产阶级和无产阶级联合的时期，则比较容易发生右倾错误（例如一九二四年至一九二七年革命后期和抗日战争初期）。而无论是"左"倾或右倾，都是不利于革命而仅仅利于反革命的。由于各种情况的变化而产生的左右摇摆、好走极端、华而不实、投机取巧，是小资产阶级思想在坏的一面的特点。这是小资产阶级在经济上所处的不稳定地位在思想上的反映。

第三，在组织生活方面。由于一般小资产阶级的生活方式和思想方法的限制，特别由于中国的落后的分散的宗法社会和帮口行会的社会环境，小资产阶级在组织生活上的倾向，容易表现为脱离群众的个人主义和宗派主义。这种倾向反映到党内，就造成我们前面所说的"左"倾路线的错误的组织路线。党长期地处在分散的乡村游击战争中的情况，更有利于这种倾向的发展。这种倾向，不是自我牺牲地为党和人民工作，而是利用党和人民的力量并破坏党和人民的利益来达到个人和宗派的目的，因此它是同党的联系群众的原则、党的民主集中制和党的纪律不相容的。这种倾向，常常采取各种各样的形式，如官僚主义、家长制度、惩办主义、命令主义、个人英雄主义、半无政府主义、自由主义、极端民主主义、闹独立性、行会主义、山头主义、同乡同学观念、派别纠纷、耍流氓手腕等，破坏着党同人民群众的联系和党内的团结。

这些就是小资产阶级思想的三个方面。我们党内历次发生的思想上的主观主义，政治上的"左"、右倾，组织上的宗派主义等项现象，无论其是否形成了路线，掌握了领导，显然都是小资产阶级思想之反马克思列宁主义、反无产阶级的表现。为了党和人民的利益，采取教育方法，将党内的小资产阶级思想加以分析和克服，促进其无产阶级化，是完全必要的。

王明对《决议》采取了两面的态度。在《决议》通过以后，王明给任弼时写了一封长信，并请任弼时转毛泽东和参加扩大的七中全会各同志。他在信中表示同意《决议》的意见，并检查了自己在土地革命战争时期所犯的错误。他在信中说：

"首先，我对这个决议草案的第一个基本认识，就是这个决议草案在党的历史问题思想问题和党的建设方面，有重大的积极建设性的意见。

"其次，我对这个决议草案的第二个基本认识，就是它将党内在一定历史时期存在过的各种'左'倾思想和'左'倾路线，都作了明确的批评，而对于决议所指出的从四中全会至遵义会议这一时期的中央领导'左'倾机会主义路线的错误，尤其作了最彻底的清算。我对于七中全会根据毛泽东同志的正确思想和正确路线以及近年来全党同志在整风运动与党史学习中的认识，而作出的对各次尤其第三次'左'倾路线在政治上、组织上、思想上所犯严重的错误的内容实质与其重大的危害以及产生的此种错误的社会的和历史的根源的分析和估计完全同意和拥护。""我不仅以一个党员的资格，站在组织观点的立场上，完全服从这个决议，而且要如中央所指示者，以一个第三次'左'倾路线开始形成的主要代表的地位，站在思想政治观点的立场上，认真研究和接受这个决议，作为今天自己改正政治、组织、思想各方面严重错误的指南。""我之所以犯教条主义的'左'倾路线的错误，也不是偶然的，这是由于丝毫不懂马克思主义理论及基础，完全不懂中国社会和中国革命的实际情况，完全不研究中国的政治、军事、文化的历史事实和历史经验，以及简直不懂国际经验和民族传统的结果。尤其是由于没有群众工作和没有群众观点，以及小资产阶级社会出身的劣根性作祟的结果。"

"再次，我对这个决议草案的第三个基本认识，就是它把许多历史问题作了新的认识和估计。""现在认识了三中全会已纠正了立三路线错误，认识了四中全会既过分打击了犯立三路线错误的同志（如停止了立三同志的政治局委员，罗迈、贺昌同志中央委员等），和完全错误地打击了以瞿秋白同志为首的所谓犯'调和路线错误'的同志（如停止秋白同志的政治局委员），又很错误地打击了当时所谓'右派'的大多数同志（如不久后英勇牺牲的何孟雄同志等），而中央苏区红军冲破敌人的四次'围剿'胜利，现在知道了不是执行四中全会错误路线的结果，而是在毛主席领导下实行其正确路线的结果。""四中全会的确不仅是对党毫无功绩，而且是对党造成严重错误的会议，是使'左'倾路线在中央领导机关内取得胜利而成为'左'倾路线第三次统治全党的开始的会议！我对于七中全会对三中全会和四中全会的这些新的认识和估计，表示完全服从和同意。"

"至于我在武汉时期工作中所犯的错误问题，因时间和精力的限制，此时来不及自我学习和自我反省，此后当遵循毛主席所指引的方向，尽可能地学习和研究抗战时期的一切思想和策略问题，以便改造自己的思想和纠正自己的错误。"

"最后，我郑重声明：中央根据七中全会这一决议的立场和精神与根据对我在各个历史时期中犯各种错误的性质和程度的认识，对我作出任何政治上和组织上的结论，我都服从接受。""我决心在党所指定的任何下层工作岗位上，向毛主席和中央各同志学习，向劳动人民群众学习，一切从头学起，一切从新做起，以便在长期群众工作中，使自己成为一个好的于党有用的党员，为党的事业，为中共人民的解放事业，尽一个小勤务员的能力和责任，以多少补偿由于自己错误观点而造成的党的工作的重大损失于万一！"[①]

但后来在《中共五十年》中，王明却说他向中共六届七中全会声明服从中央的决定是因为"反毛斗争还要长期进行下去"，是为了"保留党的真相和反毛斗争的主要领导人"，是"留得青山在，不怕没柴烧"。

同时，王明在向中央写信承认自己错误的同时，还写下了《所谓六届七中决议》的诗来发泄心中的不满。

> 一手刀沾一手血，
> 浑身金贴浑身泥。
> 刀将党史变毛史，
> 金作神衣当外衣。
> 马列丰功成大敌，
> 毛刘合计扮先知。
> 教条经验绝虚构，

---

① 戴茂林、曹仲彬：《王明传》，中共党史出版社 2008 年版，第 258—259 页。

抬己打人尽出奇。[①]

这样，遵义会议结束了王明"左"倾冒险主义对全党的统治，中共六届六中全会结束了王明右倾错误对全党的影响，通过延安整风运动，以中共六届七中全会通过的《关于党的若干历史问题的决议》为标志，王明"左"倾错误在思想上的影响也基本肃清了。

通过总结革命经验教训，毛泽东反复强调：马克思主义的普遍真理一定要同中国革命的具体实践相结合，如果不结合，那就不行。这就是说，理论与实践要统一。理论与实践的统一，是马克思主义的一个最基本的原则。[②]

在历经磨难后，在以毛泽东同志为代表的中共第一代领导集体的共同努力下，中国共产党实现了马克思主义中国化的第一次飞跃，标志着中国共产党的政治和理论成熟。在1945年中国共产党召开的第七次全国代表大会上，刘少奇在修改党章的报告中这样讲道：

由于中国社会、历史的发展有其极大的特殊性，以及中国的科学还不发达等条件，要使马克思主义系统地中国化，要使马克思主义从欧洲形式变为中国形式，就是说，要用马克思主义的立场与方法来解决现代中国革命中的各种问题，——其中有许多是在世界马克思主义者面前从来没有提出过与解决过的问题，在这里是以农民为主要群众（而不是以工人为主要群众），反对外国帝国主义的压迫和中世纪残余（而不是反对本国资本主义）——这乃是一件特殊的、困难的事业。这决不是如某些人所想的，只将马克思主义的著作加以熟读、背诵和摘引，就可成功的。这必须有高度的科学精神与高度的革命精神相结合。这不但需要丰富的历史知识、社会知识及指导革命斗争的经验，善于应用马克思列宁主义的方法，对社会、

---

① 戴茂林、曹仲彬：《王明传》，中共党史出版社2008年版，第259页。

② 《毛泽东文集》第七卷，人民出版社1999年版，第90页。

历史的客观情势及其发展作精确的科学分析，而且对于无产阶级的事业、人民的事业要具有百折不挠、移山填海的无限忠心，信任群众的力量，信任群众的创造和群众的将来，善于把群众的经验、意志、思想集中起来，又应用到群众中去。因此，才能依据历史进程每个特殊时期和中国具体的经济、政治环境及条件，对于马克思列宁主义作独立的光辉的补充，并用中国人民通俗语言的形式表达出来，使之适合于新的历史环境和中国的特殊条件，成为中国无产阶级群众与全体劳动人民群众战斗的武器。不是别人，正是我们的毛泽东同志，出色地成功地进行了这件特殊困难的马克思主义中国化的事业。这在世界马克思主义运动的历史中，是最伟大的功绩之一，是马克思主义这个最好的真理在四万万七千五百万人口的民族中空前的推广。这是特别值得感谢的。

我们的毛泽东同志，不只是中国有史以来最伟大的革命家和政治家，而且是中国有史以来最伟大的理论家和科学家，他不但敢于率领全党和全体人民进行翻天覆地的战斗，而且具有最高的理论上的修养和最大的理论上的勇气。他在理论上敢于进行大胆的创造，抛弃马克思主义理论中某些已经过时的、不适合于中国具体环境的个别原理和个别结论，而代之以适合于中国历史环境的新原理和新结论，所以他能成功地进行马克思主义中国化这件艰巨的事业。[1]

---

[1]《刘少奇选集》上卷，人民出版社 1981 年版，第 335—337 页。

结语：历史磨难的启示

在中国共产党历史上，在近代中国历史上，土地革命十年都占有重要地位。正是这十年为近代中国探寻了一条走向中华民族伟大复兴的正确革命道路，一条建立中华人民共和国的革命之路。抚今追昔，这段历史为后人留下了无数珍贵的启示。

一 "中国的问题只能由中国人解决"

中国共产党在十年土地革命战争时期所犯的错误，从主观方面来讲，是由于中国共产党的不成熟，把马克思主义与中国革命实践结合的经验不成熟，属于探索中的错误；从客观方面来讲，是因为中国共产党不能独立自主地选择自己的革命道路，与共产国际的错误指导是密不可分的，正是共产国际的领导方式造成了这个结果。

共产国际也在反思自己的历史。1934年，季米特诺夫在担任共产国际领导工作不久，5月1日，他对斯大林说："我觉得共产国际的人有点'思想混乱'。"7月1日，他在《就代表大会第二项日程给委员会的信》中明确提出："考虑到莫斯科要在一切问题上有效地领导处于各种不同情况下的共产国际的六十五个支部是不可能的……所以必须改变共产国际的工作方法和领导方法"，"必须集中注意力对共产主义运动实行总的政治上的领导，在基本的政策和策略问题上给予各国共产党以指导，在各地建立起共产党的坚强的布尔什维克领导，以精简共产国际执委会的庞大官僚机构，来加强各国共产党的工作人员"①。

1935 年 11 月 14 日，曼努依斯基在共产国际第七次大会的报告中指出："共产国际第七次代表大会揭发了共产党人在共产主义运动中过去所不注意的和疏忽的各种弱点。例如我们有这样的缺陷：把一国共产主义运动的经验，机械地搬到别国共产党中去；在这里我们实在有许多疏忽，未能及时地把良莠分清；把我们运动中的良好经验加以国际化，这时十分正确的任务便是'良'。然而为解决这个必要的与正确的任务，我们往往机械地处理我们运动中的问题，把共产国际最强支部的当前任务，也同样地向弱小的共产党提出；我们又时常没有顾及到各国运动的特点，及其政治水平和革命成熟的程度，因而就产生了'莠'的错误。"②

1943 年 5 月 15 日，共产国际执行委员会主席团做出《关于提议解散共产国际的决定》。

共产国际执委主席团《关于提议解散共产国际的决定》
（1943 年 5 月 15 日）

一九一九年，由于绝大多数战前旧工人政党政治的破产的结果，组织了共产国际，它的历史任务在于保卫马克思主义的学说，使其不为工人运动中之机会主义分子所庸俗化及曲解；在许多国家里，它曾帮助先进工人的先锋队团结为真正的工人政党，帮助他们动员劳动群众来保卫他们的经济和政治利益，来进行反对法西斯主义及其所已准备的战争之斗争，来保卫反法西斯主义主要堡垒的苏联。共产国际及时地揭发了"反对共产国际公约"作为希特勒匪帮准备战争的武器底真正意义。在战前，共产国际早已不倦地暴露了希特勒匪帮在外国的卑污破坏活动，他们是以所谓共产国

---

① 《共产国际有关中国革命的文献资料》第 2 辑，中国社会科学出版社 1982 年版。
② 《共产国际第七次大会的总结》(节录)，《中共党史教学参考资料》1957 年 5 月。

际干涉这些国家内政的叫嚣，来掩饰这些活动的。

但是在战前，早就可以日益清楚地看到：既然各个国度底内部和国际形势已经变得更加复杂，那末，要由某个国际中心来解决每一个别国度工人运动底各种问题，是会遇到不可克服的障碍的。

世界各国发展之历史道路的深刻差别，它们社会制度底殊异，它们社会和政治发展水平与速率底不同，以及最后，工人觉悟与组织程度的各异，也决定了每一个别国度工人阶级面前问题的不同。

过去二十五年事件的整个进程，以及国产国际所积累的经验，已经明确地证明了，共产国际第一次代表大会所采取的、符合于工人运动复兴初期需要的团结工人的组织形式，日益不能适应这个运动底增长和每个国度内日益复杂的问题了，而且还证明了这个形式甚至成了进一步加强各民族工人政党的障碍。

希特勒匪帮所掀起的世界战争，使各国间情况的差异更加尖锐，它在成为希特勒匪帮暴政承受者的国度与团结在强大反希特勒联盟中的各爱好自由人民之间，划下了深刻的界限。在希特勒匪帮集团的国度里，工人、劳动者及一切忠诚人民底基本任务，是用一切想得出的办法，从内部颠覆希特勒匪帮战争机构，帮助推翻应负战争责任的各政府，这样来协力击败这个集团。在反希特勒联盟的国度里，为求最迅速地摧毁希特勒匪帮集团和建立各民族在权利平等基础上的友谊合作，最广大人民群众、首先是工人们的神圣责任，是用一切方法来支持这些国度政府的作战措施。同时，不能忽略参加反希特勒联盟的各个国度里，也有它们自己的特殊任务。例如，在希特勒匪帮占领了的、和丧失了它们国家独立的国度内，进步工人和广大人民群众底基本任务，是开展正在成长为反希特勒德国的民族解放战争的武装斗争。

同时，各爱好自由人民反对希特勒暴政的解放战争，已使最广大的人民群众行动起来。他们不分党派、不分宗教，团结在强大的反希特勒联盟队伍中。这个解放战争更加明显地说明了，为最迅速战胜敌人所需要的民族高潮和群众动员，是能够由各个国度工人运动的先锋队，在自己国家的体制内最好和最有成效地实现的。

一九三五年召开的共产国际第七次代表大会，估计到国际形势及工人运动中所已发生的变化——这些变化要求各分部在解决它们面前的问题时，有更大的伸缩性和独立性——那时就已强调了共产国际执行委员会在决定工人运动的一切问题时，需要"从各个国度的具体情况及特殊条件出发，同时一般地避免直接干涉各国共产党的内部组织事宜。"

在考虑和批准一九四〇年十一月美国共产党退出共产国际队伍的决定时，共产国际执行委员会就是遵循了这种原则的。

共产党人在马克思——列宁主义创造者的学说指导下，从不主张保存已经变为陈旧的组织形式；他们永远是使工人运动的组织形式和工作方法，服从整个工人运动的基本政治利益，服从特定的具体历史条件的特点，及由这些条件所直接产生的各种问题。他们记得伟大的马克思的榜样：马克思将进步的工人团结到国际工人联合会的队伍中来。而在第一国际完成它的历史人物、奠定欧美各国工人政党发展的基础以后，马克思鉴于创造民族的、工人的、群众性的政党之日益增长的需要，就实行解散第一国际，因为这个组织形式不再符合这一需要了。

共产国际执委主席团从上述各项考虑出发，并估计到各国共产党及其领导干部的成长与政治上的成熟，且因在目前战争过程中曾有若干分部提出解散国际工人运动指导中心——共产国际——的事实，但由于在世界战争情况下无法召开共产国际代表大会，及由执委主席团自身提出下列提议，再经共产国际各分部加以批准："解散国际工人运动底指导中心——共产国际，解除共产国际各分部因国际章程及历届代表大会决议所负的义务。"

共产国际执委主席团号召共产国际的一切同道者集中他们的力量于多方面的支持与积极参加反希特勒联盟各人民及国家的解放战争，以便加速摧毁劳动人民的死敌——法西斯主义及其同盟者与附庸。[①]

---

① 《中共党史教学参考资料》1957 年 5 月。

毛泽东在收到共产国际电报后，兴奋地说："他们做得对，我就主张不要这个机构。"①

1943年5月26日，中共中央收到《关于提议解散共产国际的决定》后，召开政治局会议讨论了这一提议，并通过了《中国共产党中央委员会关于共产国际执行委员会主席团提议解散共产国际的决定》，对解散共产国际表示完全同意，并宣布："自即日起，中国共产党解除对于共产国际的章程和历次大会决议所规定的各种义务。"②在1943年5月26日延安干部大会上，毛泽东充分肯定了共产国际的巨大功劳，也强调："共产国际的解散，不是为了减弱各国共产党，而是为了加强各国共产党，使各国共产党更加民族化，这就增加了我们的责任心。"③共产国际的解散更便利了中国共产党能够独立自主地按照中国的实际情况去处理中国革命问题，促进马克思主义中国化。

共产国际的解散为清算王明的"左"、右倾错误的影响创造了条件。中国共产党在土地革命时期所犯的错误与共产国际的错误指导是分不开的，特别是王明的"左"倾错误。王明之所以能够在比较长的时间内支配中国共产党，就是因为他长期以共产国际代言人自居，他也受到了共产国际一些领导人的长期惠顾。在共产国际解散以后，共产国际负责人季米特诺夫1943年12月22日以个人名义致电毛泽东："不言而喻，共产国际解散以后，它过去的领导人谁也不能干预各国共产党的内部事务。但是出于个人友谊，我不能不对您说，中国共产党的情况令我担忧，您知道，从1935年起，我一直密切地而且常常是直接地研究中国事务。根据我所了解的一切，我认为，缩小同外国占领者斗争规模的方针，以及明显地偏离民族统一战线政策的倾向，在政治上是错误的。在中国人民民族战争期间，这样的方针有使党脱离人民群众的危险，会有害地造成内战的加剧，而从

①师哲：《在历史巨人身边》，中央文献出版社1991年版，第228页。
②《中共中央文件选集》第十二册，中共中央党校出版社1986年版，第199页。
③毛泽东在延安干部大会上的发言记录，1943年5月26日。转引自《毛泽东传（1893—1949）》，中央文献出版社1996年版，第656页。

内战中获得好处的只是占领者和他们在国民党中的代理人。"电报还认为：当时中国共产党对王明等人所进行的批判"在政治上是错误的……应该保留他们，并为了党的事业充分地使用他们"[①]。

季米特诺夫的电报是在听了王明的一面之词后发的，但他在电报中对康生的看法却具有一定预见性："我也觉得，康生起的作用令人怀疑。那些像清除党内敌对分子和团结党的各种正确措施，康生及其机构是通过那些不正常的形式来实现的，这些形式只能煽动相互间的怀疑，引起普通党员群众的强烈不满，帮助敌人瓦解党。"[②]

毫无疑问，中国共产党在土地革命战争期间的遭际说明独立自主对于中国共产党是多么重要。虽然共产国际和苏联共产党曾经给中国共产党以重要的理论指导、精神支持和物质援助，但是由于他们不十分了解中国的历史文化传统和中国的国情民性，加之在指导过程中存在的主观主义、大国沙文主义，给中国共产党造成了巨大麻烦，是中共党内教条主义泛滥的重要原因之一。从根本上说，马克思主义中国化第一次飞跃的理论成果——毛泽东思想就是在克服教条主义，在独立自主、实事求是的基础上形成的，中国共产党领导革命和建设的成功主要靠独立自主、自力更生。独立自主体现了毛泽东思想内涵的独创性，适合中国需要，体现中国特点，是毛泽东思想形成的重要保证，是毛泽东思想的活的灵魂之一。

毛泽东总结国际共产主义运动历史经验时说："马克思活着的时候，不能将后来出现的所有的问题都看到，也就不能在那时把所有的这些问题都加以解决。俄国的问题只能由列宁解决，中国的问题只能由中国人解决。"[③]"自力更生为主，争取外援为辅，破除迷信，独立自主地干工业、干农业、干技术革命和文化革命，打倒奴隶思想，埋葬教条主义，认真学习外国的好经验，也一定研究外国的坏经验——引以为戒，这就是我们的路

[①]《中共中央文件选集》第十二册，中共中央党校出版社，第199页。

[②]《党史信息报》1989年1月16日。

[③]毛泽东：《马列主义基本原理至今未变，个别结论可以改变》，《毛泽东文集》第八卷，人民出版社1999年版，第5页。

线。"①

土地革命时期的磨难启示中国共产党人，要实现马克思主义普遍真理与中国具体实践相结合，就必须独立自主地走自己的道路。从根本上讲，土地革命时期的"左"倾错误是照搬十月革命的经验所造成的，是在共产国际的影响和指导下造成的结果。新中国建设走的弯路，在一定程度上讲是照搬苏联社会主义模式的结果。所以邓小平在党的十二大开幕词中指出："我们的现代化建设，必须从中国的实际出发。无论是革命还是建设，都要注意学习和借鉴外国经验。但是，照抄照搬别国经验、别国模式，从来不能得到成功。这方面我们有过不少教训。把马克思主义的普遍真理同我国的具体实际结合起来，走自己的道路，建设有中国特色的社会主义，这就是我们总结长期历史经验得出的基本结论。""中国的事情要按照中国的情况来办，要依靠中国人自己的力量来办。独立自主，自力更生，无论过去、现在和将来，都是我们的立足点。中国人民珍惜同其他国家和人民的友谊和合作，更加珍惜自己经过长期奋斗而得来的独立自主权利。任何外国不要指望中国做他们的附庸，不要指望中国会吞下损害我国利益的苦果。"②

马克思主义中国化的关键就在于要使马克思主义适应中国的需要，与中国的具体国情相结合，这又取决于马克思主义政党能否独立自主地决定自己的命运。中华人民共和国的历史再次证明了独立自主对于实现马克思主义普遍原理与中国具体实际相结合的极端重要。

二 "外国经验，不管是哪一个国家的，只能供参考"

"无产阶级革命是国际性的事业，需要各国无产阶级互相支援。""我国的革命和建设不是也不可能孤立于世界之外，我们在任何时候都要争取外

---

① 毛泽东：《独立自主地搞建设》，《毛泽东文集》第七卷，人民出版社 1999 年版，第 380 页。

② 《邓小平文选》第三卷，人民出版社 1993 年版，第 2—3 页。

援，特别需要学习外国一切对我们有益的先进事物。闭关自守、盲目排外以及任何大国主义的思想行为都是完全错误的。"① 虽然共产国际在指导中国革命过程中犯过各种各样的错误，但是，"中国革命在各个阶段都曾得到各国革命力量的援助，这是中国人民永远不会忘记的"②。

在马克思主义中国化第一次飞跃的重要标志——"农村包围城市道路"理论形成过程中，共产国际也发挥了一定的积极作用。"共产国际在指导中国土地革命战争时期，曾发生策略指导的转变，即由'城市中心'向'农村中心'的策略转变。"③ 共产国际高度赞扬毛泽东开辟中国式的革命道路的历史功绩。

1929年12月29日，《真理报》发表《共产国际执委给中共中央关于国民党改组派和中共任务问题的信》，指出："巩固并且扩大游击战争，尤其是在东三省，以及在毛泽东和贺龙活动的区域里。在你们党里，有人轻视农民斗争——游击战争在内——底意义；你们应当给这种倾向以致命的打击。"④

1930年3月20日，共产国际在误听到毛泽东因病去世的消息后，在《国际新闻通讯》上发表了毛泽东病逝的讣告。讣告的全文如下：

据中国消息：中国共产党的奠基者，中国游击队的创立者和中国红军的缔造者之一的毛泽东同志，因长期患肺结核而在福建前线逝世。毛泽东同志是大地主和大资产阶级最害怕的仇敌。自一九二七年起，代表大地主和大资产阶级利益的国民党就以重金悬赏他的头颅。毛泽东同志因病情不

①《中国共产党中央委员会关于建国以来党的若干历史问题的决议》，《三中全会以来重要文献选编》(下)，人民出版社1982年版，第835页。

②《中国共产党中央委员会关于建国以来党的若干历史问题的决议》，《三中全会以来重要文献选编》(下)，人民出版社1982年版，第792页。

③ 张喜德：《毛泽东"农村包围城市"道路理论与共产国际"城市中心"向"农村中心"的策略转变——马克思主义中国化的核心成果》，《井冈山道路与马克思主义中国化》，中央文献出版社2008年版。

④《中共中央文件选集》(内部本)第五册，中共中央党校出版社1983年版，第429页。

断恶化而去世。这是中国共产党、中国红军和中国革命事业的重大损失。当然，毫无疑问，敌人会因此而感到高兴。

毛泽东同志出身于湖南省一个农民家庭。早在学生时代，他就领导了反对中国军阀的斗争。俄国十月革命胜利后，他立即投身到马克思列宁主义的运动当中。一九一九年北京爱国学生发动"五四"运动以后，毛泽东在长江地区广泛开展了宣传运动。在安源煤矿，他建立了一个模范工会，为现在湘赣地区的工会和布尔什维克党培养了大批干部。

毛泽东同志从一九二三年起，就是中共中央委员。他坚决反对党内的机会主义错误，在武汉时期特别是这样。当中国共产党在土地革命中遭到失败时，他违背了机会主义领导者的意志，继续在湖南农民群众中战斗。一九二七年马日事变后，他在湖南发动了秋收起义。一九二八年初，他的军队和朱德同志的队伍会师，建立了工农红军。他们占领了湘赣边界的广大地区，并在每个地方建立了苏维埃。红军的活动严重动摇了国民党反动政权。国民党派出邻省的七个军企图消灭这支红军。根据策略上的需要，毛泽东和朱德的部分红军撤离湖南前往广东和福建，继续进行革命斗争。那里的革命运动正方兴未艾。福建省大部分地区已在苏维埃的控制之下。由于毛泽东的进军，那些被打垮，并被驱赶到粤东山区的红军和农民又重新开展了生气勃勃的斗争。去年夏天，国民党从六个省抽调六万多人的军队，又一次进攻毛泽东同志率领的红军。但是，装备精良的国民党部队并未能赶走这支一万人左右的红军队伍。相反，战争使国民党军队不断崩溃，整旅整旅的士兵开小差，甚至起义参加了红军。

毛泽东同志是被称之为朱毛红军的政治领袖。他在其领导的范围内完全执行了共产国际六大和中共六大的决议。他还帮助揭露和清除了在城市贫民、农民和工人阶级中的某些阶层里存在的改良主义。这些改良主义思想是国民党"左派"、第三党以及陈独秀造成的。

作为国际社会的一名布尔什维克，作为中国共产党的坚强战士，毛泽东同志完成了他的历史使命。中国工农群众将永远铭记他的业绩，并将完成他未竟的事业。①

虽然这篇讣告是误发的，内容上有不准确的地方，但反映了共产国际对毛泽东的高度评价。

1931 年 8 月 26 日，《共产国际执行委员会主席团关于中国共产党任务的决议》中高度评价以毛泽东、朱德为代表的以农村为中心的策略："在中国，革命危机的表现是，拥有几千万居民的地区建立了苏维埃和红军，从而使中国在殖民地世界的民族革命运动中占据首要的地位。""中国共产党必须推广（毛泽东）良好经验。"②

1934 年 4 月，米夫撰文，肯定和赞扬毛泽东提出的"只有苏维埃才能救中国"的命题（斯大林最早提出）③。

1935 年 8 月，共产国际七大开幕式上，毛泽东被称为共产国际的"英勇旗手"。在周和生同志的大会贺词中写道："我们对共产国际中有像季米特诺夫、台尔曼、毛泽东、拉科西和市川正一这样的英勇旗手而感到骄傲，他们在一切情况下都高举共产主义的伟大旗帜，并保护和捍卫它，在列宁斯大林所创建的共产国际的旗帜下，领导群众走向胜利。"④共产国际的相关决议还称赞："这些部队一直处于正确的、强有力的共产党领导核心指挥之下。这个核心的领导人是毛泽东、朱德、黄公略、贺龙等同志，他们都是年轻的苏维埃共和国中富有才干和自我牺牲精神的战士、伟大的政治家和军事家。"⑤

1935 年 12 月 6 日，《真理报》指出："创造现代中国红军的历史功绩应全部归功与朱德和毛泽东……"一周后，《真理报》发表《中国人民的领袖毛泽东》一文，全面介绍毛泽东的革命业绩，赞扬他是"出色的革命

---

① 周一平：《毛泽东生平研究七十年》，山西人民出版社 1993 年版，第 5—7 页。

②《共产国际有关中国革命的文献资料》第二辑，中国社会科学出版社 1982 年版，第 145—147 页。

③《米夫关于中国革命言论》，人民出版社 1986 年版，第 424 页。

④《共产国际有关中国革命的文献资料》第二辑，中国社会科学出版社 1982 年版，第 351 页。

⑤《共产国际有关中国革命的文献资料》第二辑，中国社会科学出版社 1982 年版，第 311 页。

统帅和国务活动家的天才"①。

正是由于斯大林和共产国际的支持，毛泽东的政治地位不断上升。1930 年 9 月，在党的六届三中全会上，毛泽东当选为政治局候补委员。次年，毛泽东当选为中华苏维埃共和国主席，"值得重视的是：毛泽东被重新选入政治局和朱德等被选入中央委员会，虽因他们远处苏区而不能立刻在中央起明显的作用，但这对以后事态的发展有着无法忽视的重要作用"②。1934 年，在中共六届五中全会上毛泽东被补选为政治局委员。1935 年，在共产国际七大上毛泽东被选为共产国际执行委员。

尽管共产国际在中国革命道路探索过程中发挥了积极作用，"但是中国革命的胜利，从根本上说是中国共产党坚持独立自主、自力更生的原则，依靠中国各族人民自身的力量，经历千辛万苦，战胜许多艰难险阻才取得的"③。

历史已经充分证明，完成无产阶级革命事业，"首先需要各国无产阶级立足于本国，依靠本国革命力量和人民群众的努力，使马克思列宁主义的普遍原理同本国革命的具体实践相结合，把本国的革命事业做好"。"适合本国特点的革命道路和建设道路，只能由本国人民自己来寻找、创造和决定，任何人都无权把自己的意见强加于人。只有这样，才能有真正的国际主义，否则就只能是霸权主义。"④

中国共产党的历史证明，"在我们这样一个大国，尤其必须主要依靠自己的力量发展革命和建设事业"。"建国以前和建国以后，在党和毛泽东同志领导下，无论遇到什么困难，我们都没有动摇过独立自主、自力更生

---

① 张喜德：《毛泽东"农村包围城市"道路理论与共产国际"城市中心"向"农村中心"的策略转变——马克思主义中国化的核心成果》，《井冈山道路与马克思主义中国化》，中央文献出版社 2008 年版。

② 金冲及主编：《周恩来传》，人民出版社、中央文献出版社 1989 年版，第 223 页。

③《中国共产党中央委员会关于建国以来党的若干历史问题的决议》，《三中全会以来重要文献选编》(下)，人民出版社 1982 年版，第 792 页。

④《中国共产党中央委员会关于建国以来党的若干历史问题的决议》，《三中全会以来重要文献选编》(下)，人民出版社 1982 年版，第 835—836 页。

的决心，没有在任何外来的压力面前屈服，表现了中国共产党、中国各族人民的大无畏的英雄气概。"①

土地革命战争时期经历的磨难说明，"中国人不懂中国情况，这怎么行？真正懂得独立自主是从遵义会议开始的，这次会议批判了教条主义。教条主义者说苏联一切都对，不把苏联的经验同中国的实际相结合。马列主义普遍真理与中国具体实践相结合，这个口号就是在延安整风时提出的。这个口号写进了一九五七年莫斯科宣言，那里面说马列主义普遍真理要与各国的具体实践相结合。外国经验，不管是哪一个国家的，只能供参考"②。

马克思主义具有世界意义，共产主义运动是一项世界性的事业。实现马克思主义中国化并不能排斥国际的作用。特别是在世界联系越来越密切的情况下，推进马克思主义中国化也需要世界的眼光，需要全世界无产者联合起来。这也是土地革命时期中国共产党经历磨难的历史启示。

三 "从痛苦的经验中学习"

土地革命时期经历的磨难使中国共产党经受了严重考验，逐步走向成熟，从而加速了中国革命的胜利，推动了中华人民共和国的建立，也为中华人民共和国的发展提供了许多有益的启示。

土地革命时期经历的磨难启示中国共产党人，必须把马克思主义的普遍真理与中国具体实际相结合。马克思主义揭示了人类社会发展的一般规律，并没有为各国的发展提供具体的药方。以马克思主义为指导，并不是用马克思主义的具体论断裁剪各国的现实，简单地照搬马克思主义，而是要用马克思主义的基本立场、观点和方法去指导各国的具体情况，把马克

①《中国共产党中央委员会关于建国以来党的若干历史问题的决议》，《三中全会以来重要文献选编》（下），人民出版社 1982 年版，第 835—836 页。
②毛泽东：《革命和建设都要靠自己》，《毛泽东文集》第八卷，人民出版社 1999 年版，第 339 页。

思主义的普遍真理具体运用到各国的具体情况，实现马克思主义的具体化。诚如毛泽东在《中国共产党在民族战争中的地位》中所说："马克思、恩格斯、列宁、斯大林的理论，是'放之四海而皆准'的理论。不应当把他们的理论当作教条看待，而应当看作行动的指南。不应当只是学习马克思列宁主义的词句，而应当把它当成革命的科学来学习。不但应当了解马克思、恩格斯、列宁、斯大林他们研究广泛的真实生活和革命经验所得出的关于一般规律的结论，而且应当学习他们观察问题和解决问题的立场和方法。""共产党员是国际主义的马克思主义者，但是马克思主义必须和我国的具体特点相结合并通过一定的民族形式才能实现。马克思列宁主义的伟大力量，就在于它是和各个国家具体的革命实践相联系的。对于中国共产党说来，就是要学会把马克思列宁主义的理论应用于中国的具体的环境。成为伟大中华民族的一部分而和这个民族血肉相连的共产党员，离开中国特点来谈马克思主义，只是抽象的空洞的马克思主义。因此，使马克思主义在中国具体化，使之在其每一表现中带着亟须有的中国的特性，即是说，按照中国的特点去应用它，成为全党亟待了解并必须解决的问题。洋八股必须废止，空洞抽象的调头必须少唱，教条主义必须休息，而代之以新鲜活泼的、为中国老百姓所喜闻乐见的中国作风和中国气派。把国际主义的内容和民族形式分离起来，是一点也不懂国际主义的人们的做法，我们则要把二者紧密地结合起来。"[1]

中国共产党的历史就是把马克思列宁主义的普遍真理和中国具体实践相结合的历史。早在1941年5月19日的《改造我们的学习》的报告中，毛泽东就曾指出："中国共产党的二十年，就是马克思列宁主义的普遍真理和中国革命的具体实践日益结合的二十年。""马克思列宁主义的普遍真理一经和中国革命的具体实践相结合，就使中国革命的面目为之一新。"[2]中国革命之所以能够取得胜利，就是因为实现了马克思主义普遍真理与中

---

[1]《毛泽东选集》第二卷，人民出版社1991年版，第533—534页。
[2]《毛泽东选集》第三卷，人民出版社1991年版，第795—796页。

国具体革命实践相结合的结果。革命时期要实现马克思主义普遍真理与中国革命实践相结合，建设时期同样要实现马克思主义普遍真理与中国建设实践相结合。

土地革命时期的磨难启示中国共产党人，要实现马克思主义普遍真理与中国具体实践相结合，就必须解决"什么是马克思主义、怎样对待马克思主义"的问题。中国共产党在土地革命时期之所以会犯"左"和右的错误，并且遭受了巨大磨难，就是因为没有解决好"什么是马克思主义、怎样对待马克思主义"这个根本问题，教条主义地对待马克思主义，从本本出发，而不从事实出发。

马克思主义一点都不玄奥，"马克思主义是科学。它运用历史唯物主义揭示了人类社会发展的规律"。"马克思主义是很朴实的东西，很朴实的道理"，"实事求是是马克思主义的精髓。要提倡这个，不要提倡本本"。"实践是检验真理的唯一标准。我读的书并不多，就是一条，相信毛主席讲的实事求是。过去我们打仗靠这个，现在搞建设、搞改革也靠这个。"①

对待马克思主义的正确态度是，"要有目的地去研究马克思列宁主义的理论，要使马克思列宁主义的理论和中国革命的实际运动结合起来，是为着解决中国革命的理论问题和策略问题而去从它找立场，找观点，找方法的。这种态度，就是有的放矢的态度。'的'就是中国革命，'矢'就是马克思列宁主义。我们中国共产党人所以要找这根'矢'，就是为了要射中国革命和东方革命这个'的'的。这种态度，就是实事求是的态度。'实事'就是客观存在着的一切事物，'是'就是客观事物的内部联系，即规律性，'求'就是我们去研究。我们要从国内外、省内外、县内外、区内外的实际情况出发，从其中引出其固有的而不是臆造的规律性，即找出周围事变的内部联系，作为我们行动的向导。而要这样做，就须不凭主观想象，不凭一时的热情，不凭死的书本，而凭客观存在的事实，详细地占有材料，在马克思列宁主义一般原理的指导下，从这些材料中引出正确的

---

① 《邓小平文选》第三卷，人民出版社 1993 年版，第 382 页。

结论。这种结论，不是甲乙丙丁的现象罗列，也不是夸夸其谈的滥调文章，而是科学的结论。这种态度，有实事求是之意，无哗众取宠之心。这种态度，就是党性的表现，就是理论和实际统一的马克思列宁主义的作风。""以马克思列宁主义基本原则为指导的方针，废除静止地孤立地研究马克思列宁主义的方法"。①

"学马列要精，要管用的。长篇的东西是少数搞专业的人读的，群众怎么读？要求都读大本子，那是形式主义的，办不到。"②

土地革命时期的磨难启示中国共产党人，要实现马克思主义普遍真理与中国具体实践相结合，就必须正确对待自己探索中遇到的各种错误，特别是要正确对待"左"。中国共产党正是在总结了土地革命时期各种错误的基础上，实现了马克思主义中国化的第一次历史飞跃。

瞿秋白、李立三、博古、张闻天、王稼祥正是能够正确对待自己的错误，所以仍然能够为党和人民的事业作出自己的贡献，书写了自己后半生的辉煌；陈独秀虽然对自己的错误有一定认识，但拒绝检讨，最后选择了在党外从事进步工作，影响了他为人民作更大的贡献；王明、张国焘不能正确对待自己的错误，走上了与党和人民相背离的道路，最后客死在他乡异国。

对中国共产党人来说，实现马克思主义中国化是一项全新的东西。在这个过程中犯错误是难免的，关键是要尽量少犯错误，要从错误中吸取经验教训，要建立少犯错误的机制，要尽量避免重复犯同样的错误。

---

① 《毛泽东选集》第三卷，人民出版社 1991 年版，第 801—802 页。

② 《邓小平文选》第三卷，人民出版社 1993 年版，第 382 页。

主要参考文献

一、原始文献

[1]《中共中央文件选集（1927—1935）》，中共中央党校出版社 1982—1986 年版。

[2]《中共党史教学参考资料》1957 年 5 月。

[3]《共产国际与中国革命资料选辑（1925—1927）》，人民出版社 1985 年版。

[4]《中央革命根据地史料选编》，江西人民出版社 1982 年版。

[5]《井冈山革命根据地》，中共党史资料出版社 1987 年版。

[6]《第二次国内革命战争时期土地革命文献选编（1927—1937 年）》，中共中央党校出版社 1987 年版。

[7] 中共中央党史资料征集委员会、中央档案馆编：《八七会议》，中共党史资料出版社 1986 年版。

[8]《毛泽东选集》（1—4 卷），人民出版社 1991 年版。

[9]《毛泽东文集》（1—8 卷），人民出版社 1993—1999 年版。

[10]《毛泽东年谱（1893—1949）》（上卷），中央文献出版社 1993 年版。

[11]《毛泽东在七大的报告和讲话集》，中央文献出版社 1995 年版。

[12]《周恩来选集》，人民出版社 1984 年版。

[13]《瞿秋白》，中国社会科学出版社 2003 年版。

[14]《张闻天选集》，人民出版社 1985 年版。

[15]《邓小平年谱》，中央文献出版社 2004 年版。

[16] 李维汉：《回忆与研究》（上），中共党史资料出版社 1986 年版。

[17]《杨尚昆回忆录》，中央文献出版社 2001 年版。

[18] 王明：《中共五十年》，东方出版社 2004 年版。

[19]《米夫关于中国革命言论》，人民出版社 1986 年版。

二、研究文献

[1] 金冲及主编：《毛泽东传（1893—1949）》，中央文献出版社 1996 年版。

[2] 沙健孙主编：《中国共产党史稿（1921—1949）》，中央文献出版社 2006 年版。

[3] 余伯流、凌步机：《中央苏区史》，江西人民出版社 2001 年版。

[4] 程中原：《张闻天传》，当代中国出版社 2006 年版。

[5] 戴茂林、曹仲彬：《王明传》，中共党史出版社 2008 年版。

[6] 徐则浩：《王稼祥传》，当代中国出版社 2006 年版。

[7] 黎辛、朱鸿召主编：《博古，39 岁的辉煌与悲壮》，学林出版社 2005 年版。

[8] 李思慎、刘之昆：《李立三之谜——一个忠诚革命者的曲折人生》，人民出版社 2005 年版。

[9]《井冈山革命道路与马克思主义中国化——纪念井冈山革命根据地创建 80 周年学术研讨会论文集》，中共党史出版社 2008 年版。

后 记

这本小册子是我的第一本关于党史方面的专著的修订。即将出版之际，觉得有许多话要说。

我是学历史出身的，从本科到博士，专业全是历史。从我上大学开始，对党史的兴趣就一直很浓。硕士研究生毕业后，我在中国农业大学从事中国革命史教学，后来虽然课程变迁，但始终在党史里面打转转。但把党史作为自己的研究领域，还没有那种自觉。从 2006 年到现在，我一直在中国社会科学院从事理论研究，关注点在中国共产党的指导思想继承发展和党的建设方向，近些年逐渐把中共党史作为自己的主攻领域。

作为一名马克思主义者，我对中国共产党的历史有一种本能的偏好，一直在不断地关注着。尤其这些年，看了大量海外关于党史方面的论著，心里有一种莫名的愤懑。难道一个从几十名党员发展到今天 9600 多万名党员的大党的历史就是西方人笔下的那种历史？于是围绕党史做研究成为我治学的自觉。

这本书是我在看了 1000 多万字材料后着手写作的。2009 年出版以后引起了社会关注，一些学校和单位将其作为学习材料。在当年出版的基础上增加了 8 万多字，作为目前的稿子呈现给读者。

2024 年 1 月 16 日

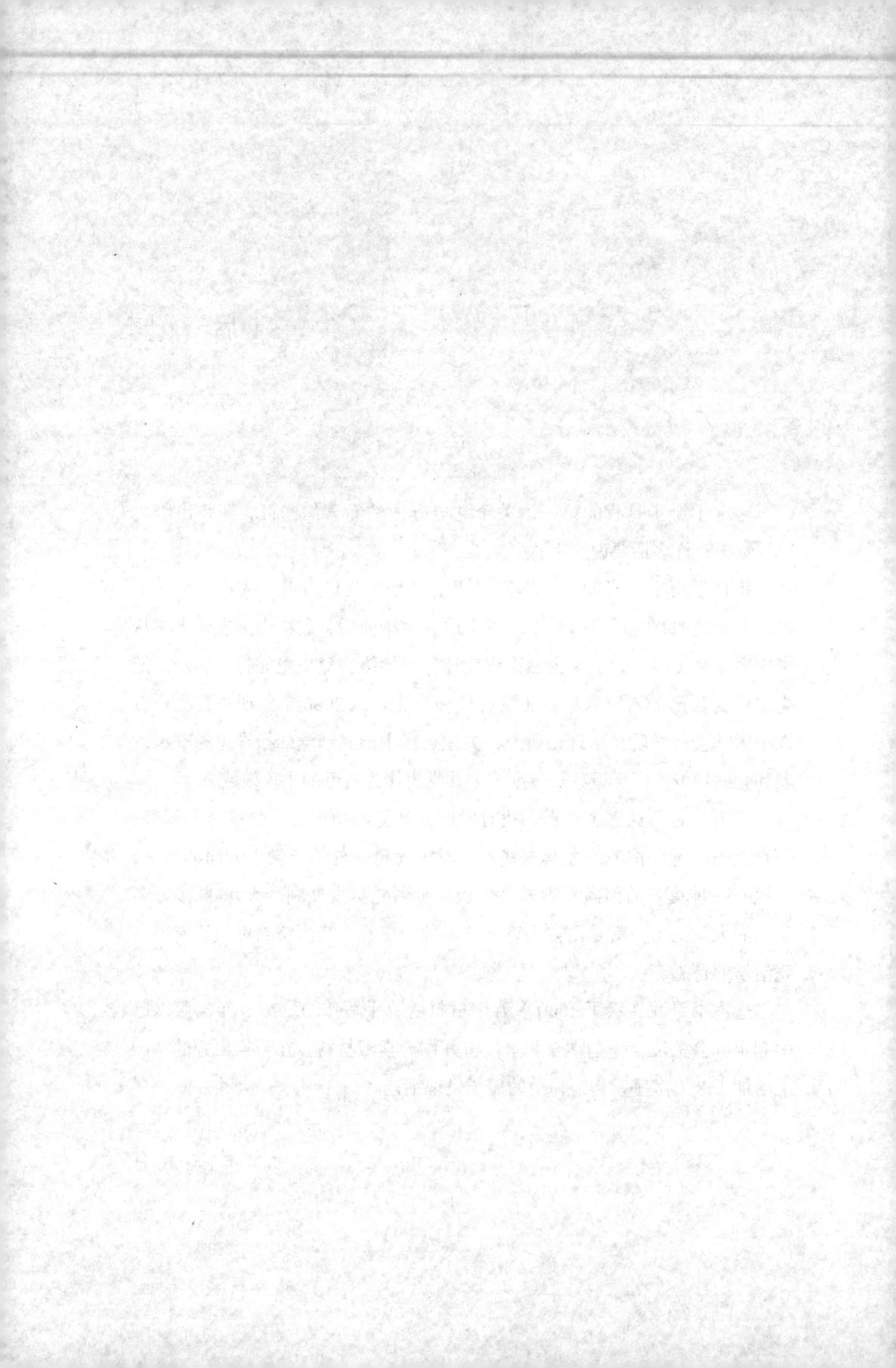